Beck'sche Reihe
BsR 1063

Es gibt kulinarische Erlebnisse, die wir zeitlebens nicht vergessen und die uns vergangene Zeiten wieder gegenwärtig werden lassen. Jahrzehntelang sind wir nach den paradiesischen Genüssen unserer Kindheit auf der Jagd, und voller Schaudern erinnern wir uns an die Qualen, die uns der heruntergewürgte Löffel Lebertran bereitet hat. Wahrscheinlich hat jeder Mensch diese intensiven „Geschmackserinnerungen", die mit einem Glücksgefühl oder einem Ekelgefühl gepaart sind. Weil das so ist, übt die Lektüre von solchen Erinnerungen anderer Menschen einen eigentümlichen Reiz aus.

Andreas Hartmann versammelt in diesem Buch eine große Zahl kulinarischer Erinnerungen, glückliche, komische und traurige Szenen aus dem Alltagsleben. Er hat über Schreibaufrufe in Zeitungen und Rundfunksendungen die Geschmacksgeschichten im ganzen Land zusammengetragen.

Andreas Hartmann lehrt Volkskunde an der Universität Hamburg.

Zungenglück und Gaumenqualen

Geschmackserinnerungen

Gesammelt und herausgegeben von
Andreas Hartmann

VERLAG C.H. BECK MÜNCHEN

Die Deutsche Bibliothek – CIP-Einheitsaufnahme
Zungenglück und Gaumenqualen: Geschmackserinnerun-
gen / ges. von Andreas Hartmann. – Orig.-Ausg. –
München: Beck, 1994
   (Beck'sche Reihe; 1063)
   ISBN 3 406 37453 0
NE: Hartmann, Andreas [Hrsg.]; GT

Originalausgabe
ISBN 3 406 37453 0

Einbandentwurf und -illustration: Uwe Göbel, München
© C.H.Beck'sche Verlagsbuchhandlung (Oscar Beck), München 1994
Gesamtherstellung: C.H.Beck'sche Buchdruckerei Nördlingen
Gedruckt auf säurefreiem, aus chlorfrei gebleichtem Zellstoff
hergestelltem Papier
Printed in Germany

Einleitung

Aus dem Halbdunkel unserer Geschichte brandet unserem Gaumen gelegentlich ein unvergessener Sinneseindruck entgegen und trägt uns eine Erschütterung zu, deren vielfach überlagerter Ursprung in weiter Ferne liegt. Eine einzige, unerwartet aufblitzende Geschmacksempfindung, ein flüchtiger, von anderen Menschen kaum bemerkter Duft, selbst schon der bloße Gedanke an ein bestimmtes Aroma vermag längst vergangene Lebensabschnitte so deutlich in Erinnerung zu rufen, daß die Jahrzehnte, die sie von der Gegenwart trennen, dahinschwinden. Für die Dauer eines glücklichen oder schmerzlichen, unwirklich gedehnten Augenblicks meinen wir dem Diktat der Zeit zu entrinnen, kommt es uns so vor, als kehrten wir an die Orte und zu den Personen unserer Vergangenheit zurück. Doch zugleich wissen wir, daß dieses Land, das wir erneut aufsuchen, versunken ist. Was fortbesteht, sind die Spuren, die es in unserem Gedächtnis hinterließ und von denen uns manche lebtags begleiten oder verfolgen.

Geschmackserinnerungen sind sinnliche Medien der lebensgeschichtlichen Selbstvergewisserung. Untrüglich bezeugen sie uns, daß wir einst von den Früchten des Paradieses gekostet haben, aber auch, daß wir in der Hölle schmorten. Sie halten etwas von jener Welt wach, in der wir ständig neue Kämpfe durchzustehen und allerlei Verletzungen hinzunehmen hatten, in der wir unsere ersten Entdeckungsreisen unternahmen und vielleicht auch eine grenzenlose Geborgenheit genossen, die sich dann immer wieder als brüchig erwies. Und sie zwingen uns zu der Einsicht, daß wir diese Vergangenheit, von der uns nur jenes Bild übrigbleibt, das wir in der Rückschau von ihr entwerfen, dennoch zeit unseres Lebens nicht restlos werden abschütteln können.

Dann und wann lassen uns Zunge und Nase Momente wiedererleben, denen wir, selbst wenn sie sich dem äußeren Anschein nach ganz unspektakulär präsentieren, eine prägende Bedeutung zuweisen. Uns ist zumute, als hätte sich damals etwas Ungewöhnliches oder gar Einzigartiges ereignet, und die Szene, in die wir eintauchen, erscheint uns so, als konserviere sie die Substanz altvertrauter Lebensgefühle. Diesen Stoff finden wir in unserem Innern wieder, und wir statten ihn mit gesteigerter Leuchtkraft aus, indem wir den Geschmacks- und Geruchserinnerungen auch die Erinnerungen der anderen Sinne beigesellen und sie mit ihnen zu einer Synthese verschmelzen. Aufs Neue erblicken wir das Interieur einer Küche im unverwechselbaren Licht eines Frühlingstages, noch einmal schauen wir der Großmutter erwartungsvoll zu, wie sie mit dem Rührlöffel in eine Teigschüssel fährt oder ein Brot mit Marmelade bestreicht, wir vernehmen ihre Stimme sowie die Stimmen der Eltern, der Geschwister, der Freunde, und wir verspüren fast körperlich ihre Nähe.

Wenn wir uns auf ein Geschmackserlebnis besinnen, das auf eine besondere Weise in unserem Gedächtnis haften blieb, dann schließt dies zumeist auch Erinnerungen, Bilder und Geschichten mit ein, die sich nicht allein auf das Essen und Trinken beschränken, sondern uns den ganzen Fächer des einstigen Alltags, der vergangenen Feste, der Sommerferien unserer Kinderzeit, der Zeiten des Krieges und der Not ins Bewußtsein zurückrufen. Sie geben uns Nachricht von den familiären oder den schulischen Umständen, in die wir damals eingebunden waren, von den hauswirtschaftlichen und finanziellen Verhältnissen, unter denen wir lebten, von unseren Sympathien zu dem einen und von unseren Antipathien gegen den anderen. Sie führen uns zu den Alpträumen, die uns bedrängten, und zu den Tagträumen, denen wir vor langer Zeit nachhingen. Mit Hilfe unserer Geschmackserinnerungen formen wir häufig eine heile, geschönte Welt, ein privates Idyll, das indessen nicht frei ist von Abgründen und

Schrecken. Hier kann jederzeit eine plötzliche Unruhe das Banale und manchmal Betuliche durchkreuzen, und unvermittelt bemerken wir, daß auf dem niedlichen Genrebild der Tod zu sehen ist.

Das gesamte Tableau unseres früheren Befindens kann im Aroma einer bestimmten Erdbeersorte oder in dem Duft einer Backstube aufgehoben sein. In ihnen findet es wirkmächtige Symbole, welche die Erinnerungen in Gang setzen, wobei sie dank ihrer bestechenden Sinnlichkeit zugleich für deren Wirklichkeitstreue bürgen. So gibt uns denn unser Geschmackssinn einen vermeintlich zuverlässigen Schlüssel zu unserer eigenen Geschichte an die Hand, die wir nicht erst auf beschwerlichem Wege mittels intellektueller Operationen zu rekonstruieren brauchen, sondern die uns mit seiner Hilfe als ein besiegeltes Wissen auf dem Assoziationswege gleichsam automatisch zuwächst. Dieses Wissen übt schon deshalb eine starke Überzeugungskraft aus, weil es unmittelbar mit unseren körperlichen Empfindungen verbunden ist. Denn die Erinnerung, auf die es sich gründet, bezieht sich auf den Akt einer Einverleibung, mit der wir unsere Geschmacksnerven verwöhnten oder sie aber folterten; sie bezieht sich auf einen Akt, der eine Lust befriedigte oder der einen unüberwindlichen Ekel hervorrief.

Freilich steht längst nicht jeder exzeptionelle Geschmack, dessen wir uns entsinnen, und bei weitem nicht jede Geschichte, die wir darüber erzählen, für eine kulinarische Urszene, die unserer Biographie einen nachhaltigen Stempel aufgedrückt hätte. Ganz im Gegenteil bleibt hier vieles Episode, geben wir hier oftmals Anekdoten aus unserem Leben zum besten, die wir vor allem deshalb in den festen Bestand unseres Erzählrepertoires aufgenommen haben, weil sie bei unseren Zuhörern gut angekommen sind. Ein Autor, der eine Linsensuppen-Anekdote aus seinem Leben präsentiert, aus der er selbst als Gefoppter und zugleich Versöhnter hervorgeht, beendet seinen Text mit den Worten: „Wenn ich die Geschichte mal im Bekanntenkreis erzähle, ist das Gelächter vorprogrammiert." Trotzdem, auch im Falle stereotypisierter Erzählungen lassen wir in ihnen ein Stück von unserem Selbstverständnis durchscheinen, verraten wir mit unserer Schilderung etwas über unseren Alltag, unser Milieu und unsere Kultur, äußern uns über unsere Vorlieben und Abneigungen, interpretieren wir unser eigenes Verhalten. Auch die kleinen, harmlosen Geschichten am Rande haben ihre Relevanz. Von geringerer Reichweite zwar als die Schlüsselerlebnisse, tragen sie doch ebenfalls dazu bei, unseren Standort sowie unser Herkommen zu bezeichnen, und überdies bringen sie eine Fülle von Details zum Vorschein, die unsere Alltagskultur von der gustatorischen Seite her beleuchten.

Im Frühjahr 1993 verfaßte ich einen Aufruf, in dem ich darum bat, persönliche Schmeckgeschichten bzw. Gaumenerlebnisse aller Art zu Papier zu bringen und sie mir zuzusenden. Den Schreiberinnen und Schreibern machte ich keine näheren Vorgaben, so daß sie ihre Erinnerungen nach eigenem Belieben auswählen und in der Weise niederschreiben konnten, die ihnen am besten zupaß kam. Was zunächst nur für den kleineren Rahmen einer Lehrveranstaltung am Hamburger Institut für Volkskunde geplant war, fand bald schon weitere Verbreitung in der Öffentlichkeit. Nachdem etliche Tageszeitungen so freundlich waren, meinen Aufruf zu publizieren, sorgte ein feinsinniger dpa-Bericht aus der Feder von Christian Volbracht dafür, daß mein Anliegen in den meisten Winkeln der Republik und sogar darüber hinaus bekannt wurde. Gleichzeitig nahmen verschiedene Rundfunk- und auch Fernsehanstalten von dem Sammelprojekt Notiz und gaben mir Gelegenheit, es vorzustellen und weitere Zuschriften einzuwerben. Unmittelbar nach der ersten Zeitungsmeldung erhielt ich einige Briefe, die mich durch ihre Innigkeit, ihren hintergründigen Witz und ihren melancholischen Ernst in ihren Bann zogen. Und sie machten erst den Anfang: Über Monate hinweg hielten die Postsendungen an, und an manchen Tagen empfing ich die Briefe gleich stapelweise. Das Material, welches im Verlauf eines Hamburger Sommersemesters zusammenkam, liefert den Stoff für dieses Buch. Außerdem greife ich verschiedentlich auf Interviews zurück, die ich der studentischen Mitarbeit verdanke. Wenngleich nicht sämtliche Beiträge zum Abdruck gelangen können, so spielen sie doch alle einen Part in dem vielstimmigen Konzert von Geschmackserinnerungen. Hinter der Bühne, dort, wo auch ich mich, und zwar in der Rolle eines Arrangeurs, aufhalte, sind nicht zuletzt jene Stimmen zu vernehmen, die außen vor bleiben mußten. Von hier aus haben sie ebenfalls am Gang der Darstellung teil.

Vor allem Frauen steuerten Zuschriften zu der Sammlung bei. Das Alter derjenigen, die meiner Bitte folgten, bewegt sich zwischen kaum Zwanzigjährigen und über Achtzigjährigen. Teils griffen sie unmittelbar nach der Zeitungslektüre zur Feder, teils ließen sie erst einige Tage oder gar Wochen verstreichen. Ihrem Umfang nach sind die Briefe meist knapp gehalten. Gelegentlich bekam ich sogar Notizen von nur wenigen Sätzen zugeschickt, eher surreale Rätsel denn veritable Geschichten, isolierte Assoziationen, die aus unbestimmter Tiefe an die Oberfläche emporstiegen und die ihre Spannung daraus beziehen, daß sie uns die Ahnung kulinarischer Dramen anvertrauen, die sie dann doch nicht preisgeben. Im Durchschnitt jedoch umfassen die überwiegend handschriftlichen Aufzeichnungen eine halbe bis zwei Seiten Text (bezogen auf ihre maschinenschriftliche Transkription). Ein vierzehnseitiger Bericht, der dem Leser ein imposantes Feuerwerk an Geschmackserinnerungen darbietet, ragt aus dem Korpus heraus. In der Mehrzahl kommen die Autorinnen und Autoren ohne Umschweife zur Sache. Bei den einen katapultierte der Schreibaufruf vergessen Geglaubtes überraschend ins Bewußtsein. Andere führten ihre Erinnerung schon seit langem mit sich. Sie begleitete ihr Leben wie ein Pfand, welches man, ohne darum ein Aufheben zu machen, bei sich trägt. Wieder andere hatten ihre

Geschichte allem Anschein nach in ihrem Alltag schon oft mit Erfolg erprobt. Da fügte sie sich dann zu einem routinierten, abgeschliffenen Bogen, da ‚stimmte‘ dann die Pointe. Gelegentlich erhielt ich auch Manuskripte, welche die Absender fix und fertig aus der Schublade gezogen hatten, zum Beispiel ein in Schönschrift abgefaßtes, mit eingeklebten Bildchen liebevoll illustriertes Heft, dessen Inhalt sich als eine kleine kulinarische Autobiographie erwies. Auf dem Titelblatt prangte der hübsche bayerische Titel: „Und a so war's bei uns dahoam. Was uns g'schmeggt hat". Im allgemeinen wurde auf die sprachliche Ausgestaltung keine übertriebene Sorgfalt verwandt, die Wortwahl stand ganz im Dienste der Mitteilung. Gelegentlich allerdings spürt man einen gewissen schriftstellerischen Ehrgeiz, etwa die Bemühung, ein Stück Kurzprosa zu verfertigen. Und in Gestalt zweier Gedichte sind auch poetische Produktionen bei mir eingetroffen. Daß die Schilderungen trotz ihrer vorwiegend einfachen Diktion vielfach zu einer erstaunlichen Dichte finden, dürfte durch den folgenden Umstand mitverursacht sein: In aller Regel garantieren die gustatorischen Reminiszenzen zugleich das erneute Auftauchen eines unverwechselbaren Gefühlstons, der sich über das gesamte Ensemble der Erinnerungsbilder ausbreitet. Diese atmosphärische Qualität ist gegen Störungen jeglicher Art ausgesprochen empfindlich; wird sie deformiert, so geht sie verloren. Wonach die Schreiber fast durchweg suchen, sind aber just diese eigentümlichen, verletzbaren Schwingungen. Sie sind ihnen heilig, an ihnen dürfen sie keinen Verrat begehen. Deshalb müssen sie den Ton wiederfinden oder zumindest das, was sie für den ursprünglichen Ton halten. Ihre Berichte erscheinen uns womöglich aus genau diesem Grunde so stimmig und so punktgenau, auch wenn allerhand Idealisierungen in sie hineingeflossen sein sollten.

Obwohl wir in so vielen Gesprächen unsere Essenserinnerungen austauschen (bekanntlich lieben wir es ja zum Beispiel besonders, während einer Mahlzeit von einem vergangenen Mahl zu sprechen), sind bisher von kulturwissenschaftlicher Seite erst wenige systematische Anstrengungen unternommen worden, diesen reichen Bestand zu sichten, den Schatz zu heben, der im wahrsten Sinne des Wortes vor unserer Nase liegt. Sowohl in der ethnologischen Nahrungsforschung als auch in der volkskundlichen Diskussion über Gedächtnis und kulturelle Identität führt das empirische Studium der Geschmacks*erinnerung* ein randständiges Dasein.[1] Die Nahrungsvolkskunde widmet der Mahlzeit in all ihren Aspekten ihr hauptsächliches Augenmerk. Mit der vorliegenden Zusammenstellung will ich unter anderem unterstreichen, daß der Funktion des Gedächtnisses in diesem Kontext eine entscheidende Bedeutung zukommt. Unsere Nahrungsstile und unser kulinarisches Alltagsbewußtsein sind maßgeblich durch unsere Erinnerungen geprägt. Erst ihre Erhebung und ihre Analyse versprechen ein tieferes Verständnis unserer Eßgewohnheiten und Geschmackshorizonte. Die Oral History und die Biographieforschung haben den Gegenstand in verschiedenen ihrer Untersuchungen, vor allem in denen über Kriegs- und Flüchtlingszeiten, über Nachkriegs- und Wirtschaftswunderjahre durch zum Teil profunde Analysen gewürdigt.[2] Doch aufs Ganze gesehen darf man wohl sagen, daß hier der Fall gerade umgekehrt gelagert ist. Diese Forschungszweige nämlich stellen zwar die Fragen nach der Arbeitsweise des Gedächtnisses und nach den Leitlinien der lebensgeschichtlichen Konstruktionen in den Vordergrund, dafür aber bewegen sich speziell die *Geschmacks*erinnerungen bis auf einige Ausnahmen eher an der Peripherie des Interesses. Vielleicht vermögen die hier gesammelten Briefe aus der kulinarischen Vergangenheit einen Akzent in dieser Richtung zu setzen. Schließlich hat auch die Migrationsforschung auf die langanhaltenden Spuren des gustatorischen Gedächtnisses aufmerksam gemacht, indem sie zu dem Ergebnis kam, daß Menschen, wenn sie an neuem Ort Fuß fassen, hartnäckiger als an den meisten anderen Kulturmustern an ihren überlieferten Nahrungsgewohnheiten festhalten.[3] Im Gegensatz zur literaturwissenschaftlichen Behandlung des Themas,[4] das ja in Marcel Prousts „Auf der Suche nach der verlorenen Zeit" eine grandiose Ausbuchstabierung gefunden hat, ist das Feld von seiten der volkskundlichen Erzählforschung[5] noch kaum bestellt. Das ist um so erstaunlicher, als sich all diese Erinnerungen zu Geschichten fügen, die im Gedächtnis zu behalten und weiterzuerzählen sich offensichtlich lohnt, bei denen also davon auszugehen ist, daß sie gleichermaßen am Prozeß der biographischen Sinnstiftung wie an der Positionsbestimmung des Einzelnen innerhalb einer Kommunikationsgemeinschaft beteiligt sind.

In erster Linie versteht sich die Sammlung als eine Dokumentation, die auf anschauliche Weise zeigen will, daß Geschmackserinnerungen für eine große Anzahl von Menschen in der Tat von erheblichem Belang sind und daß die Szenarien und die Geschichten, die sich mit ihnen verbinden, durchaus die Aufmerksamkeit des an unserem Alltagsbewußtsein interessierten Kulturforschers verdienen. Bis zu einer wirklich flächendeckenden Erhebung ist der Weg allerdings noch weit. Aber auch ein solches Unternehmen könnte niemals abschließende Vollständigkeit erlangen. Denn unaufhörlich treten neue und unabsehbare Erfahrungen zu dem großen Vorrat der bereits vorhandenen hinzu, werden neue Erinnerungen geboren, neue Geschichten gestrickt. Daß uns dieser Umstand keineswegs zu entmutigen braucht, daß sich trotz dieses ständigen Zustroms und der permanent anwachsenden Vielfalt immer wieder einander ähnliche Muster abzeichnen, geht schon aus den vergleichsweise wenigen hier mitgeteilten Texten hervor. Zum einen weisen sie zwar einen großen Facettenreichtum auf und bringen, jeweils für sich genommen, Intimes, bei einigen ist man geneigt zu sagen Unmittelbares zur Sprache. Zum anderen aber ist nicht zu übersehen, daß gerade dieser Gestus des emphatischen Ich-Erlebens eine durchgängige Erscheinung, eine kollektive Praxis der Selbstwahrnehmung darstellt. Und natürlich wiederholen sich auch die Leitmotive und die Situationen, die kulinarischen Glückseligkeiten und die Demütigungen. Hinter den Erinnerungsfiguren, welche sich an die Geschmackserlebnisse knüpfen, erheben sich die Massive des Soziallebens und der ersten Prägungen, allen voran die Institution der Familie. Hinsichtlich seines Heranwachsens und seiner Herkunft von jedem einzelnen als ein persönliches Los empfunden, stellt die Familie in ihrer unausweichlichen Allgegenwart und in ihren generellen Strukturen ein Fundament für jene intersubjektiv geteilten Erfahrungen bereit, die sich nicht zuletzt in der Wiederkehr der Erzählmotive und der emotionalen Anwandlungen ausdrücken. So haftet den Berichten über den äußeren Anstoß, der sie in Gang brachte, hinaus auch aufgrund ihrer sozusagen unterirdischen Korrespondenzen etwas Gemeinsames an, sind sie ungeachtet ihrer thematischen Mannigfaltigkeit, trotz ihrer verschiedenen Zeithorizonte und obgleich sie den unterschiedlichsten Bevölkerungskreisen und Altersstufen entstammen, miteinander verbunden. Würden mich die Warntafeln meiner Disziplin, der Volkskunde, nicht vorsichtig machen, ich würde vielleicht unbefangen sagen: Sie atmen vom selben Geist.

Ich habe die Erinnerungen in der Weise angeordnet, daß der Leser, der ihrem Gang folgt, sich gleichsam auf einen Rundweg begibt, welcher ihn zu einigen Aussichtspunkten führt, von denen er jeweils zugleich neue Gedächtnislandschaften und die bereits bekannten von einer anderen Warte aus erblickt. Er kommt etwa durch die Gefilde der himmlischen Genüsse und der kulinarischen Torturen, er wandert durch das gestrüppreiche Hinterland der Familie, wird zum Zeitreisenden durch die Nahrungsgeschichte des 20. Jahrhunderts und bewegt sich gleichzeitig noch in anderer Hinsicht weit, weit zurück, nämlich bis hin zu den Schwellen der ersten Kindheitserinnerungen. Mag er dabei einen Zugang zu seiner eigenen verlorenen Zeit entdecken und ein Stück vom Paradies wiederfinden.

Sämtliche eingegangenen Briefe wurden wortgetreu transkribiert. In der Edition beschränken sich die redaktionellen Eingriffe auf Orthographisches sowie auf jene sprachlichen Wendungen, welche die Autoren kompromittiert hätten. Gelegentlich habe ich geringfügige Kürzungen vorgenommen, die Anrede, die Eingangsphrase und die Schlußwendung sind in der Regel weggelassen. In seltenen Fällen habe ich mich auch dazu entschlossen, Berichte aus ein und demselben Brief verschiedenen Themenfeldern zuzuordnen. Die Namen der Schreiber habe ich anonymisiert. Diese Veröffentlichungspraxis versucht beiden gerecht zu werden: den Ansprüchen der Wissenschaft und den Ansprüchen jener Leserschaft, die ohne weitergehende philologische Hintergedanken einfach nur ein instruktives Lesevergnügen suchen. Zu ihr rechne ich auch den Großteil derjenigen, die mir schrieben, und sie sind es, denen ich mich in erster Linie erkenntlich erweisen möchte. Die Schilderungen sprechen weitgehend für sich, oder genauer, sie treten miteinander in ein vielstimmiges Gespräch, in dessen Fortgang sie sich gegenseitig ergänzen, kommentieren und vertiefen. Während dieser Sequenzen führe ich die Regie im Hintergrund. Passagenweise allerdings werde ich auch selbst die Bühne des Geschehens betreten.

Mein erster Dank geht an die vielen Menschen, die mit ihren Berichten diesen Band überhaupt erst ermöglicht haben. Ihnen sei er auch gewidmet. Sodann möchte ich den Medien, ungezählten Zeitungen und Radiostationen, meine Dankbarkeit dafür ausdrücken, daß sie mein Unternehmen in durchweg sympathisierender und beherzter Weise auf den Weg zu bringen halfen. Maßgebliche Impulse und Unterstützung verdanke ich den Studierenden am Hamburger Institut für Volkskunde. Besonders Almut Siegert und Stephanie Hoffmann haben mir sehr geholfen. Endlich möchte ich auch Albrecht Lehmann danken, in dessen Kreis ich ein zwischenmenschliches und intellektuelles Klima fand, das mir die Arbeit zum wahren Genuß machte.

1 Weder in Wiegelmanns Einkreisung der ethnologischen Perspektive noch in Tolksdorfs Handbuchartikel wird die Verbindung von Essen und Gedächtnis explizit thematisiert. Auch im interdisziplinären kulturwissenschaftlichen Diskurs spielt sie kaum eine Rolle. Vgl.: Wiegelmann, Günter: Was ist der spezielle Aspekt ethnologischer Nahrungsforschung? In: Ethnologia Scandinavica 1 (1971) 6–16; Tolksdorf, Ulrich: Nahrungsforschung. In: Brednich, Rolf W. (Hrsg.): Grundriß der Volkskunde. Einführung in die Forschungsfelder der Europäischen Ethnologie. Berlin 1988, S. 171–184; Wierlacher, Alois; Neumann, Gerhard; Teuteberg, Hans Jürgen (Hrsg.): Kulturthema Essen. Ansichten und Problemfelder (Kulturthema Essen, 1). Berlin 1993. Zu Gedächtnis vgl.: Bönisch-Brednich, Brigitte; Brednich, Rolf W.; Gerndt, Helge (Hrsg.): Erinnern und Vergessen. Vorträge des 27. Deutschen Volkskundekongresses Göttingen 1989 (Schriftenreihe der Volkskundlichen Kommission für Niedersachsen, 6). Göttingen 1991.

2 Vgl. z.B. Lehmann, Albrecht: Gefangenschaft und Heimkehr. Deutsche Kriegsgefangene in der Sowjetunion. München 1986, S. 59–86; ders.: Im Fremden ungewollt zuhaus. Flüchtlinge und Vertriebene in Westdeutschland 1945–1990. München 1991, S. 151–170; Mutschler, Susanne: Ländliche Kindheit in Lebenserinnerungen. Familien- und Kinderleben in einem württembergischen Arbeiterbauerndorf an der Wende vom 19. zum 20. Jahrhundert (Untersuchungen des Ludwig-Uhland-Instituts, 64). Tübingen 1985, S. 55–60; Kalinke, Heinke: Die Ernährungskrise nach dem Zweiten Weltkrieg. Eine Untersuchung über Selbsthilfe und Erfahrung in einer ländlichen Kleinstadt. Magisterarbeit Göttingen 1992.

3 Den Geschmackskonservativismus darf man sich freilich nicht als Verhaltensmuster vorstellen, das gegen jede Veränderung resistent sei. Zu dieser Diskussion vgl.: Frantzioch, Marion: Die Vertriebenen. Hemmnisse, Antriebskräfte und Wege ihrer Integration in der Bundesrepublik Deutschland. Mit einer kommentierten Bibliographie (Schriften zur Kultursoziologie, 9). Berlin 1987.

4 Wierlacher, Alois: Vom Essen in der deutschen Literatur. Mahlzeiten in Erzähltexten von Goethe bis Grass. Stuttgart; Berlin; Köln; Mainz 1987. Das Erinnern selbst steht hier allerdings im Hintergrund.

5 Die Enzyklopädie des Märchens verspricht immerhin ein Lemma „Speise und Trank". Außerdem finden sich in Sammlungen zur modernen Sagenbildung kolportierte Erinnerungen zum Essen. Vgl. z.B. Brednich, Rolf W.: Die Spinne in der Yucca-Palme. Sagenhafte Geschichten von heute. München 1990; ders.: Die Maus im Jumbo-Jet. Neue sagenhafte Geschichten von heute. München 1991; Fischer, Helmut: Der Rattenhund. Sagen der Gegenwart (Beiträge zur rheinischen Volkskunde, 6). Bonn 1991.

I. Die Chemie der Erinnerung

Ein kulinarisches Mosaik

Hier in loser Reihenfolge meine Erinnerungen zum Thema „Zunge und Gaumen":

Wenn ich versuche, so weit wie möglich zurückzugehen, ist wohl das erste Erlebnis, das ich mit Essen verbinde und an das ich mich auch noch bewußt erinnern kann, folgendes: Als vierjähriges Mädchen habe ich am liebsten „zerdrückte Banane mit Haferflocken" gefrühstückt. Einmal war Mutti noch weg zum Einkaufen, als ich aufwachte. Ich wollte sie überraschen damit, daß ich schon ganz alleine Frühstück machen kann. Aber das Zerdrücken der Banane mit einer Gabel fiel mir doch noch recht schwer, und mit einem Schwupp sausten Teller, Banane, Brei und Gabel auf den Küchenboden und zerschellten. Was tun? Ich hatte ordentlich Respekt, daß sie mir meine selbständige Aktion übelnehmen würde, wenn sie heimkommt. Aber – wieder zu Hause – hat sie nur schallend gelacht; vermutlich habe ich so mitleiderregend dagestanden. Angst, daß ich etwas falsch oder kaputt machen könnte, hatte ich in Zukunft keine mehr.

In jungen Jahren zählte zu meinen Lieblingsspeisen auf jeden Fall „gefüllte Paprika". Sollte sich irgendjemand wundern, daß das einem Kind schmeckt, so zu Recht. Denn mir kam es einzig und allein auf den Inhalt des Paprikas an. Die mehr oder weniger zerkochte Schote schob ich immer anderen auf den Teller. Wer nun allerdings denkt: ganz einfach, dann kocht man eben nur Reis mit Hackfleisch, der versteht mich auch nicht. Das war ganz und gar nicht das gleiche. Es mußten! gefüllte Paprikaschoten sein.

Ein Gefühl, das wohl auch jeder kennt und das ich mir nie so recht erklären konnte, ist: Warum schmecken einem als Kind ganz andere Sachen als den Erwachsenen? Ich jedenfalls habe mit großer Begeisterung rote Schaumerdbeeren genascht – eine Süßigkeit, um die ich heute einen großen Bogen mache und keinem Kind schenken würde. Heute will ich sie nicht mehr; sie schmecken nicht mehr. Aber nicht nur, weil solche Dinge wie Schaumerdbeeren, Zuckerwatte, Bärendreck usw. damals eine Rarität waren und man sie heute überall bekommen kann. Nein, sie schmecken mir wirklich nicht mehr. Was ist das?

Den umgekehrten Fall kann ich auch aus eigener Erfahrung schildern. Genauso gibt es Nahrungsmittel, die früher scheußlich waren und die ich heute als Erwachsene gerne esse. Dazu zählen Schwarzwurzeln und Spinat und natürlich auch die Schote von den gefüllten Paprika.

Ganz stark mit dem Thema Zunge und Gaumen zusammen hängt ja auch der Geruch. Noch heute ist es für mich ein und dasselbe, wenn ich früh morgens frisch aufgebrühten Kaffee rieche. Es erinnert mich immer und immer wieder an das Haus meiner Oma, die an Pensionsgäste vermietete, und deren Haus von dem speziellen Duft durchzogen war, wann ich sie auch besuchte.

Den Geruch, den ich sofort mit meiner zweiten Oma assoziiere, finde ich heute nur noch selten. Aber wenn er mir in die Nase weht, dann ist die Erinnerung an Oma um so stärker. Es ist diese unnachahmliche Mischung eines Kolonialwarenladens, in dem sich der Geruch von Schokolade mit dem von Waschpulver mischt und der von Schuhwichse und Tabak mit dem von Bananen und Papier. Eine Mischung, die ich sehr vermisse.

Was am Geruchssinn für mich so faszinierend ist, ist die Tatsache, daß das Gehirn all die vielen Gerüche speichert. Oft kommt es mir vor, daß ich einen Geruch ganz genau wiedererkenne; einen Geruch, der unter Umständen Jahrzehnte zurückliegt. Aber nicht immer fällt mir das dazugehörige Ereignis ein (so wie bei meinen beiden Omas). Dann suche und krame ich in meinem Gedächtnis, aber nichts fällt mir dazu ein. Das enttäuscht mich dann einerseits richtig, andererseits macht es mich so nervös, wie wenn man einer Person begegnet, die man zu kennen glaubt, aber nicht weiß woher.

Rieche ich eine brennende Zigarre, so ist das mein Opa, wie er leibt und lebt. Auch 20 Jahre nach seinem Tod noch.

Aber zurück zu den Geschmacksnerven.

Meine „beste Köchin auf der ganzen Welt", meine Mutti, mußte mir bei jedem Streuselkuchen eine Handvoll Streusel roh! lassen. Gebacken waren sie für mich nur halb so schmackhaft. Ich hätte mich so gerne satt an rohen Streuseln gegessen, aber immer war die Menge auf ein Minimum begrenzt mit der unvermeidlichen Bemerkung „zuviel davon gibt nur Bauchweh". Es war jedesmal ein kleiner Kampf zwischen uns beiden, wieviel noch in der Schüssel mindestens bleiben mußte und höchstens bleiben durfte.

Übers Nachdenken fällt mir nun doch noch eine sehr frühe „Geschmackserinnerung" ein. Ich war damals zwischen zwei und drei Jahren. Aber ich weiß sie bestimmt, d.h. nicht nur aus Erzählungen. Mein Liebstes war es – vor allem, wenn es draußen naß oder kalt war –, auf einen diiicken Sofakissenstapel gepackt zu werden, um den ganzen Turm aus Kissen und Menschlein herum eine warme Wolldecke gewickelt, vielleicht sogar mit Wollmütze, und oben heraus zwei Händchen, in dem einen so viel dünne Salzstengelchen, wie ich eben halten konnte. Die habe ich dann genüßlich, eines nach dem anderen, geknackt.

Eine Zeitlang hatte ich als Kind ein anderes Lieblingsfrühstück. Das war lauwarme Hafersuppe und dazu ein Brot mit Himbeermarmelade. Es durfte kein Tee oder keine Milch anstelle der Suppe sein, es durfte auch nicht ersatzweise Erdbeermarmelade sein. Nur in dieser Zusammenstellung und unbedingt zusammen im Mund vermischt war es das einzig Wahre.

Das Gefühl, daß alles zusammen zur gleichen Zeit im Mund sein muß, um optimal und unverkennbar auf die Geschmacksnerven zu wirken, das kenne ich heute noch. Heute ist eines meiner Lieblingsgerichte „Spargel mit Soße, Pfannkuchen und Schinken". Nur original in dieser Zusammenstellung und nur alles gleichzeitig im Mund. Unbedingt! Dazu wollte ich als Schulkind immer, „wenn ich groß bin", eine Lutschtablette erfinden, die dieses Geschmackserlebnis authentisch liefert, aber nicht satt macht. Es ist doch – egal bei welchen Lieblingsessen – immer ein bißchen schade, daß man nicht noch mehr essen kann, wenn man schon satt ist. Ja, Chemie habe ich später zwar studiert, aber die Lutschtablette ist immer noch nicht erfunden.

Kommt der Frühsommer und ich verarbeite frischen Rhabarber, so sehe ich mich unwillkürlich auf der Steintreppe vor unserem ersten Haus sitzen. Ich war damals vier Jahre alt und bekam zum Zeitvertreib einen Stengel Rhabarber in die eine und eine Untertasse mit etwas Zucker „zum Stippen" in die andere Hand. Dann war die Kinderwelt für mindestens eine halbe Stunde in Ordnung.

Was ich heute noch mit „Große Schulsommerferien" verbinde, ist das erste Müsli aus frischen Erdbeeren und roh gegessene Erbsen, mit oder ohne Schoten. Eben so, wie es war, als ich noch zu Hause gelebt habe und man frisch Geerntetes aus dem Garten gegessen hat – je nach Jahreszeit, nicht das ganze Jahr hindurch alles aus aller Herren Länder, so wie heutzutage.

Sicher kennt auch jede Familie diese traditionellen Gerichte, die es immer zu ganz bestimmten Anlässen gibt. Für uns zu einer Einheit verschmolzen waren „Heiligabend" und „Nudelsalat". Kein anderes Essen war so fest mit einem bestimmten Tag verbunden wie dieses.

Oder noch ein Ritual – ja fast ist es ein Ritual –, das mich geprägt hat. Bestimmte Gerichte dürfen nur in einer einzigen Kombination serviert werden. Niemals anders zusammengestellt, sonst stimmen sie nicht mehr. Dafür gibt es vielfältige

Beispiele. Ich mag Milchreis eigentlich nur mit Apfelmus, nicht mit Pflaumenkompott, nicht als Orangenreis. Milchreis ist nur echt mit Apfelmus. Genauso der berühmte Schokoladenpudding; nur echt mit der einzigen Vanillesoße. Nicht mit Sahne, nicht mit sonstwas – Vanillesoße muß es sein.

Gerade fällt mir ein Genußerlebnis ein, das sich fast verloren hat. Es scheint so etwas wie eine Modeerscheinung gewesen zu sein, wenn auch klassisch. Das Eis nach Fürst-Pückler-Art. Daraus macht man sich heute nicht mehr allzu viel. Die Variationen sind zu vielfältig und exotisch geworden. Aber früher war das noch etwas ganz besonderes; erst recht, wenn es selbstgemachtes Eis war.

Zum Thema „Eis" weiß ich noch zwei Begebenheiten.

Die eine: In unserem „Tante-Emma-Laden" (der damals weder so hieß noch einer war, denn er war die einzige Einkaufsmöglichkeit weit und breit und gänzlich normal) hat es Milcheis in den typischen Fürst-Pückler-Arten Vanille, Erdbeer und Schokolade gegeben. Es war Eis am Stiel, in kleinen rechteckigen Blocks, eingepackt in silbriges Papier, und gekostet hat es 20 Pfennig. Auch das war selbstverständlich eine Besonderheit. Entsprechend hochwertig war das Geschenk, wenn die Ladenfrau mir ein solches Eis geschenkt hat, weil es bei der Lieferung zerdrückt wurde und sie es nicht mehr regulär verkaufen wollte. Ich konnte es kaum fassen.

Tja, und auch das selbstgemachte Eis ist nicht mehr das, was es einmal war. Schon lange halte ich die Augen offen nach einem Eispulver, das wir früher zum Eismachen verwendet haben. Es war schon gezuckert, und man mußte nur noch Sahne hinzufügen. Heute sehe ich dessen ernährungswissenschaftlichen Wert zwar kritischer als früher, aber dennoch würde ich schrecklich gerne mal wieder ein solches Eis essen. Es hatte eben auch diesen eigenen Geschmack nach „Kindheit" und „zuhause" und „Sommer". Sollte ich ihn nie wieder erleben?

Einmal, ja wirklich nur einmal, gab es etwas Besonderes im Milchladen zu kaufen. Ich war etwa zehn Jahre alt, und es gab noch die typischen Milchläden mit offener Milch, Käse, Quark, Joghurt und Butter im Angebot. Dort auf der Theke stand ein Glas mit Stanniol-Trinkhalmen. Es waren ganz besondere Trinkhalme, denn sie waren innen – bis auf eine kleine Öffnung (wie ein Bleistift ohne Mine) – ausgekleidet mit einer Süßigkeit. Wenn man dadurch die frische Milch getrunken hat, dann schmeckte sie lecker. Dieses Produkt war nur ein Jahr oder nur einen Sommer lang auf dem Markt. Keiner, den ich fragte, kann sich an so etwas Ähnliches erinnern. Und ich habe es auch nie mehr zu kaufen gesehen. Heute ist doch für alles eine Marktlücke da. Sollte ich die Idee einmal einer Firma anbieten? Für mich war es jedenfalls ein so herrlicher Milchsommer, daß ich ihn bis heute nicht vergessen habe.

Dann gab es noch die Frau in unserer Nachbarschaft, die Süßigkeiten in einer Garage verkauft hat. Was sich schrecklich nüchtern anhört, war eine wunderbare eigene Welt. Es war für uns Kinder ein eigener Kinderladen oder wohl eher ein Hexenhäuschen. An der Stirnseite gab es ein zweiflügeliges Küchenfenster mit Vorhängen und eine Klingel. Wenn wir so mit unseren Puppenwägen herumspazierten oder auf Rollschuhen umherzogen, machten wir allzugern am Hexenhäuschen halt. Nach dem Klingeln dauerte es eine Weile, bis wir die schlurfenden Schritte vom Haus über den Gartenweg zur Garage hörten, das Fenster aufging und wir neugierig unsere Köpfe hereinstreckten, um uns recht viel für die 20 Pfennig auszusuchen. Mindestens eine Zuckerwaffel, fünf Brausestäbchen und fünf Kirschlutscher oder doch lieber einen Mohrenkopf mit..., ach, was es da alles gab.

Ich glaube, ich könnte stundenlang weitererzählen. Nichts Dramatisches, aber alles liebenswerte Erinnerungen.

Erinnerungen an ganz bestimmte Zuckerosterhasen und nur die „echten" Mandelnougateier in lila Stanniol, keine anderen, und an den Plätzchenduft in der Wohnung zur

Vorweihnachtszeit und den ersten Biß in den Lebkuchen nach einem ganzen Jahr und den heruntergewürgten Löffel Lebertran und die staubig schmeckende Calciumtablette, die laut Mutti doch nach Kakao schmecken sollte, und und und...

Gespeichert und nicht zu löschen

Der Autor schreibt aus Berlin. Sein maschinenschriftlich abgefaßter Brief besteht aus einem Anschreiben und zwei kurzen Texten. Nur in einer der beiden Schilderungen geht es um Gerüche, speziell um den von gesottenem Fleisch. Der andere erzählt von einer akustischen Erinnerung. Nach dem Krieg gerät ein Kollege durch das Geräusch einer herunterrasselnden Jalousie, das ihn an Maschinengewehrfeuer erinnert, in entsetzliche Panik: „Er zerrte mich trotz Sträubens in einen Hausflur und brüllte fortwährend: ‚Volle Deckung!!!‘“ „Mancher Mensch wird eben vieles nie los, und wenn er noch so sehr dagegen ankämpft."

Die Berichte sind mit gekonnten, bunt gezeichneten Karikaturen verziert. Der einen ist ein Zweizeiler beigefügt:

ERINNERN – hat oft keinen ZWECK – –

Neese zu –, und nischt – wie weg – –

„Geschmackserinnerungen", schreibt er in seinem Brief, „sind leider nicht immer so lustig."

Meine Empfindungen, die ich als Ekel, Widerwille – ja sogar auch manchmal bis zum Brechreiz habe, beruhen auf einem Kriegserlebnis.

Nach dem Polen-Feldzug, den ich vom ersten Tag an miterlebt habe, kam meine Einheit zunächst in die Eifel und von dort zum Einsatz; bei Kriegsausbruch mit Frankreich; auf den Vormarsch in Frankreich.

Als wir aber infolge der zunächst unerschütterlichen Gegenwehr an der Maginotlinie zum Stehen kamen, wurde ein

Vorauskommando in einem Seitental so heftig beschossen, daß es zum Ausfall einiger unserer gepanzerten Kettenfahrzeuge kam.

Die Bergung, die Zurückholung der Fahrzeuge war infolge der ständigen Kampfbereitschaft der ausfahrbaren Gefechtstürme der Franzosen zunächst nicht möglich.

Nach Tagen bekam ich – mit noch zwei anderen Kameraden – den Befehl, in der finsteren Nacht den Versuch zu machen, bis zu dem im Vorfeld stehenden Fahrzeug vorzudringen und zu versuchen, die Fahrzeuge mit den toten Kameraden zu bergen.

Trotz der immerzu aufsteigenden Leuchtraketen kamen wir zu dem ersten Fahrzeug. Wir schleppten eine Batterie (Akku) mit, da wir hofften, die Kettenfahrzeuge mit Motorkraft bergen zu können.

Es gelang mir, ein Fahrzeug zu besteigen. Beim Öffnen der Einstiegluke drang mir ein bestialischer Geruch entgegen.

Als ich den toten Fahrer von hinten unter die Schultern faßte und herausheben wollte, entwich wohl noch im Brustkorb des Toten befindliche Luft stöhnend seinem Munde.

Da aber durch unsere Geräusche sofort die Türme wieder ausgefahren wurden und der Beschuß einsetzte, mußten wir unser Vorhaben aufgeben.

Dieses Erlebnis hinterließ einen so tiefempfundenen Schock, daß ich noch heute beim Geruch von gesottenem Fleisch einen so furchtbaren Ekel empfinde, daß er trotz guter Zureden und Selbstbeherrschung nicht auszulöschen ist.

In Lokalen und der eigenen Küche fliehe ich bei Wahrnehmung dieses mir so unerträglichen Geruchs, und es dauert jedesmal eine Zeit, bis ich mich wieder gefangen habe.

Obwohl ich ein Tatsachenmensch von robuster Natur bin, kann ich mich dieser allergischen Reaktion nicht erwehren: und das, obwohl Jahrzehnte über das Erlebnis hinweggegangen sind.

Und ob ich es jetzt (85 Jahre alt) verdrängen, verlieren kann? Wohl kaum...

Butter und Marmelade

Charité Berlin, am 1. 6. 1993. Die Autorin, geboren 1932, berichtet ebenfalls aus der Kriegszeit.

Unsere Mühldorfer Oma lebte mit dem Mühldorfer Opa in Mühldorf am Inn in Oberbayern. Als der Krieg ausbrach und meine Mutter mit vier Kindern in einem kleinen Kaff im Erzgebirge plötzlich ohne Mann dastand, erbot sich die Mühldorfer Oma, meinen Bruder und mich einige Zeit zu sich zu nehmen. Sie brachte uns in ihren knarrenden, butterweichen Ehebetten unter, während sie und der Opa auf irgendwelchen Sofas in der Küche und in der Abstellkammer nächtigten. Anfangs heulte ich viel, Heimweh nach der Mutter und den kleinen Geschwistern machte mir zu schaffen. Aber bald fand ich heraus, daß es in der Wohnküche der Großeltern mit dem warmen Herd, dem Eßtisch, dem über Eck gestellten Küchenbüffet mit Brotkorb und gesticktem Deckchen sehr gemütlich war. In dem kleinen Mietshaus gab es Kinder. Die Mädchen hießen „Weibi" und Paula, und die Jungen waren hübsch und frech wie zu Hause auch. Am meisten gefiel mir aber Omas schmaler, wie ein Handtuch langgestreckter Garten, der sich neben anderen Mietergärten bis fast zum Bahndamm erstreckte. Vorne, an der Straße war er gepflegt, mit Dahlien, Astern, Sonnenblumen bepflanzt, die üppig über den Holzzaun wuchsen. Dahinter kamen Beete mit Erdbeeren, Erbsen, Bohnen, Möhren, Kräutern, die nach Sonne, Erde und Geborgenheit dufteten. Der seitliche Gartenweg war hinter den Beeten zu Ende. Was dann kam, war Gestrüpp und Geheimnis. Das Gestrüpp trug saftige Himbeeren, in seiner Mitte standen unerwartet ein wackliger Holztisch und zwei einfache Bänke aus verwitterten Brettern. Hier wurde für die Puppen Himbeersaft gepreßt und Salat aus Gras bereitet. Später, als wir das Alphabet fast beherrschten, war dies der Ort, sogenannte Liebesbriefe an unsere jeweiligen Favoriten unter den Jungs zu schreiben. Der Garten war das Paradies, der wahre Garten Eden. Von allen Sträuchern durften wir naschen, uns im Gestrüpp verstecken, spielen und lärmen. Wir durften überhaupt bei den Großeltern fast alles. Zu Hause führte unsere Mutter die Familie mit Strenge. Vater im Krieg, vier Kinder zwischen acht und zwei Jahren, die anderen Großeltern wohnten bei uns – da wurden die paar Reichsmark zusammengehalten. Kamen wir hungrig aus der Schule, hieß es: „Gleich gibt's Mittag, vorher essen verdirbt den Appetit. Laß den Magen ein bißchen knurren." Dann blieben keine Reste, egal was auf dem Tisch stand. Ganz anders war die Mühldorfer Oma. In einem großen Steinguttopf auf dem Küchenbüffet stand immer kalter Pfefferminztee, von dem ich trinken konnte, wann und soviel ich wollte. Und schon beim ersten Probeversuch, mit meinem Ächzen: „Ich habe solchen Hunger!", zuckte die Oma zusammen. Sie blickte mich ratlos an. Das Mittagessen war noch nicht fertig. Was nun? Willst du ein Marmeladenbrot? Ich nickte eifrig, obwohl ich Marmeladenbrote nur als klebrige, sich in der Hand in dunkle Masse auflösende Scheußlichkeiten kannte. Die Mühldorfer Oma setzte mich auf ihr Küchenbüfett, auf das gestickte Deckchen, unter die Füße schob sie einen Küchenstuhl. So konnte ich aus dem Fenster sehen, auf die kleine lehmige Straße und die grünbunten Mietergärten. Dann holte sie das Brot, Butter und Erdbeermarmelade, von ihr selbst gemacht, die Früchte aus ihrem Garten. Ich hatte noch nie zuvor ein Marmeladenbrot gegessen, das außerdem mit Butter beschmiert war. Und dann saß ich im ersten lukullischen Glücksgefühl meiner sechs Lebensjahre: Vom Hochsitz aus schwebte der Blick über die Sonnenrosen, Malven, Bohnen und hochstämmigen Beeren hinter den Gitterpförtchen der Gärten.

In der Hand das köstliche Brot, leicht und großporig, zart gekümmelt, wie in Bayern damals gebräuchlich, darauf dann gelbe Butter und der sanftrote, feuchtglänzende Gelee mit halben und ganzen Früchten, die Sommer und Sonne auf der Zunge entfalteten.

Metallgeschmack

„Ich lebe mit der Nase", behaupte ich immer und habe viele Geruchs- (und damit auch Geschmackserinnerungen). Ob sie der Wirklichkeit entsprechen? Oder haben sie sich im Laufe der Jahre verselbständigt?

Meine Erinnerungen sind spontan in die Zeit nach dem 2. Weltkrieg zurückgegangen, zur Schulspeisung, die die amerikanische Besatzung in meiner Heimatstadt aus den Militärküchen den Schulkindern zukommen ließ. Daß es diese Einrichtung gab, war für uns Kinder Tag für Tag etwas Besonderes, aber am besten geschmeckt hat uns allen Kakao mit Wasserwecken zum Ende der jeweiligen Schulwoche. Doch die intensivsten Erinnerungen sind mit einer süßen Breispeise verbunden, von deren Geschmack und Geruch ich eher abgestoßen war, denn sie roch und schmeckte für mich ganz eigenartig, schwer zu definieren, vielleicht nach Rosinen, die ich als Kind auch später nicht mochte..., auf jeden Fall denke ich in diesem Zusammenhang auch an Metallgeschmack, an den zerbeulten Becher, und es kommt eine Flut von Erinnerungen an die nahe Kaserne, an die MP, die in offenen Jeeps mit Schals in leuchtender Pinkfarbe durch die Straßen der Stadt fuhr, und die ebenfalls ganz spezifisch roch, eben nach Kaserne, Metall...

Messing und Ei

Mich als sensible Frau (55 Jahre) haben diese phänomenalen Sinnesverwandtschaften schon immer interessiert, und ich könnte viel darüber niederschreiben. Eine Begebenheit, die ich immer wieder gerne anbringe, greife ich mal heraus.

Als Kind war ich zeitweilig bei meiner Großmutter auf dem Lande untergebracht. Meine Großmutter legte großen Wert auf Geschmack und Qualität der Produkte, die der kleine ländliche Betrieb hervorbrachte. Sie war stolz in ihrer Behauptung, daß es bei ihr die sauberste Kuhmilch und die leckersten Eier gab.

Es gab bei der Oma aber noch mehr. So gab es eine alte, wunderschöne Uhr mit einem herrlichen Klang, und es gab Kaffeelöffel, die mit Messing belegt waren. Diese Löffel fand ich schön und golden, und ich aß gerne mit ihnen – auch Eier zum Frühstück. Diesen eigentümlichen Geschmack, der aus der chemischen Verbindung von Messing und Eiweiß offenbar entstehen muß, hielt ich für das absolut Besondere an Omas Eiern.

So weit – so gut.

Als nach fast 30 Jahren die alte Uhr als Erbstück in meinem Wohnzimmer hing und an diesem Platz zum ersten Mal zur vollen Stunde schlug – was glauben Sie, was passierte? Na, Sie wissen es schon: Ich schmeckte wieder diese absonderlichen Eier. Omas Eier auf goldenen Löffeln.

Pfannkuchen

Ich bin Kriegskind, weiblich. Immer wenn ich traurig bin, oder ein Anflug von Depressionen macht sich bemerkbar, dann backe ich Pfannkuchen.

Es war ein Gefühl der Geborgenheit, wenn die Mutti Pfannkuchen gebacken hat. Es war Krieg, und Pfannkuchen gab es nur, wenn der Bauer nebenan Milch und Eier übrig hatte. Das war ein Glücksfall. Und Mutti hatte süße Himbeermarmelade eingekocht, die wurde draufgestrichen, und der Pfannkuchen zusammengewickelt. Wenn wir, meine Tochter und ich, um den Tisch sitzen und die herrlichen Pfannkuchen verspeisen, dann ist die Welt wieder in Ordnung, genau wie bei meiner Mutti.

Rundstück

Ich bin weiblich, Jahrgang 1922, also 71 Jahre alt. Wenn ich ein trockenes Rundstück esse und trinke dazu kalte Milch oder Kakao – aus einem *weißen Emaille-Becher* –, dann denke ich an das Strandbad Maakendamm am Köhlbrand, Zeit: 1932/33. Meine Schulzeit verbrachte ich in der Volksschule Taubenstraße (St. Pauli). In den großen Ferien durfte jede Klasse für zwei Wochen – tagsüber – nach Maakendamm. Wenn wir morgens mit dem Fährschiff ankamen, gab es einen Becher Milch und ein trockenes Rundstück. Mittags Eintopf aus dem Blechnapf (hat auch herrlich geschmeckt). Vor dem Nach-Hause-Fahren bekamen wir dann noch einmal ein Brötchen mit einem Becher Kakao. Nach meiner Geschmackserinnerung muß es so etwas Ähnliches wie ein Kaiserbrötchen gewesen sein.

Ich habe mir extra einen weißen Emaille-Becher gekauft.

Und wenn ich dann ein Brötchen habe, schwelge ich in Erinnerung „an die Ferien am Maakendamm!"

Kennwort: Kulinarische Erinnerungsgeschichten

Neulich, an einem heißen Montag ging ich zum Markt in Eidelstedt. Als ich an einem Obststand vorbeiging, kam mir der Geruch reifer Erdbeeren in die Nase, und auf einmal waren die Bilder wieder da:

Als ich ein kleines Mädchen war, fuhr ich mit meiner Mutter im Sommer einmal die Woche von Essen-West nach Dortmund-Dorstfeld zu meiner Großmutter. Diese hatte etwa eine Viertelstunde entfernt von ihrer Wohnung ein Stück Land, das sie vorwiegend mit Erdbeeren bepflanzt hatte. Dorthin gingen wir dann, mit Eimern und Schüsseln bepackt, um Erdbeeren zu ernten.

Ich erinnere mich, daß die Sonne vom Himmel knallte und eine große Trägheit über mich kam. Auf dem Feld gab es keinen Schatten, und wir pflückten in der Hitze unentwegt riesige Mengen Erdbeeren. In der Luft stand der Geruch der reifen Früchte, von denen ich aß, ehe ich eine Schüssel füllte. Die Luft stand still, und es war so ruhig, daß ich beim Kauen den Sand, der an den Erdbeeren hing, als Lärm empfand. Eine große Ruhe kam damals über mich, ein Gefühl von Geborgenheit in der Welt, die mir unendlich vorkam und nur für mich dazusein schien. Und dieses Gefühl überfiel mich für einen Moment auf dem Markt in Eidelstedt.

Übrig blieb ein leises Bedauern, weil ich als erwachsene Frau dieses Geborgenheits-Gefühl nie wieder so gespürt habe.

Das Lieferauto

Ich kann mir denken, daß gerade der Backstubengeruch bei vielen eine Rolle spielt (wohl seltener der von Metzgerei oder Milchladen), aber mit meiner Geschichte vom Lieferauto kann ich bestimmt eine weniger häufige Variante beisteuern.

Wir befinden uns etwa im Jahr 1940 – ich war damals fünf Jahre alt. In einem Vorort von Berlin hat mein Vater ein Waldgrundstück gekauft und einen Holzschuppen bauen lassen, in dem Vater, Mutter und Kind im Sommer notdürftig übernachten können. Es ist Sonntag morgen, die Familie ist gerade aufgestanden, es hupt auf dem angrenzenden Sandweg. Von den kundigen Eltern schon erwartet: Der Bäcker!

Der Bäckermeister öffnet in der Morgensonne die Hecktür seines kleinen Lieferwagens, ohne sich bewußt zu sein, mir damit *das* Geruchserlebnis meines Lebens einzubrennen: Ein Schwall des leckersten Bäckerduftes quillt uns entgegen, der geballte Wohlgeruch von frischem Brot, krossen Brötchen, herrlichen Blechkuchen. Na klar, mit *dem* Duft in seiner (geistigen) Nase sieht man auch das ganze Bild immer noch vor sich, nicht nur die Regalkonstruktion mit den lekkeren Kuchen (welchen kriegen wir wohl zum Frühstück?), auch das Drum und Dran, wie die Wespen, die den Transport begleiten, oder das kleine Schaufelrad, das zur Belüftung auf dem Dach des Wagens montiert ist (frühkindliches technisches Interesse) und so fort.

Gewiß kann man seine Nase auch voll Bäckerduft bekommen und ihn in Erinnerung behalten, wenn man sie einfach in einen Bäckerladen hält, aber hier treten offenbar noch die anderen emotionalen Empfindungen verstärkend hinzu: die Bewunderung für die Dienstleistung am Sonntag, Wochenend und Sonnenschein, die Familie auf ihrem eigenen Stückchen Land.

Interessant ist vielleicht noch, daß ich diese intensive Geruchserinnerung schon als Kind so bleibend empfunden habe und sie sicher auch ohne nachträgliche Verklärungen und Verfestigungen bis heute bewahrt hätte. Daß sie so einen zentralen Platz behauptet hat, mag allerdings mit den vielfältigen Anlässen, sie zu zitieren, zusammenhängen: mit den Bäckern, die längst nicht mehr am Sonntag mit Kuchen durch die Gegend fahren, daß sowieso der Kuchen und die Brötchen nicht mehr sind, was sie früher waren, daß das Waldgrundstück seit Kriegsende für mich nicht mehr erreichbar war (seit 1989/90 ist es wieder erreichbar), daß die Familienidylle schon früh durch den Tod meines Vaters endete, und so weiter.

Streuselkuchen

Meine kulinarischen Erinnerungen ranken sich um die lekkerste Sorte aller Kuchen: *Streuselkuchen*. Ob Hefe (klassisch) oder Blätterteig (Prasselkuchen), ob mit Früchten oder trocken, ob mit Puderzucker oder ohne, Hauptsache der Kuchen wird durch große, leicht gebräunte, knusprige

Streusel gekrönt. Durch den bloßen Anblick solcher Teigstücke werde ich unweigerlich in meine Kindheit zurückversetzt.

Damals lebten wir mit meiner Oma zusammen in einer Wohnung. Es gab eine große gemeinsame Küche. In dieser Küche nun stand ein schwerer, alter Gasherd, aus dem meine Oma die leckersten Streuselkuchen „zauberte". Zwar wurde nicht jedes Wochenende gebacken, doch oft genug, um meinen Geschmack für die richtige Prise Salz und den richtigen Grad der Knusprigkeit zu schulen.

War ich beim Backen anwesend, so konnte ich es kaum erwarten, bis die Streusel geknetet und auf dem Kuchen verteilt waren, denn ein kleiner Rest des Streuselteiges blieb für mich zum Auskratzen immer in der Schüssel. Als der Kuchen endlich fertig war, galt es, der größten Versuchung zu widerstehen: die noch heißen, knusprigen Streusel aus ihrem weichen Untergrund zu lösen und blitzartig in den Mund zu stecken, um sie auf der Zunge zergehen zu lassen.

Leider waren solche diebischen Genüsse schwer zu verheimlichen, denn ein Streuselkuchen, der zum Kaffee aufgetragen werden sollte und nun, anstatt von Streuseln übersät zu sein, große häßliche, kraterförmige Löcher aufwies, sprach leider für sich bzw. gegen mich. Nachdem meine Schandtaten entdeckt worden waren, gab es natürlich großen Ärger zu Hause. Doch half alles nichts; beim nächsten Streuselkuchen, der gebacken wurde, bekam ich zwar eine etwas größere Teigmenge zum Naschen, doch schützte mich mein Völlegefühl nicht davor, auch bei diesem Kuchen wenigstens ein oder zwei besonders große Streusel – unauffällig vom Rand – zu stibitzen.

Eine Alternative bot sich mir, als ich dann – etwas größer nun – ab und zu zum Einkaufen geschickt wurde, meistens Brötchen für das Wochenende. Da bei mir in der Gegend das Schlangestehen vor den Geschäften als gewohnte Begleiterscheinung dazugehörte, war die Vorfreude, endlich den duftenden, warmen Bäckerladen zu erreichen, besonders groß.

War ich dann endlich an der Reihe, konnte ich mich vor lauter bunten, saftigen Streuselkuchenblechen, die stets frisch aus der angrenzenden Backstube kamen, kaum entscheiden, welches Stück Kuchen nun auf dem Heimweg genossen werden sollte. Und dann, auf dem Rückweg, konnte ich mich endlich über die Streusel meines Kuchenstückes hermachen, ohne Angst und schlechtes Gewissen. Stück für Stück wurde herausgepult, bis der blanke Boden übrig blieb.

Wenn ich heute an den Bäckerläden vorbeigehe, muß ich oftmals wehmütig schmunzeln über die winzigen, kleinen, pappigen Krümel, die so vereinzelt über die Kuchen verstreut liegen und nicht einmal mehr die Bezeichnung Streusel verdienen. Sehe ich dann aber doch ab und zu noch einmal ein Prachtexemplar dieser Kuchensorte, üppig belegt mit dicken, großen, knusprigen Streuseln, so fühle ich mich magisch angezogen und irgendwie „zuhause".

Der Apfelpfannkuchen

Die Frage nach einem Essen, das Erinnerungen in mir weckt, löst sofort ein Bild aus in meinem Kopf. Ein Bild von meinen Großeltern, den Eltern meines Vaters. Ein Bild, das ein wöchentliches Ritual in meiner Familie zeigt. Jeden Dienstag und Donnerstag kamen meine Großeltern zu uns nach Hause, um auf mich aufzupassen, wenn meine Mutter arbeiten war. Jedoch ist nur der Dienstag mir so fest in Erinnerung geblieben, denn jeden Dienstag – ich glaube meine ganze Kindheit hindurch – gab es bei uns Apfelpfannkuchen. Meine Oma stand in der Küche und rührte den Teig an, in einer großen gelben Steingutschüssel. Mein Opa saß währenddessen mit mir am Eßtisch, erzählte Geschichten und schnitt die Apfelscheiben, eine für mich – eine für den Pfannkuchen. Rund um den Apfel herum wurden die Scheiben abgeschnitten, so daß am Ende immer der exakt geschnittene Apfelwürfelknust übrigblieb, den ich dann weiter abnagte. Ich

erinnere mich genau an diese geraden Flächen des Apfelknu-
stes, in die ich meine Zahnmuster biß. Dann wurden die
Apfelscheiben in den noch nassen Teig gelegt, und er wurde
trocken und fester und schloß die Apfelscheiben ein, achtek-
kige, sechseckige, viereckige und fast runde Apfelscheiben,
die wie Flicken auf dem Teig schwammen.

Als meine Oma nicht mehr kommen konnte, hat mein
Opa die Pfannkuchen alleine gemacht. Als später auch mein
Opa gestorben war, hat mein Vater das Apfelpfannkuchenmachen übernommen. (Obwohl keiner in unserer Familie
über eine längere Apfelpfannkuchenpause besonders traurig
gewesen wäre.)

Für mich ist klar, daß beim Apfelpfannkuchenmachen die
Äpfel genau so geschnitten werden müssen, wie mein Opa es
gemacht hat. Und ich glaube, wenn meine Kinder mich später nach meinen Großeltern fragen werden, werde ich als
erstes von diesem Dienstagsbild erzählen und von der Art,
wie Apfelpfannkuchen richtig gemacht werden müssen.

Der Geschmack der Kindheit

Sie waren rot, grün, weiß, orange und vor allem gelb und
schmeckten einfach köstlich. Sie standen in einem wunder-
schönen riesengroßen Glas auf dem Tresen – für Kinderhän-
de völlig unerreichbar.

Heute scheint mir der Weg vom Haus, in dem ich wohnte,
bis an die nächste Straßenecke relativ kurz. Er war ganze
sechs Häuser entfernt, der wunderbarste Laden meiner
Kindheit mit den vielen schönen bunten Bonbongläsern, der
Lebensmittelladen von Familie Braun. Damals war er lang –
unendlich lang, und lang genug, um die Einkaufsliste, die
man leise vor sich hinsagte, damit man sie nicht vergaß,
irgendwie durcheinander zu bringen. Dabei umfaßte die Li-
ste eigentlich nie mehr als drei Teile. Großeinkäufe wurden
in der Stadt erledigt – bei Joh's Schmidt, dem Supermarkt.

Dort gab es dann auch vor Weihnachten richtige lebensgroße Weihnachtsmänner, die unheimlich waren und einem peinliche Fragen stellten – zum Artigsein zum Beispiel.

Ganz anders der Laden an der Häuserecke. Da konnten auch schon Kinder alleine einkaufen, weil keine größere Straße dazwischen lag. „Ein Pfund Möhren, Mehl und Senf...", Möhren, Mehl und Senf..." – und das Geld nicht verlieren. Alles erforderte höchste Konzentration. Endlich im Laden angelangt, wurde man freundlich empfangen. Nur selten mußte gewartet werden. „Möhren, Mehl und Senf...", es war geschafft! Langsam löste sich die Anspannung. Alles wurde auf den Tresen gelegt, und dann kam der allerschönste Teil der Aktion; nicht bei jedem Einkauf natürlich, und immer strengstens nur nach vorheriger Absprache mit den Eltern. Heute gab es grünes Licht, und fast triumphierend kam deshalb noch ein kleiner, aber so wichtiger Zusatz hinzu, der ganz leicht über die Lippen ging: „...und dann für den Rest Gummibärchen, bitte." Für den Rest Gummibärchen – das war der Himmel auf Erden und ein ganz besonderer Tag. Das Geld war abgezählt, so daß nur ein paar Pfennige übrigblieben. Es war spannend zuzusehen, wieviel es heute in Rot, Gelb, Weiß, Orange und Grün werden würden.

Das wunderschöne Glas wurde geöffnet, die Gummibärchen mit einer kleinen Metallschaufel in eine kleine spitze Tüte befördert. Eine Waage erinnere ich nicht – so hing die Menge sicher auch vom Wohlwollen und der Laune des Verkäufers ab. Die Tüten selbst hingen mit einem Bindfaden, der zu einem Ring geknotet war, an einem Nagel an der Wand. Sie waren grau-weiß und hatten wunderschöne blaue Sternchen. Riß man eine ab, blieb die eine Ecke ausgefranst. Mit geschicktem Griff wurde der obere Teil der Tüte von der Verkäuferin nach innen geknickt und damit geschlossen, um sie dann mit den anderen Lebensmitteln zusammen herüberzureichen. Auf dem Rückweg konnte man den Schatz schon das erste Mal öffnen, um ein grünes oder gelbes herauszuangeln. Sie schmeckten am allerbesten. Ließ man sie langsam auf der Zunge zergehen, schien die Sonne noch schöner.

Heute sind sie gesünder, mit Bienenwachs als Trennmittel; im Zeitalter der Allergien ohne künstliche Farb- und Aromastoffe, in Naturfarben braun, rostrot oder honigfarben. Manchmal zuckerfrei, und grüne gibt es sowieso nicht mehr. Ich probiere sie alle immer wieder, doch den Geschmack meiner Kindheit habe ich bisher nicht wiedergefunden.

Gummibärchen und Leber

Besonders glücklich war ich, wenn wir im Sommer ins Schwimmbad gingen und mir meine Eltern ein bißchen Geld gaben. Ich lief sofort zum Kiosk und deckte meinen Bedarf. Irgendwie mochte ich diesen Farbstoffgeschmack unwahrscheinlich gerne. Auch heute noch kaufe ich mir gelegentlich Gummi-Schnuller und denke an die schönen Sommerferien, die ich als Kind verbracht habe. Ich verbinde diese Süßigkeit mit dieser Zeit.

Ich hasse Innereien. Alles, was aus dem Innern eines Tieres kommt wie Herz, Zunge, aber vor allem Leber, wird von mir nicht angerührt. Schon den Geruch beim Braten kann ich nicht ertragen. Ich erinnere mich, wie ich eines Tages aus der Schule kam. Meine Mutter war in der Küche und bereitete Leber zu. Mir wurde schlecht. Der Geruch der Leber breitete sich im ganzen Haus aus. Zu Mittag wollte ich eigentlich nichts essen. Irgendwie habe ich mich dennoch überwunden und ein kleines Stück probiert. Diesen Geschmack im Munde werde ich niemals vergessen. Mir wurde noch schlechter. Nur mit Mühe gelang es mir, den Bissen nicht auszuspucken, sondern runterzuschlucken. Seit diesem Tag gab es bei uns nie wieder Leber. Bis heute habe ich auch keine mehr probiert und werde es wohl auch nicht tun.

Die blinde Tante

Dieser Bericht stammt von der Mutter der Autorin, welche die vorangegangene Geschichte aufschrieb. Geboren wurde sie im Jahre 1935 in Bulgarien. Ihrer Tochter hatte sie ihr Erlebnis nie erzählt.

Es war 1939 an einem Montag morgen gegen zehn Uhr in unserem Haus in Assenovgrad, einer Kleinstadt in Bulgarien. Ich war vier Jahre alt. Meine Mutter hatte wie gewöhnlich am Montag viel Wäsche zu waschen. Meine Großmutter war beim Gottesdienst in der naheliegenden Kirche. Ich und meine blinde Tante saßen auf der Couch in der Küche. Sie hatte auf ihrem Schoß ein Gefäß voll mit dicken Bohnen, die sie für das Mittagessen vorbereitete. Ich half ihr dabei, machte mir aber von Zeit zu Zeit eine Bohne aus der Hülle auf und aß sie. Damals mochte ich diese rohen, zarten Bohnen sehr gerne. Meine Tante wußte das und wollte mir eine reichen. Nach Gefühl führte sie die Bohne zu meinem Mund. Ich hatte ihn schon aufgemacht, als plötzlich meine Tante zur Seite hin umkippte und das Gefäß mit den dicken Bohnen auf den Küchenboden fiel. Ich erschrak und schrie laut. Sofort eilte meine Mutter herbei. Ihre Augen waren voller Tränen, als sie mir sagte, ich solle sofort meine Großmutter aus der Kirche holen. Ich erinnere mich noch heute ganz genau, wie ich die Treppe runter lief und den Kircheingang erreichte. Der Gottesdienst war gerade zu Ende, und meine Großmutter kam mir entgegen. Ich rief ihr zu, daß sie sich beeilen müsse, weil mit der Tante etwas ganz Schreckliches passiert sei. Meine Großmutter und ich eilten zu unserem Haus. An das, was danach geschah, kann ich mich nicht erinnern. Am Abend erfuhr ich dann, meine Tante sei an einem Schlaganfall gestorben. Von diesem Tag an habe ich eine sehr große Abneigung gegen dicke Bohnen. Immer verbinde ich sie mit einer schrecklichen Erinnerung. Ich habe sie nie mehr in meinem Leben gegessen, und bis heute stehen sie nicht auf unserem Speiseplan.

Kresse

Ich bin 1941 hier in Reichenbach im Vogtland geboren. Mein Vater fiel im 2. Weltkrieg, als ich zwei Jahre alt war. Das Erlebnis des besonderen Geschmacks fällt in meine Schulzeit. Ich war acht oder neun Jahre und saß zu dieser Zeit in der Schule mit einem zierlichen Mädchen in der Schulbank, das täglich Frühstücksbrote mit in der Schule hatte. Meiner Mutter war es nicht möglich, mir Frühstücksbrote mitzugeben, und so mußte ich von früh sechs Uhr, wo ich gemeinsam mit meiner Mutter aß, bis zur Schulspeisung, die es nach dem Unterricht zu Mittag in der Schule gab, auskommen. Ich muß aber sagen, ich sah trotz der geringen Ernährung immer gesund und kräftig aus. Diese Mitschülerin, von der ich oben sprach, ließ manche Tage heimlich nach dem Unterricht einiges von den Frühstücksbroten im Papierkorb verschwinden. Eine Zeitlang sah ich mir das an, bis ich sie darauf ansprach. Sie wurde rot, doch dann meinte sie, ich könne das Brot gern haben, wenn ich es wolle, es sei aber nur Kresse drauf, und diese schmecke scheußlich. Ich wußte nicht, wie Kresse schmeckt und sagte erst mal zu, daß ich das Brot gerne essen würde.

Schon einige Tage später bekam ich zum Frühstück eine Butterschnitte mit so grünen Schnipseln zugeschoben. Erst roch ich vorsichtig, dann biß ich vorsichtig rein – es schmeckte herrlich, scharf aber gut. Als ich die Schnitte verspeist hatte, wünschte ich, es wäre mehr davon da. Meine Banknachbarin schüttelte sich, als ich sagte, daß es mir gut geschmeckt habe. Von diesem Tag an landete kein Brot mehr im Papierkorb, sondern in meinem Magen.

Schon verheiratet, stieß ich durch Zufall auf Brunnenkresse, und von diesem Zeitpunkt an mußte mein Mann mit mir im Frühjahr zu diesem Bach, um Brunnenkresse zu holen. Seit wir einen Garten besitzen, wächst dort Kapuzinerkresse, und öfter als ein Mal wird im Vorbeigehen ein Blatt gezupft und genascht. Wir waren dieses Jahr in den Alpen im Urlaub, es gab im Wald viele kleine Rinnsale und Bäche, und auf unseren Wanderungen schüttelte mein Mann immer wieder den Kopf, weil er mich beim Kauen erwischte – ich hatte Brunnenkresse gepflückt. Dieses winzige Kräutlein läßt mich einfach nicht an sich vorbeigehen.

Ähnliche Kindheitserinnerungen habe ich an Petersbirnen. Ich sehe mich noch mit einem Stock nach diesen köstlichen kleinen Birnen durch einen Zaun hindurch „angeln", wenn ich auf dem Weg zum Kindergarten war, und dort drinnen lagen sie auf der Wiese, und ich hatte solchen Appetit. Es gelang mir auch meist, eine oder zwei zu erwischen, selbst wenn sie aufgeplatzt waren, das machte nichts.

Kindheitsbilder

Wenn ich alle Gerüche und Geschmäcker, an die ich mich lebhaft erinnere, aufschreiben wollte, müßte ich meine ganze Kindheit auf einem Bauernhof in der Südheide erzählen. Sie haben mich geprägt und haben ihre in der Kindheit erlebte Wirkung oft heute noch, manchmal ohne daß mir die Verbindung bewußt wird.

Der Geruch von Apfelsinen in ihrer Schale, der feiner ist als der von geschälten Apfelsinen, ruft in mir ein Glücksgefühl hervor. Das hängt mit dem Fahrrad zusammen, das ich mir, seit ich denken kann, sehnlichst wünschte. Mein Opa hatte mir eines versprochen. Aber er starb und ließ mich Vierjährige ohne Fahrrad zurück. Oma wollte einspringen, das hatte sie gesagt, und nun wartete ich. Ich wußte, daß ich Geduld haben mußte, denn es gab keinen Reichtum bei uns. An meinem fünften Geburtstag stand ich auf, als meine Eltern und meine Oma noch beim Füttern der Tiere im Stall waren. Ich mußte pinkeln und wollte das schnell erledigen, um dann wieder ins Bett zu huschen und darauf zu warten, daß ich an meinem Geburtstag aus dem Bett geholt würde. Da sah ich dann mein Fahrrad am Küchenschrank lehnen. Was für ein Glück das war, kann ich nicht in Worte fassen: ein grünes Fahrrad mit einem Puppenkörbchen vorn und einem Beutel Apfelsinen am Lenker. Sie müssen mit ihrem Duft den Fahrradgeruch übertönt haben – als ich hinrannte, einmal klingelte und dann schnell wieder ins Bett verschwand, mit unbändiger Freude im Herzen und Apfelsinenduft in der Nase.

Onkel Walter kommt mir in den Sinn, wenn ich ein Zimmer betrete, in dem der Rauch von ein bis zwei starken, filterlosen Zigaretten hängt. Er rauchte Overstolz, die orangene Packung, die ich oft für ihn holte. Onkel Walter war der jüngere Bruder meines Opas. Er lebte etwa 50 Kilometer von zu Hause entfernt und kam, als er Rentner geworden war, oft für ein paar Tage zu uns, um meinem Vater bei handwerklichen Arbeiten auf dem Hof zu helfen, aber eigentlich half nicht er meinem Vater, sondern mein Vater half ihm. Onkel Walter herrschte nämlich! Doch er tat das auf so liebenswürdige Weise, daß mein Vater noch heute, nachdem Onkel Walter lange tot ist, voller Wärme und Respekt von ihm spricht. Wenn er sich angekündigt hatte, war das Haus voll freudiger Erregung. Meine Großmutter und meine Mutter, sonst um Streit nicht verlegen, waren sich in ihrer Freude einig. Onkel Walter hat sich nie besonders um mich gekümmert, er hat auch nichts Besonderes mitgebracht. Trotzdem zählten seine Besuche zu den Glanzlichtern meiner Kindheit, und wenn er wegfuhr mit seinem Motorrad, standen wir alle da und winkten (wir Kinder liebten es, die Abgase zu riechen), und wenn wir dann in die Küche zurückgingen, hing dort noch der Geruch seiner letzten Overstolz. Dann war mir ein bißchen wehmütig ums Herz.

Milchreis mit Zimt und Zucker ist für mich Sommer, Hitze, Heu. Ich komme aus der Schule. Die Tür ist abgeschlossen. Der Schlüssel hängt, wie immer in solchen Fällen, „im Loch". Auf dem Küchentisch liegt ein Zettel: „Sind auf dem Segelkamp. Komm nach!" Daneben eine Schüssel mit Milchreis und Zimt und Zucker. Hinter den zugezogenen Gardinen prallt die Sonne auf das Fenster. Es ist ganz still. Ein paar Fliegen surren träge. Ich esse den Milchreis mit viel Zimt und Zucker und freue mich aufs Heu.

Anhaltende Hitze zur Heuzeit war etwas, das ich inständig erhoffte. Dann war viel Arbeit, aber auch gute Laune bei den Erwachsenen, vor allem bei meinem Vater. Und wenn das Heu ‚drin' war, erst dann! gab es abends Dunkelbier für meinen Vater (er wurde sehr gehänselt dafür, denn er mochte kein Bier) und Brause für den Rest der Familie. Die Kohlensäure stieg mir in die Nase, als ich zum ersten Mal dieses köstliche Getränk genoß, und wenn mir das heute passiert, bin ich mit einem Schlag wieder auf dem Hof. Es ist schon dunkel, denn der Tag war lang, und alle sind verschwitzt und müde von der Anstrengung. Aber es ist alles egal, auch, daß die Kinder spät ins Bett kommen werden, denn: Das Heu ist drin.

Das Gedächtnis des Geschmacks

Wenn wir erkältet sind und Schnupfen haben, verwandelt sich die feinste Kost in ein fades Mahl. Gerade weil ihr Zusammenspiel gestört ist, bemerken wir, daß der Geruchs- und der Geschmackssinn engste Verbindungen miteinander unterhalten. Von diesen beiden Partnern, denen Ludwig Edinger zu Beginn des Jahrhunderts den gemeinsamen Namen Oralsinn gab, sagte bereits im frühen 19. Jahrhundert der französische Gastrosoph Anthelm Brillat Savarin, daß sie in Wahrheit „nur einen einzigen Sinn ausmachen, dessen Werkstatt der Mund und dessen Rauchfang die Nase ist."[1] Diese Ansicht ist bis heute nicht veraltet. 1968 spricht Hubert Tellenbach in seiner phänomenologischen Untersuchung über „Geschmack und Atmosphäre" vom Oralsinn, und 1986 schließt sich der französische Neurophysiologe Jean-Didier Vincent in seiner kurzweiligen endokrinologischen „Biologie des Begehrens" den Worten Brillat-Savarins an.

Geruchs- und Geschmackssinn senden ihre Nervenleitungen unter anderem zum limbischen System, einem stammesgeschichtlich alten Hirnareal, „dessen Bedeutung für die Bestimmung und Steuerung der gesamten emotionalen Grundeinstellung in der heutigen Forschung immer deutlicher zutage tritt".[2] Das limbische System ist außerdem für die Gedächtnistätigkeit von zentraler Bedeutung. In dieser Region, die vergleichsweise einfachen Wirbeltieren, etwa dem Krokodil, vorzüglich zur Auswertung und zur Ortung von Geruchsreizen dient,[3] laufen zugleich auch Leitungsbahnen von den anderen Sinnesgebieten ein, und zu ihnen führen von hier aus auch Fasern zurück. Für den amerikanischen Hirnforscher Mortimer Mishkin liefert dies eine Erklärung dafür, „weshalb ein einzelner Reiz unterschiedliche Erinnerungen in einem Menschen wecken kann – wie wenn etwa der Geruch einer vertrauten Speise eine Vorstellung ihres Aussehens, ihrer Konsistenz und ihres Geschmacks hervorruft".[4] Der Oralsinn steht also in einem unmittelbaren Funktionszusammenhang mit den Instanzen der Lust und der Unlust, des Begehrens, der Mißbilligung und des Ekels, und er liefert Signale, die einen Hintergrund für Annäherungs- oder Angriffsbereitschaft, Paarungs- oder Fluchtverhalten abgeben können. Die hirnphysiologischen und die neurochemischen Prozesse, welche Geruch und Geschmack, Gefühl und Affekt unauflösbar miteinander verbinden, sind zugleich wesentlich an der Gedächtnisbildung beteiligt. Das Schmecken und das Riechen, die Emotionen und die Erinnerungen, sie sind gemeinsam mit dem vielfältigen Zusammenspiel der Sinne zu einer komplexen Gesamtheit verknüpft.

Ganz unabhängig von der genaueren Kenntnis ihrer neuroanatomischen und molekularen Grundlagen – selbst den

Experten stellen sich da noch viele Rätsel –, weiß doch jeder einzelne schon ganz intuitiv aus alltäglicher Erfahrung, daß das, was die Gefühle aufwühlt, in der Regel besser im Gedächtnis haften bleibt als jenes, was sie kalt läßt. Eltern und Pädagogen machen sich dies zunutze, und bereits in der griechischen und der römischen Antike gründete sich die Gedächtniskunst unter anderem auf die Beobachtung, daß die Emotionen die Erinnerungsfähigkeit zu steigern vermögen. Allerdings spielen die Geruchs- und Geschmacksvorstellungen in den mnemotechnischen Systemen kaum eine Rolle. Hier herrschen vielmehr die exzentrischen Bildimaginationen vor. Sie zielen stärker auf einen konkret figürlichen Memorierstoff, auf einen räumlich klar umrissenen Erinnerungsgegenstand, wohingegen sich dem Oralen eher allgemein Atmosphärisches einschreibt.

Geruch und Geschmack sind nicht zuletzt Sinne der Einstimmung, der Affektion. Permanent vermitteln sie uns Anmutungsqualitäten, die wir mehr oder weniger aufmerksam oder bewußt wahrnehmen, denen wir uns aber nicht ohne Schaden verweigern können, denn schließlich müssen wir atmen, müssen wir essen, müssen wir trinken. Hubert Tellenbach schreibt: „Im Tätigsein des Geruchssinns wie des Geschmackssinns verschmilzt das Subjekt mit der in Duft und Geschmack sich präsentierenden Welt."[5] Und weiter: „Der Duft ergreift mich, indem ich ihn gewahre; ich halte ihn einatmend, unter Umständen den Atem anhaltend, fest. Er verschwindet beim Ausatmen und stellt sich beim nächsten Atemzug wieder ein. Im Verspüren dieses Duftes kann das Andenken einer vergangenen Situation erweckt werden. Der atmosphärische Gehalt dieser Situation wird gegenwärtig... Nichts erinnert so sehr an eine vergangene Situation als Duft und Geschmack."[6] Eingebettet in den Erlebnisstrom, setzt die Sinnlichkeit von Mund und Nase unsere Gegenwart mit den verschiedenen Stufen unserer Vergangenheit in Beziehung und stiftet zwischen den Zeitebenen ein Band der Kontinuität. Insofern trägt sie dazu bei, unser aktuelles Verhalten, unsere Vorlieben und Abneigungen auf unsere Erfahrungen zurückzuführen und dadurch nicht nur ihnen, sondern mit ihrer Hilfe auch unserem Lebenslauf Sinn und Kohärenz zu verleihen. Riechen und Schmecken sind Medien der Wahrnehmung und, indem sie Vertrauen oder Mißtrauen schaffen, auch Medien der Vorausschau. Gleichzeitig sind sie einflußreiche Mittler der Erinnerung, der atmosphärischen, aber auch der erklärenden Vergewisserung unserer Geschichte in ihrer Verflochtenheit mit der Geschichte unserer Lebenswelt.

Der trostspendende Pfannkuchen, von dem in einem der Briefe die Rede ist, stellt mehr als die bloße Chiffre für eine Geborgenheit dar, welche die Mutter und ihr Kind den unsicheren Zeiten des Krieges abtrotzen. Zudem nämlich kommt er in der Art eines magischen Mittels zum Einsatz. Einerseits repräsentiert er ein altes Glücksgefühl, andererseits macht er es bei Bedarf wiederholbar. Ausgestattet mit solch einer Zauberkraft, findet er als ein lebensgeschichtliches Leitmotiv den Weg in die nächste Generation. Auch noch im Kontext der neunziger Jahre bietet das Pfannkuchengericht den wirksamsten Schutz gegen eine aus den Fugen geratene, damals äußere, jetzt innere Welt. Indem es die Esserinnen nährt, stärkt es zugleich deren Zusammenhalt. Erneut wähnt sich die Schreiberin innerhalb einer Mutter-Tochter-Vertrautheit gegen jede Verwundung sicher. Zwar nimmt sie inzwischen die Rolle der damals anderen ein, aber in emotionaler Hinsicht bleibt sie die gleiche. Die umsorgte Tochter von einst ist nun versorgende Mutter, doch nach wie vor ist sie es, die einen Trost erfährt, der über die Jahrzehnte unverändert blieb. In ihm wie in seinem kulinarischen Symbol liegt eine Handhabe des biographischen Selbstentwurfs. „Wenn wir, meine Tochter und ich, um den Tisch sitzen und die herrlichen Pfannkuchen verspeisen, dann ist die Welt wieder in Ordnung, genau wie bei meiner Mutti."

Ähnliches spricht auch aus einer Notiz, die eine andere Frau aufschrieb: „Wenn ich einen Rührkuchen mache und die Teigschüssel leere, überkommt mich ein Glücksgefühl mit der Erinnerung an daheim, wie schön es für uns Kinder war, wenn wir die Schüssel ausschlecken durften – obwohl seitdem fünfundfünfzig bis sechzig Jahre vergangen sind." Im Geschmacks- und Geruchsgedächtnis bleibt mehr als nur die Reminiszenz kindlicher Lüste. Offensichtlich sind es auch unsere Kinderkörpergefühle selbst, die uns begleiten und uns bis ins Alter hinein verjüngen. Aus Thüringen berichtet eine 72jährige davon, wie Auge und Zunge ihr ein Wonnegefühl bescheren, dessen Wurzeln sie ihrer Selbstwahrnehmung nach vor die Zeit ihres bewußten, sprachlich artikulierbaren Erlebens datiert: „Beim heutigen seltenen Sehen einer kleinen(!), viereckigen, wulstigen Schale habe ich einen leider kurzen, wonnigen Geschmack auf dem hinteren Teil der Zunge. Er ist nicht salzig und nicht süß, er ist aber für mich unglaublich beglückend. Auch jetzt in der Vorstellung bemerke ich, daß auch der Schlund sich weitet und sozusagen mitschmeckt. Ich kann nur vermuten: Als Säugling bekam ich möglicherweise aus dieser Schale mein Breichen."

Die Welt außerhalb unseres Körpers ist verlockend und gefährlich zugleich, sie ist gut und sie ist böse. Mit den Geschmacksorganen und mit der Nase nehmen wir sie materiell in uns auf und leiten, wie Ulrich Raulff[7] dies nennt, eine Transsubstantiation ein, die unseren gesamten Leib durchflutet. Die Sinnesschleusen, welche die Stoffe der Außenwelt zu passieren haben, sind deshalb „von Anfang an auf die Sicherung des eigenen und auf die Auskundschaftung des fremden Körpers ausgerichtet".[8] Vielleicht aus diesem Grunde steht im Zentrum so vieler Geschichten eine Introspektion ihrer Erzähler, die gleichsam einen Kristallisationskern ihrer Individualität ausfindig machen, um von dort aus das Lot ihrer Erinnerungen in die Tiefe der Zeit zu senken. Aber die Assoziationsketten durchlaufen nicht nur die biographische Zeit, sondern auch den sozialen Raum. Die in der Geschmackserinnerung eingemeißelte Kontinuität ist nicht nur und möglicherweise sogar weniger der Chronologie geschuldet, sondern auch und bestimmt in erheblichem Maße (Maurice Halbwachs[9] würde vielleicht sagen ausschließlich) jenen Beziehungen und Gruppen, die sich manchmal geradezu in konzentrischen Kreisen um den einzelnen zu legen scheinen: die Mutter, die Familie, die Schule, die soziale Zugehörigkeit, die allgemeinen gesellschaftlichen Verhältnisse. Vordringliches Thema der Berichte allerdings ist kaum je der Gruppen- oder gar der Klassengeschmack. Vielmehr geht es fast durchweg um die Konstituierung individueller Bedeutungen, die Außenstehenden liefern dazu lediglich die Materie. Es geht um die eigene Existenz, die eigene Erinnerung, die eigene Identität. In Analogie zu den materiellen Stoffen, die sich der Körper durch Mund und Nase anverwandelt, erweist sich der Oralsinn insofern immer wieder auch als Tor zur Fleischwerdung des Sozialen im eigenen Körper. Hierdurch erfährt Georg Simmels Satz, wonach „die soziale Frage nicht nur eine ethische, sondern auch eine Nasenfrage"[10] ist, eine zusätzliche, die Lebensgeschichte betreffende Konnotation.

Zur kulinarischen Ortsbestimmung des einzelnen gehört neben der Aneignung und Sondierung von Atmosphären auch die Erfahrung einer bewußten Individuation. Sie kann ebenfalls durch ein Geschmackserlebnis vermittelt sein, das dann in Gestalt eines wohlschmeckenden Memorats die eigene Persönlichkeitsstärke verbürgt. Auf einen kurzen Nenner brachte dies eine 34jährige Frau mit ihrer nur auf den ersten Blick eigentümlichen Mitteilung, die nichts weiter enthielt als die folgenden beiden Sätze: „Blaubeeren liebe ich immer noch! 1964 (mit fünf Jahren) habe ich zum ersten Mal einen ganzen, wenn auch kleinen Blaubeerpfannkuchen aufgegessen, worauf ich sehr stolz war und noch bin." Diese wenigen Zeilen lesen sich wie eine Parabel dafür, daß es sich beim Riechen und beim Schmecken, beim Aufessen und beim Verweigern einer Nahrung um Praktiken handelt, die mehr bezwecken als eine bloße Kalorienzufuhr. Sie regeln den Austausch zwischen außen und innen, definieren die Grenzen zwischen dem Körper und der Welt, mit ihrer Hilfe lassen sich Siege erringen, mit ihnen erfährt man Niederlagen. Sie sind Ausdruck einer Aktivität, deren Milieu das Atmosphärische ist, in dem sich nicht weniger, sondern nur auf andere Weise als in den Feldern der anderen Sinne zwischenmenschliche Beziehungen, Hierarchien, Machtverhältnisse abzeichnen. Ob man sich lustvoll auf sie einläßt oder ihnen zu entrinnen sucht, in beiden Fällen weist der Oralsinn ihnen eine essentielle Emotionalität zu, die unsere Gedächtnistätigkeit und damit auch unser Selbstbewußtsein nachhaltig prägt. Hierfür liefern die Zusendungen eine Fülle von Beispielen, und hierfür scheinen wir, alles andere wäre ja auch verwunderlich, in unserer körperlichen Ausstattung bestens disponiert zu sein. Das Gedächtnis des Geschmacks tut wohl nicht nur im Tempel der Literatur seine Dienste, sondern die Geschichte, welche uns durch das Medium der oralen Einlaßpforte zuteil wird, trägt offensichtlich auch im Alltag dazu bei, unser Leben besser zu meistern. Insofern sind auch die vordergründig kuriosen Geschmackserinnerungen sinnvolle Strategien der Identitätssicherung.

1 Zitiert bei Vincent, Jean-Didier: Biologie des Begehrens. Wie Gefühle entstehen. Reinbek 1992, S. 275. Anthelm Brillat-Savarins „Physiologie des Geschmacks" erschien erstmals 1825 in Paris.

2 Sacks, Oliver: Der Mann, der seine Frau mit einem Hut verwechselte. Reinbek 1991, S. 211.

3 Vgl. Thompson, Richard F.: Das Gehirn. Von der Nervenzelle zur Verhaltenssteuerung. Heidelberg; Berlin; New York 1992, S. 27.

4 Mishkin, Mortimer; Appenzeller, Timothy: Die Anatomie des Gedächtnisses. In: Gehirn und Kognition (Spektrum der Wissenschaft). Heidelberg 1990, S. 103.

5 Tellenbach, Hubert: Geschmack und Atmosphäre. Medien menschlichen Elementarkontaktes (Neues Forum, 8). Salzburg 1968, S. 27.

6 A.a.O., S. 30.

7 Vgl. Raulff, Ulrich: Chemie des Ekels und des Genusses. In: Kamper, Dietmar; Wulf, Christoph (Hrsg.): Die Wiederkehr des Körpers. Frankfurt 1982, S. 241–258.

8 Jeggle, Utz: Der Kopf des Körpers. Eine volkskundliche Anatomie. Weinheim; Berlin 1986, S. 142.

9 Vgl. seine beiden grundlegenden Studien. Halbwachs, Maurice: Das Gedächtnis und seine sozialen Bedingungen. Frankfurt 1985 sowie ders.: Das kollektive Gedächtnis. Frankfurt 1985.

10 Simmel, Georg: Soziologie. Untersuchungen über die Formen der Vergesellschaftung (Gesammelte Werke. Zweiter Band). 5. Auflage. Berlin 1968, S. 489.

II. Familienszenen

Tischmusik

Löffel klappern, Münder schnattern, Oma schimpft
Teller klirren, Töne schwirren, Vater schmatzt
Mutter redet, Opa segnet, Oma betet
Löffel klappern, Teller klirren, Füße scharren, Mutter
    schimpft
Suppe schlabbert, Soße kleckert, Oma schmatzt
Dackel balfert, Sittich zwitschert, Katzen kratzen
Messer quietschen, Gabeln scharren, Vater redet, Opa betet
Löffel kratzen, Katzen schmatzen, Sahne spritzt
Teller klirren, Worte schwirren, Oma redet, Opa schläft
Mutter schimpft und Vater schreit
Dackel balfert, Sittich zwitschert, Teller klappern, Münder
    schnattern
Pudding wackelt, quibbert, schwabbelt
Oma sabbelt, sabbelt, sabbelt
Stühle kippen, Teller rutschen, Katzen kratzen
Sittich balfert, Dackel zwitschert
Vater schimpft und Mutter schreit
Opa schläft und Töne schwirren
Löffel klappern, Teller klirren
Katze balfert, Sittich kratzt
Rasseln, Klirren, Rutschen, Knallen
Teller, Tassen, Schüsseln fallen
Soße regnet, Sahne segnet, Oma redet
Dackel schmatzt und Opa platzt
der Kragen der Magen das Sagen
hat Oma hat Mutter hat Vater
der Dackel den Braten die Katze die Sahne der Sittich Salat

und von den Wänden, den schönen, den weißen
rinnt zart und langsam
den schönen und weißen
rinnt zart und langsam
Spinat Spinat Spinat

Grünkernsuppe

Wenn meine Schwester mir die Laune verderben wollte, sagte sie: „Heute gibt es bestimmt Grünkernsuppe." Oder ich zu ihr. Das war fast genauso schlimm, wie sich gegenseitig an den *Tod im Apfelbaum* zu erinnern, einen Gruselfilm, den wir zusammen im Fernsehen angeschaut hatten und der uns für geraume Zeit den Geschmack an Äpfeln vermiest hatte. Es kam darauf an, die Schreckensworte als erste auszusprechen, am besten beim kleinsten Anzeichen einer aufkommenden Mißstimmung, sonst geriet man unaufholbar ins Hintertreffen. Gelegentlich diente die Suppe aber auch der Verschwisterung, im gemeinsamen Ekel, in der Empörung darüber, daß die Erwachsenen uns solches zumuteten.

Das Schlimme an der Grünkernsuppe war nicht ihr Geschmack. Das Schlimme war das Quietschen. Meine Mutter kochte die Suppe aus ganzen Körnern. Einige davon konnte man mit etwas Glück und Geschick in Gänze hinunterschlucken. Die Mehrzahl von ihnen jedoch lag einem im Mund wie Kieselsteinchen, sie gerieten zwischen die Zähne und mußten gekaut werden. Die Zähne wuchsen auf doppelte Länge, die Grünkernschale mit dem wertvollen Keim quietsche an ihnen entlang, ein Geräusch, wie wenn man in der Badewanne ausrutscht, nur lauter, denn es entstand ja in unmittelbarer Nähe der Ohren. Dieses Geräusch hatte im Mund nichts zu suchen, das merkte jedes Kind, jedenfalls meine Schwester und ich.

Nach der Einnahme solch einer Suppe hatte das Innere des Kerns und auch die umgebende Flüssigkeit keine Chance mehr. Der Geschmack war zerquietscht, mochte er noch so gut sein.

Meine Mutter weigerte sich stur zuzugeben, daß dieses Phänomen überhaupt existierte. Daß sie nichts von dem Quietschen merkte, lag bestimmt an ihren Goldzähnen. Und mein Vater, der kaute sowieso anders.

Trotzdem gab ich nie die Hoffnung auf, meiner Mutter eines Tages zweifelsfrei beweisen zu können, daß Grünkern beim Kauen quietscht. Meine Schwester hielt das für aussichtslos, und manchmal hatte ich sie im Verdacht, daß auch sie dieses widerwärtige Gefühl am liebsten verleugnet hätte, um sich älter zu machen.

Das mit dem wertvollen Keim, das wußten wir damals noch gar nicht. Meine Mutter hatte dankenswerterweise darauf verzichtet, an unsere Einsicht zu appellieren und von uns zu fordern, daß wir die Qual freudig auf uns nähmen, weil Grünkern so gesund sei. „Es wird gegessen, was auf den Tisch kommt", sagte sie und schuf klare Verhältnisse. Vielleicht wären sie ohne meinen Vater nicht ganz so klar gewesen, schon allein weil sie die Leidensmiene ihrer Töchter schlechter ertrug als ihr Mann. Und manchmal, wenn sie guter Dinge war, beendete sie mein Martyrium, indem sie mit dem Hauptgericht die restlichen Körner auf dem Suppenteller zudeckte. Sie *wollte* es beenden. In Wirklichkeit verlängerte sie es. Die heimtückischen Körner nämlich durchseuchten von unten her den Kartoffelbrei, die gelben Rüben, den Hackbraten. Alles quietschte, die Leidensmiene blieb, und damit war der gute Wille meiner Mutter aufgebraucht.

Daß es bei uns gelegentlich Grünkernsuppe gab, lag ohnehin nicht am wertvollen Keim und den Vitalstoffen. Es lag daran, daß mein Vater bei seinen tierärztlichen Touren durch die Dörfer manchmal mit Naturalien bezahlt wurde, und das war in unserer Gegend häufig Grünkern. „Das Bauland ist ein Grünkernland", stand in unserem Heimatkundebuch. Vor vielen Jahren, in einem nassen Sommer, war das

Getreide nicht gereift. Die Bauern trockneten es im Ofen, aber das Brot schmeckte nicht. Sie wollten die grünen Körner wegwerfen, bis jemand entdeckte, wie gut sie schmeckten, wenn man daraus eine Suppe bereitete. Das lernten wir im Heimatkundeunterricht, und wir mußten eine Darre in unser Heft zeichnen, ein Räucherhäuschen, in dem die unreifen Dinkelähren gedörrt und geröstet wurden. Diese Vorrichtung erschien mir klug ausgedacht und von einfacher Schönheit, und ich bedauerte sehr, daß mir ihr Erzeugnis einfach nicht schmecken wollte.

Nicht schmecken wollte? Einmal brachte mein Vater ein Säckchen gemahlenen Grünkerns mit nach Hause, meine Mutter kochte Suppe davon. Sie sagte uns nicht, um was für ein Gericht es sich handelte. Es schmeckte. Meine Mutter triumphierte und wollte nicht einsehen, daß dies doch der ersehnte Beweis für das Quietschen sei. Im übrigen waren sich meine Eltern einig, daß diese Suppe zwar auch nicht schlecht schmecke, die aus ganzen Körnern jedoch herzhafter sei, kerniger, kräftiger.

Und meine Schwester? Die hatte sich mit ihrem Lob für die neue Suppe zurückgehalten und war infolgedessen nicht in dieser Weise bloßgestellt.

Eines Tages merkte ich, daß weder die Grünkernsuppe noch der Tod im Apfelbaum sie sonderlich berührten. Dieses Mittel zog nicht mehr. Eigentlich, so sagte sie, fände sie Grünkernsuppe gar nicht so abscheulich, möglicherweise habe sie Geschmack daran gefunden, und sie werde die Mutter bitten, bald wieder einmal Grünkernsuppe zu kochen, damit sie diese Veränderung überprüfen könne. Da wußte ich, daß meine Schwester nun bald zu den Erwachsenen gehören würde.

Über die Kunst, ein Ei zu essen

Diese Wärme, dieser Halbschlaf, in dem die Träume noch nicht von einem gegangen sind, sondern geradezu real wurden... Jene Minuten, die jeder doch zu Stunden träumen kann, eben genau jene Minuten, in denen man noch die Prinzessin retten, den Drachen töten, die Frau lieben und den Bösewicht hassen konnte, stilisierten sich im Laufe der Jahre zur Hochburg meiner Geborgenheit. Die durchdringenden Worte am Morgen aus dem Munde meiner Mutter, die da lauteten: „Aufstehen, Frühstück ist fertig!", konnten in der damaligen Zeit nur mit einem murrenden, mehr grunzenden und dennoch überzeugenden „komm' ja gleich" pariert werden. Jeder weiß, daß man irgendwann aufstehen muß. Möglichst zum Frühstück.

Die Fronten waren klar; nur dann wäre man Sieger, wenn man dem grauen Alltag mit Schule, Lehrern und Eltern Zeit abtrotzen könnte für jugendliches Heldentum im Land der Wärme und der Schönheiten. Diese Heldentaten wurden stets von diesem „Aufstehen, Frühstück ist fertig" jäh unterbrochen. Diese Worte symbolisierten geradezu den widerwärtigen Alltag der verbürgerten, der tyrannischen, mit Machtbefugnissen sondergleichen ausgestatteten und doch so unfreien Welt – eben die der Erwachsenen. Der wahre Sportsgeist verlangte es, möglichst in der Zeitspanne zwischen zwei schmerzenbereitenden Rufen, die in Lautstärke und Stimmlage eskalierten, das tiefgehaßte Badezimmer zu erreichen. Natürlich nicht zu früh nach einem Ruf, man mußte sich ja erst einmal von der Rufattacke erholen, und unter keinen Umständen durfte man den Anschein einer Kapitulation erwecken, sondern eben kurz vor dem nächsten, damit Betrachter der täglichen Szenerie davon überzeugt werden könnten, man beginne den Tag nun aus freier Willensentscheidung.

Der Tag kann beginnen – jetzt heißt es andere Kämpfe überstehen. Nicht gemachte Hausaufgaben waren schon kalkulierte Vorboten der Ereignisse. Denen würde man natürlich standhalten, in dem einen oder anderen Fall würde sowieso das Café mehr locken als der Unterricht. Problem gelöst. Und gewonnen. Kurzen Prozeß mit Entscheidungen, alles muß schnell gehen, Sätze überschlagen sich, wohin? dahin!, alles klar, los! Und komm doch jetzt endlich.

So auch schon zu Hause. War der Aufstieg aus dem Reich der Träume in die Gipfel der Eiseskälte erst einmal geschafft, konnte nichts schnell genug zum Ziele führen. Selbst die Zeit im Badezimmer verstrich für die familiären Betrachter im Fluge. Einer dieser Betrachter war mein Bruder. Er saß früher als ich am Frühstückstisch. Stets wenn ich um die Ecke kam, aß er sein Frühstücksei. Ich konnte zehn Minuten, an erfolgreichen Tagen zwanzig Minuten später um die Ecke biegen – er aß sein Frühstücksei.

Man stelle sich bitte vor: Ich bin aufgestanden, habe die Morgentoilette über mich ergehen lassen, okay, nun geht's zur Schule. Frühstücken muß man, weil man sonst in der großen Pause wieder so viele Brötchen, besser natürlich die Mandelhörnchen oder die Schnecken beim Bäcker um die Ecke, gegen Entgelt tauschen müßte. Auch bei uns war ein Bäcker in der Nähe; so wie „Kirche im Dorf" gilt bekanntlich ja auch „Bäcker neben der Schule" als stehende Redewendung. Also, Frühstücken ist Nahrungsaufnahme, dafür kann man eben einmal mehr ins Kino. Ich kam also um die ominöse Ecke, die das Wohnzimmer vom Eßbereich visuell etwas abtrennte, zum Frühstück, das lediglich Geldersparnis war, und was erblickte ich da?

Mein Bruder aß sein Frühstücksei.

Zu der rituellen Nahrungsaufnahme am Morgen gehörte in der Regel ein Ei, dazu kam noch eine individuelle Anzahl von Toasts. Bei mir überstieg die fortlaufende geistige Numerierung der gebräunten Weichscheiben nie die Zahl zwei. Ich kam also rein – mein Bruder aß sein Frühstücksei. Schön. Ich setzte mich. Köpfte mein Ei – eben jene Öffnungsmethode, die ich persönlich vorziehe, um an den begehrenswerten Teil des Eies zu gelangen, eine Methode, die von meinem Bruder selbstverständlich mit zunehmender Geringschätzung bewertet wurde –, ich köpfte es also und aß es. Mein Bruder aß noch immer sein Frühstücksei. Ich betätigte das elektrische Gerät zur Verknusperung der Weißbrotscheiben, wartete auf das erlösende Hochschießen des veredelten Materials, um es dann, mit Butter und dieser köstlichen Schokoladencreme beschmiert, seinem endgültigen Verwendungszweck zuzuführen.

Und mein Bruder? Genau, mein Bruder aß immer noch sein Frühstücksei...

Blick auf die Uhr. Es ist Zeit. Anziehen. Raus. Schuhe können auch im Auto geschnürt, Jacken beim Aussteigen angezogen und Taschen während der Fahrt geschlossen werden. Auto, raus. Einsteigen. Warten. Wieso warten? Dieses sinnlose Nichtstun und nervenzerreibende Warten. Mein Bruder kommt, öffnet zunächst die Wagentüre, steigt mit verschnürten Schuhbändern, geschlossener Jacke und Tasche vorsichtig ein, schaut mir bedächtig in mein mittlerweile wohl schon grotesk geiferndes Gesicht und schließt die Tür.

Endlich! Losfahren. Jetzt. Je eher wir in der Schule sind, desto besser. Könnte dann noch Hausaufgaben besorgen, Kaffee trinken. Schülerratssitzung vorbereiten. Auf jeden Fall dazu noch mit diesem oder jenem kurz dies und das abklären. Zu langsam. Wieder rot. Mach mal Radio lauter. Verdammt, so'n Idiot. Oh können die nich' schneller gehen. Mach doch mal das Radio wieder leiser. Ich schaue zu meinem Bruder.

Mein Bruder ißt sein erstes Toastbrot und trauert dabei wahrscheinlich dem letzten Dotter nach, der sich noch am Boden der unteren Kalkschalenhälfte seines Frühstückseies befindet.

Meine Erinnerungen an Böhmen, an die Heimat, sind süß und unauslöschlich. Ich schmecke immer noch die Liwanzen, rieche den Zimt der Napfelgötzen, und die Berge von Kirschknödeln werden stets mit der Erinnerung an unser großes altes Haus und den Garten verbunden sein. Die Tante stellte Berge von Kirschknödeln her, die Küche dampfte, der große Topf brodelte leise vor sich hin, und wir Kinder warteten auf die ersten Portionen. Die Kirschen waren fest und dunkelrot, man ließ die Kerne drin, um den Saft zu behalten. Ein dünner fester Teig aus Kartoffeln und Mehl wurde kunstvoll um die Kirsche gewickelt und gekocht, dann mit Zucker, Butter und Semmelbröseln bestreut.

Dann wurde der Kirschknödelkönig gewählt. Es war der mit den meisten Kernen am Teller. Wir Kinder hatten viel Spaß dabei, und meistens wurde mein Großvater oder mein großer Bruder der Sieger. Ich habe oft Kerne verschluckt, und wenn ich heute über den Münchner Viktualienmarkt gehe und Kirschen sehe, denke ich sofort mit großem Heimweh an Böhmen und meine beiden Kirschknödelkönige, die beide nicht mehr leben und im Krieg geblieben sind.

Ich selbst bin heute fast 68 Jahre, lebe allein in München und habe niemals versucht, Kirschknödel zu machen, es soll einmalig bleiben, die Erfinderin dieser süßen Erinnerung lebt auch schon lange nicht mehr, nur in meinem Herzen... durch ihre Kirschknödel.

Das Tischgebet

Nachstehend schildere ich (weiblich, Jahrgang 1919) Ihnen folgende Begebenheit:

Meine Mutter war zweifellos eine gute Köchin. In der Inflationszeit jedoch war manche Mahlzeit nicht so einfach herzustellen, weil es an entsprechenden Zutaten fehlte. Jedenfalls hatte ich einen unbeschreiblichen Widerwillen gegen Kartoffelklöße. Hin und wieder kamen diese aber auf den Tisch, und alles Maulen meinerseits wurde mit der Bemerkung abgetan: Was auf den Tisch kommt, ist eßbar.

Christlich-religiös erzogen, oblag es mir, laut und deutlich das Tischgebet zu sprechen. Als nun mal wieder Klöße auf dem Tisch standen, fügte ich dem üblichen Text noch an: „Lieber Gott, laß mich diese schrecklichen Klöße nicht essen."

Meine Mutter ging in die Küche, und ich bekam was anderes. Seitdem gab es nie mehr Kartoffelklöße.

Meine Eltern haben mir später erzählt, sie hätten mir doch nicht den Glauben an den lieben Gott zerstören können, an den ich mich mit kindlichem Vertrauen um Hilfe gewandt hätte.

Heute esse ich schon mal Kartoffelklöße, wenn sie auch nicht zu meinen Lieblingen gehören.

Zweierlei Spinat

Spinat-Geschichten gibt es sicher viele, meine ist mir grauenhaft grün in Erinnerung. Ich war sechs oder sieben Jahre und haßte Spinat, jedenfalls so gekocht, wie meine Mutter ihn kochte. Bei Oma, welche über uns wohnte, schmeckte der Spinat herrlich. Oma passierte den Spinat ja auch, meine Mutter nicht. „Wozu hat der Mensch Zähne", sagte sie. Der Traum vom wohlschmeckenden Spinat war aus in dem Moment, als meine Mutter mich Spinat essend bei Oma erwischte, da bekam ich tagelang Spinat als erzieherische Maßnahme – „du ißt, was auf den Tisch kommt" und „dich werde ich lehren, Spinat zu essen". Meine Tränen mischten sich mit dem Spinat. Die „Lehre": meine Kinder mußten keinen Spinat essen, wenn sie ihn nicht wollten.

Ich bin weiblich, Jahrgang 1933, wir mußten essen, was auf den Tisch kam. Leider mochte ich keinen Milchreis, und den gab es sehr oft (es war ja Kriegszeit). Zum Glück gab es dazu eine Zimt- und Zuckermischung. Und der Kochlöffel lag daneben. So aß ich immer eine Schicht mit der Mischung, es dauerte sehr lange, bis ich es geschafft hatte. Noch heute kann ich keinen Milchreis sehen. Kann unsere Mutter auch verstehen!

Ich habe aber daraus etwas gelernt und frage all meine Familienangehörigen, was sie gerne essen. Nur meiner Mutter habe ich mal Spinat vorgesetzt, den gab es niemals bei uns. Erst dabei habe ich ihr von ihrem Zwang erzählt.

Kümmelleid, Kartoffelglück

Ich möchte Ihnen zwei Begebenheiten aus meinem Leben erzählen. Ich bin Jahrgang 1942. Im Februar 1945 wurden wir aus Görlitz ins Erzgebirge evakuiert, im August 1945 kehrten wir in das von allen Vorräten entblößte Görlitz zurück. Bitterster Hunger war der Begleiter meiner Kinderjahre. Wenn wir mal Kartoffeln hatten, wurden auch die Schalen verwendet. Meine Mutter drehte die Schalen der Pellkartoffeln durch den Fleischwolf, würzte sie mit Salz und Kümmel und buk sie auf der warmen Herdplatte als kleine Plätzchen aus. Nun mag ich überhaupt keinen Kümmel. Weil ich aber so einen entsetzlichen Hunger hatte, habe ich meine Kartoffelschalenplätzchen unter bittersten Tränen gegessen. Noch heute kann ich kein Kümmelkörnchen essen, ohne mit Zorn an meine Mutter zu denken. Sie hätte doch leicht einige Plätzchen ohne Kümmel backen können, nachdem sie doch gesehen hat, wie groß mein Kummer war.

Die zweite Erinnerung hängt mit einem Geruch zusammen und ist lustig. In den Jahren 1950 bis 1952 war ich in den Ferien auf einem Bauernhof. Abends kamen die Kühe von der Weide in den Stall, überall brummte es gemütlich, die Schweinekartoffeln wurden gedämpft, wir Kinder halfen fleißig beim Füttern, denn es gab hinterher eine große Scheibe Brot mit Sirup, eine Köstlichkeit, die ich als Stadtkind erst dort kennengelernt hatte. Diese Mischung von Abendfrieden und wohligem Sattsein hat sich mir immer mit dem Geruch der gedämpften Schweinekartoffeln verbunden. Als ich dann meinen jetzigen Mann kennenlernte und er mich zum ersten Mal mit nach Hause nahm, kam es zwischen uns beiden zu einem großen Mißverständnis. Er ist Inhaber einer Brauerei, und als mir der Duft der Würze entgegenschlug, sagte ich spontan: „Oh, hier riecht es wie nach Schweinekartoffeln." Für mich der beste Geruch, den ich mir denken kann, für ihn bedeutete das Wort Schweinekartoffel etwas sehr Negatives. Es hat mich einige Mühe gekostet, ihm zu erklären, daß dieser Begriff – dieser Geruch – für mich Friede, Heimat, Ruhe, Sattwerden bedeutet.

Mutters Bohnen

Wie wir unserer Mutti Arbeit ersparten: In unserem Garten wuchsen Gemüse und Beeren zur Bereicherung des Küchenzettels und für kleine Schleckermäuler. Wenn Mutti Essen zubereitete, bekamen wir Kostproben von allem, was man roh verspeisen konnte. Wir durften auch selbst ernten, wenn wir bestimmte Normen und Maße einhielten. In einem Jahr wurden zwei große Beete Markerbsen angebaut. Die waren besonders lecker, sogar die Schoten. Sie sollten Teil des Wintervorrats werden. Das bekamen wir gesagt. Oh süße Verführung! Zwischen den beiden Beeten war, bedingt durch den Weg und die Erbsreiser, ein Tunnel entstanden. In ihm konnten wir nicht gesehen werden. Wir krochen hinein und pflückten, was wir bekommen konnten. Mutti meinte, die

Vögel seien in diesem Jahr arge Gäste. Als die Pflanzen abstarben und ausgezogen werden mußten, half ich. Vater fand die abgezogenen dünnen Schoteninnenhäute. Die vergehen nicht so schnell. Natürlich gab's noch eine Predigt hinterher. Dennoch – es war köstlich, von grünen Ranken verborgen, in aller Ruhe, verbotene Früchte zu naschen.

Sauersüß: Wenn das Wetter günstig war, gab es später wunderschöne, gelbe Wachsbohnen. Jung und frisch geerntet wurden sie zum Teil mit Gewürzen, Zucker und Essig in Steintöpfen eingelegt. Im Winter gab es dann am Abend Bratkartoffeln in Speck gebraten. Dazu diese für mich besonders köstlichen Bohnen. Das bewirkt noch heute einen Speichelfluß, wenn ich daran denke. Auch der Topf im Keller war ein Anziehungspunkt. Mal eben eine Bohne angeln. Das fiel nicht auf. Dann kam der Krieg. Gewürze gab es nicht mehr, und Zucker und Essig wurden rar. Also versanken die Bohnen im grauen Alltagsgeschehen. Wir waren froh, wenn wir überhaupt etwas zu essen hatten. Wir mußten die Heimat verlassen. Als meine Eltern wieder einen Garten hatten, gab es bei einem meiner Besuche zu Hause Bratkartoffeln und süßsaure Bohnen. Ich war begeistert und bat Mutti um das Rezept. Aber wie das bei Besuchen so geht, man erzählt, es wurde vergessen. Viel später, als meine Mutti schon tot war, fand ich im Kochbuch einen Vermerk: „Muttis Bohnen für Edith". Können Sie sich vorstellen, wie mir die heute schmecken?

Verglühtes Glück

Schon als Kleinkind nahmen mich die Eheleute Heinrich und Luise Wriedt in Pflege. Onkel Hein und Tante Liese, wie ich sie nannte, waren ganz liebe Menschen, und es war für mich eine Katastrophe, als ich sie in den Hamburger Bombennächten im Sommer 1943 verlor. Wir wohnten damals im Wikingerweg in Hamm-Süd. Ein Gebiet, das bekanntlich im Feuersturm verglüht ist. Ich habe nur durch Zufall überlebt, weil ich in der Ferienzeit bei meiner Mutter in Bad Schwartau war.

Soweit zur Vorgeschichte. Onkel Hein war Hafenarbeiter mit Leib und Seele und von altem Schrot und Korn. Ich erinnere mich genau, daß er den Lohn für die vergangene Woche immer am Donnerstag per Lohntüte bar auf die Hand bekam. Sooft es ging und wenn er in der Woche Frühschicht und somit am Nachmittag Feierabend hatte, rollerte ich mit meinem Tretroller vom Wikingerweg die Südstraße bis zum Deichtorplatz entlang. Dort bei den alten Fruchthallen (heute Deichtorhallen) holte ich Onkel Hein ab. Dann tippelten wir gemeinsam die Spaldingstraße wieder zurück in Richtung Wikingerweg.

An der Ecke Spaldingstraße/Heidenkampsweg war die Stammkneipe von Onkel Hein. Sie hieß „Zum Grauen Esel". Dort wurde eingekehrt. Wir setzten uns an den Tresen. Onkel Hein trank sein „Lütt und Lütt", manchmal auch zwei, und ich bekam ein „Wasser mit Fliege" und war immer der glücklichste Bengel in ganz Hamburg. „Wasser mit Fliege" bestand aus Fruchtsaftkonzentrat (Kirschsirup), das mit Wasser aufgefüllt wurde. Dabei entstand auf der Oberfläche ein kleiner Schaumklecks, das war die „Fliege". Ich erinnere mich genau, daß man in jeder Kneipe in unserem Viertel sofort wußte, was gemeint war, wenn man „Wasser mit Fliege" bestellte.

Anschließend zogen wir weiter in Richtung Anckelmannstraße. Dort wurden im Fischgeschäft lebendige Schollen gekauft. Dann ging es mit immer schnelleren Schritten nach Hause zu Tante Liese, die schon den Kartoffelsalat fertig hatte. Die Schollen wurden in Speck gebraten, und dann saßen wir in der kleinen Küche unserer Kellerwohnung (so einfach und klar sagte man es damals noch), und ich kann mich nicht daran erinnern, daß mir Essen jemals wieder so gut geschmeckt hat. Als Krönung gab es dann meistens noch meinen geliebten Schokoladenpudding mit Vanillesoße, und

Tante Liese war immer wieder stolz darauf, wenn sie den Pudding ohne Klümpchen hingekriegt hatte.

Ja, so war das damals, und wenn es auch schon sehr lange her ist (mehr als ein halbes Jahrhundert) und wir es heute doch so im Überfluß haben, und wenn doch alles angeblich so viel schöner und besser ist als früher – ich denke oft und gerne und manchmal auch mit ein bißchen Wehmut an die für mich schönste Zeit meines Lebens zurück.

Nudeln in der Schürzentasche

Meine Lieblingsspeisen waren alle süß. Wahrscheinlich lag das daran, daß mein Vater gerne Milchreis, Grießbrei, Eierkuchen und Pudding aß.

Jeden Mittag erklang von der Kunstlederfabrik her eine Sirene, um die Mittagspause anzukündigen. Meist schaute meine Mutter dann überrascht zur Uhr, stand eilig von ihrer Nähmaschine auf und kochte schnell eine süße Speise. Wenige Minuten später trat mein Vater zur Tür herein. Zwischen der Fabrik und unserem Haus lagen kaum zweihundert Meter. Die meisten Arbeiter gingen mittags heim. Der Sirenenton gab auch das Ende der Pause bekannt, da war mein Vater zu meinem Bedauern schon längst wieder fort. Manchmal begleitete ich ihn ein Stück des Wegs bis zur Waldecke, bis dorthin, wo an dem kleinen ausgetretenen Fußweg die vielen Brennesseln wucherten. Da zwängte ich mich nicht so gerne hindurch und kehrte lieber vorher um.

Doch es kam auch vor, daß mein Teller nicht leer wurde, dann durfte ich nicht aufstehen und mitgehen. „Iß deinen Teller schön ab, sonst hast du dann gleich wieder Hunger, und außerdem können wir das Essen ja nicht einfach wegschmeißen!" In den Nachkriegsjahren lebte man nicht im Überfluß, und meine Mutter wirtschaftete sparsam. Sie stammte aus einer Familie mit zehn Kindern, Sparsamkeit war für sie eine Selbstverständlichkeit.

Ich saß dann also noch allein am Tisch, bis ich den letzten Rest in mich hineingestopft hatte. Bei süßen Sachen gab es ja keinen Ärger, da kratzte ich meinen Teller fein säuberlich ab. Aber bei Eintöpfen – oh je! –, Eintöpfe haßte ich. Fettaugen schwammen an der Oberfläche; wenn ich sie mit dem Löffel fortschubste, wurden sie kleiner, aber immer mehr. Speckgriefen starrten mich an, und am allerschlimmsten fand ich das schwabbelige fette Fleisch. Mutter sagte, extra wegen mir habe sie winzig kleine Stückchen geschnitten, und man könne alles essen, wenn man nur wolle. Was zählte aber der gute Wille, wenn es eben doch nicht ging?

Einmal gab es Nudeln, natürlich selbstgemacht. Mehl, Salz, Eier – die Zutaten trug ich flink herbei, erfreute mich am Teigausrollen. Schneiden durfte ich nicht mit, meine Nudeln wurden immer zu breit. Beim Ausfitzen der kleinen Nudelröllchen wanderte manches Teigstück in meinen Mund. Wenn dann das Salzwasser in dem großen blauen Topf kochte, ließ meine Mutter die Nudeln hineingleiten, rührte ein paarmal, legte den Deckel nur halb auf, um ein Überkochen zu vermeiden. Ich beobachtete den Dampf, der emporstieg, der den Deckel zum Klappern und schließlich zum Rutschen brachte. Irgendwann war der Topf dann richtig abgedeckt, aber nur kurz, dann hob sich der Deckel an, und das weißliche, leicht schleimige Kochwasser quoll über den Topfrand und rann auf die Herdplatte. Ärgerlich nahm die Mutter den Deckel dann ganz ab. Ich durfte vom Beet draußen ein Sträußchen Petersilie holen, waschen und mit dem Wiegemesser vorsichtig zerkleinern.

Bis dahin machten mir die Nudeln Spaß, doch nach dem Abgießen des Kochwassers wurden sie mit dem geschnittenen Kochfleisch und der fetten Brühe gemischt. Hier endete meine Vorliebe für Nudeln. Als sie dann auf meinem Teller dampften, ging der Ärger los. Eigentlich hatte ich überhaupt keinen Hunger, weil sich der rohe Nudelteig in meinem Bauch schon breitmachte. Zögernd füllte ich den Löffel, um dann die Hälfte wieder auf den Teller zurückfließen zu lassen. Mit den Zähnen nahm ich die auf dem Löffel verbliebenen Nudeln vorsichtig ab und vermied es, Fleisch oder fette Soße zu erwischen. Zuerst sagten meine Eltern nichts, doch dann ermahnten sie mich, nicht zu schlürfen, nicht zu trödeln, nicht auf meinem Teller herumzumatschen. Ich gab mir große Mühe, aber mein Teller wollte und wollte nicht leerer werden, außerdem kühlte das Essen langsam ab, was es für meine Begriffe noch ekliger machte.

Meine Eltern saßen noch am Tisch und unterhielten sich. Ich schielte auf die große runde Küchenuhr mit dem gelben Holzrand und dem weißen Zifferblatt. Die Zeiger rückten dorthin, wo sie immer standen, wenn Vater gehen mußte. Mutter stand auch auf und ging bis zur Haustür mit. Diese paar Augenblicke nutzte ich. Die Schürze, die ich noch umgebunden hatte, war vorn mit zwei großen Taschen besetzt. Mit der linken Hand zog ich diese Taschen breit, erst die linke, dann die rechte und füllte mit meinem Löffel den Inhalt meines Tellers ein. Zunächst merkte ich noch nichts, doch als Mutter mit einem „na, bist du endlich fertig?" den Tisch abräumte und ich aufstand, klebte meine Schürze am Kleid und das Kleid am Hemd und das Hemd am Bauch. Langsam krochen dickliche, lauwarme Spuren an meinen Beinen abwärts, wie fette Würmer. Abwechselnd wischte ich die schmierige Masse mal an dem einen Bein breit, mal an dem anderen. Als meine Mutter die Bescherung sah, gab es natürlich ein Donnerwetter. Nudeln blieben für mich jahrelang das Abscheulichste, was ich mir denken konnte.

Grießbrei mit Leberwurstbrot

Niemand kann mehr Phantasie in die Gestaltung des abendlichen Grießbreis einbringen als mein Vater. Kochen mußte ihn selbstverständlich meine Mutter, schließlich komme ich aus einer Familie mit klassischer Aufgabenteilung im Haushalt. Aber die gestalterischen Finessen entstammen bei die-

sem Gericht häufig dem väterlichen Kopf. So gab es Grießbrei immer mit Pudding, nie mit Rosinen und häufig mit
Leberwurstbroten. Vorausgesetzt, das Graubrot – immer
kam Graubrot auf den Tisch – war frisch vom Bäcker geholt.
Ein unglaublicher Genuß, der mich noch heute angenehm
berührt.

Meine Mutter hatte die Eigenart, mich zum Abendessen
von der Straße zu rufen. Mit diesem liebenswürdigen Ton-
fall, der wohl Tausenden von Müttern gemeinsam ist: „Ra-
alf" (leider habe ich einen einsilbigen Namen, der der zwei-
silbigen Streckung bedurfte), „das Essen ist fertig". Diese
allgemeine Formulierung war eine Ehrensache. Denn welcher Junge läßt sich schon gern zum Grießbrei aus einer
Horde bolzender oder völkerballspielender Rabauken her-
ausholen. Grießbrei – igittigitt –, da schüttelte sich doch jeder ernstzunehmende Achtjährige voller Abscheu und Ekel.
Oder?

Nur einmal beging meine Mutter den kolossalen Fehler,
mich mit dem Hinweis an den Abendbrottisch zu rufen, der
Grießbrei und die Leberwurstbrote seien fertig. Ein unent-
schuldbarer Mißgriff. Ich habe tapfer reagiert. Ein grimmi-
ges „oh nein, schon wieder dieser widerliche Grießbrei" aus-
stoßend, habe ich mich eilig verabschiedet, und das hämische
Lachen meiner Freunde hat mich begleitet. Grießbrei habe
ich von da an noch heimlicher gegessen als vorher bereits –
nur im Kreis engster Familienangehöriger, z. B. meiner ein-
jährigen Schwester, die ich um ihre Unbefangenheit im Um-
gang mit breiigen Speisen beneidete.

Milchsuppe

Meine Kindheit habe ich in einem kleinen Dorf im Sieger-
land erlebt.

Freitags gab's, wie in allen streng katholischen Gegenden,
kein Fleisch zu essen. Eines von diesen „Freitagsmenüs" war

bei uns zuhause Milchsuppe mit Reis oder Grieß und ganz tolle, tolle Kartoffelpuffer. Wenn ich nun mittags nach der Schule zu Hause ankam und den Ranzen in die Ecke schmiß, ging es zu Tisch. Da standen dann nun die dampfende, für mich abscheulichste Suppe der Welt und die „tollen" Kartoffelpuffer. Ich fiel regelmäßig über die letzteren her, weil angeblich die Suppe noch zu heiß war. Ich aß, so viel ich nur konnte, im Wettstreit außerdem mit meinem Bruder. Für die Suppe war dann kein Platz mehr in meinem Bauch. Meine Mutter aber war in dieser Hinsicht außergewöhnlich streng: Ich durfte nicht eher aufstehen, bis der Suppenteller leer war. Ich saß da, meine ich, manchmal stundenlang. Meine Freundin rief schon von der Straße her, ich solle zum Spielen kommen. Aber es war nichts zu machen.

Damals schwor ich mir, wenn ich mal Kinder habe, daß es denen nicht so ergeht. Ich habe meinen Schwur gehalten. Meine fünf Kinder brauchten nicht zu essen, was sie nicht mochten.

Alte Erbsensuppe

Hier ist meine Geschichte: Etwa einmal im Monat wünschte sich mein Vater „alte Erbsensuppe mit einem Schinkenknochen" zum Mittagessen. „Alte", das bedeutete getrocknete Erbsen, und der Schinkenknochen mußte schon ein bißchen streng riechen. Auch meine Mutter liebte dieses Gericht, nur ich fand es schlicht widerlich. Damals gab es noch keinen Schnellkochtopf, der unangenehmes Anbrennen und anderes verhindert, aber der Eintopf wurde immerhin schon auf einer Elektroplatte gegart. „Bitte, rühre die Erbsensuppe von Zeit zu Zeit um, damit sie nicht anbrennt", mahnte mich einmal meine Mutter, als sie zum Einkaufen das Haus verließ und ich an einem schulfreien Tag einer meiner Lieblingsbeschäftigungen, dem Lesen frönte. Mein Appetit auf jene Delikatesse war gleich null, und so ließ ich das Gericht ganz einfach anbrennen. Es stank furchtbar im ganzen Haus, und die Standpauke, als meine Mutter schnell ein Ersatzessen zauberte, war ebenfalls schlimm. Aber ich entging jedenfalls an jenem Tag dem Leibgericht meiner Eltern. Die Aversion gegen eine „alte", sämige Erbsensuppe hat sich später zwar gelegt, aber Schinkenknochen sind bis heute auf meinem Speisezettel tabu.

Das achte Hackbällchen

„Du kommst aus einer Großfamilie, stimmt's?" Beim Blick auf meinen wirklich recht vollen Teller fühlte ich mich ertappt. Daß ich mir den Teller am kalten Büffet so üppig beladen hatte, war mir gar nicht aufgefallen. Tatsächlich waren wir zu Hause vier Kinder, wobei meine drei älteren Brüder gerne aßen und man sehen mußte, daß man satt wurde. Meine Mutter förderte jedoch indirekt eine gewisse Gier. So briet sie häufig acht Buletten (zu Hause heißen sie Hackbällchen), die alle gern aßen. Eine zusätzliche Bulette bekam natürlich mein Vater, aber wer bekam die achte? Natürlich der oder die, die am schnellsten den Teller leerte und am lautesten verkündete, er oder sie habe noch Hunger. Die Eßgeschwindigkeit kann man sich vorstellen. Wobei noch hinzukam, daß der erste Teller ziemlich voll bis sehr voll gepackt wurde, da bei einem eventuell gewünschten Nachschlag die Schüsseln vielleicht schon leer waren. Offensichtlich hat sich dieses „Streben" bis heute gehalten, nach dem Motto, was erstmal auf dem Teller ist, das kann einem niemand mehr nehmen!

Zwei Mal Großfamilie

In Bocholt/Westfalen wuchs ich auf, unser Nachbar war ein Bauer mit sage und schreibe 17 Kindern. Da kam es auf eines mehr oder weniger nicht an, so daß immer ein paar fremde Kinder mit am gastfreundlichen Tisch saßen. Noch heute sehe ich das Bild und schmecke die Suppe, wenn ich ein Gewitter erlebe: Kündigte sich ein Gewitter an, flitzten alle Kinder ins Bauernhaus in die riesige Wohnstube und versammelten sich um den Eßtisch von riesigen Ausmaßen. Die Bäuerin kochte dann „Karnemelkspapp met Prumen" (zu deutsch: Buttermilch wurde erwärmt und mit eingeweichten Trockenpflaumen angereichert). Dieses köstliche Mahl gab es aber erst, wenn ein „Vater unser" und ein „Gegrüßet seist du, Maria" gebetet worden war, um Unheil durch das Gewitter abzuwenden.

Ich selbst wuchs in einer Gärtnerei auf, in der alle immer was zu tun hatten. Die Kinder wurden ganz selbstverständlich mit eingespannt. Nach der Schule war häufig keine Zeit, sich sofort um das Mittagessen zu kümmern. „Äät gau en Schwartbrot" (iß schnell ein Schwarzbrot) wurde einem dann gesagt. Noch heute esse ich sehr gerne diesen Pumpernickel, den meine Urgroßmutter uns Kindern mit Butter und reichlich Käse belegte. Und dieses Bild von einer harmonischen Großfamilie taucht immer auf, wenn ich heute Pumpernickel esse.

Bei der Bäuerin

Eine Erinnerung ist mir noch so nah wie gestern, und noch heute, nach 32 Jahren, denke ich beim Geruch meiner „lieblichsten Speisen" an die damalige Szenerie zurück.

Ich wurde 1958 als drittes Mädchen einer Bergmannsfamilie geboren. Eine Zeit des erkennbaren Aufstiegs. Für uns eine Zeit des erkennbaren Abstiegs. Mein Vater, kurz nach meiner Geburt erkrankt, fiel als Ernährer seiner Familie aus, und das für mehrere Jahre. Die kurzen Stippvisiten zu Hause brachten meiner Mutter immer eine neue Schwangerschaft ein. Das Geld ist der Situation entsprechend knapp gewesen, und meiner mit dem vierten Kind schwangeren Mutter blieb nichts anderes übrig, als arbeiten zu gehen: morgens Zeitungen austragen, nachmittags zum Bauern Kartoffeln ausmachen. Dazu wurden wir Kinder mitgenommen, denn so hatte sie die Kinder unter Aufsicht, verdiente Geld – und es gab noch eine Mahlzeit. Das Essen für den Tag war gesichert. Ich weiß noch, daß ein großer, großer Korb, gefüllt mit dem wundervoll duftenden Weißbrot, herangetragen wurde. Aber alle Brote waren mit Zungen- oder Blutwurst belegt. Ich hatte Zungen- oder Blutwurst niemals, niemals in meinem jungen, kleinen Leben gekostet, und so brach ich in Tränen aus. Meine Mutter raunte etwas unwirsch von der Seite her: „Entweder du ißt das oder besorgst dir was anderes." Also bin ich los, über das Feld, über den Hof, in die Stube. Ich weiß nur noch, daß ich zwei Riesen-Riesen-Riesenbrote gesehen habe. Eine Bäuerin, die genauso rund schien wie ihre gebackenen Stuten, schnitt mir eine große Scheibe ab, schmierte viel Butter und üppig Marmelade darauf. Es muß Kirschmarmelade gewesen sein, denn bis heute ist bei schlechter Stimmung eine dicke Scheibe Stuten mit viel Butter und Kirschmarmelade für mich der Ausdruck von Wärme, Zuwendung und Trost. Und der erste Bissen ist gleich köstlich wie damals in der Bauernstube.

Meerrettich und anderes

Ich habe mir drei Stichworte aufgeschrieben, die mir sofort als bleibende Kindheitserinnerungen einfielen.

Meerrettich: Ich war etwa fünfjährig, die Wohnung wurde geweißelt, und unsere Nachbarin hatte uns deswegen zum Essen eingeladen. Es gab uns zu Ehren Rindfleisch mit Meerrettichsoße. Meine Mutter mochte Meerrettich nicht, verwendete ihn demzufolge nicht in der Küche, und ich kannte ihn nicht. Sie zwang sich anscheinend aus Höflichkeit zum Essen – ich wurde ziemlich geschimpft, weil ich mich weigerte, diese unbekannte Brühe zu essen. Ich fand das sehr ungerecht, weil ich spürte, daß meine Mutter mich nur deswegen zum Essen zwingen wollte, um vor der Nachbarin nicht undankbar zu erscheinen.

Ich habe 40 Jahre lang keinen Meerrettich mehr gegessen. Erst jetzt, mit meinem zweiten Mann, der in Erlangen – also mitten im Meerrettichland – wohnt, beginne ich langsam, Geschmack an Sahnemeerrettich zu finden.

Kakao: Nachkriegszeit – Schulspeisung. Wir Kinder haben das meiste dieser Schulspeisung gerne gegessen. Nach einiger Zeit wurde der Kakao, den es neben Milch gab, immer ungenießbarer, und man zwang uns, ihn trotzdem auszutrinken. Es kam zu Erbrechen, danach verweigerte ich ihn ganz.

Es ist ähnlich wie beim Meerrettich: Jetzt bin ich 53 Jahre alt und bereite hin und wieder für meine Enkelkinder Schokoladenmilch, und erst jetzt habe ich wieder Verlangen, von dem meist verbleibenden Rest etwas zu kosten.

Nährhefe: Ein positives Beispiel aus der Nachkriegszeit. Um uns wieder aufzupäppeln, bekamen wir Kinder im Sommer 1946 unter anderem Nährhefe. Nach diesem Geschmack sehne ich mich manchmal, kaufe dann Nährhefe und koste sie – ich habe diesen guten Geschmack nie mehr gefunden.

Hier noch ein Beispiel meiner Tochter, das sie mir erst vor kurzem wieder erzählte – sie ist jetzt 32 Jahre alt. Als drei- oder vierjähriges Kind hat sie aus heute nicht mehr erklärbarem Grund Angst vor einem wackelnden Pudding bekommen. Die Angst war so groß, daß sie die kleine Speisekammer, die wir zu dieser Zeit hatten, nicht betreten hat, wenn ein solcher Pudding dort stand. Ihre Großmutter hat diese Angst ein bißchen ausgenutzt und ihr manchmal mit diesem Wackelpudding gedroht. Sie weiß es noch sehr genau und ißt heute noch keinen Pudding. Ihr Mann, der Pudding sehr gerne essen würde, muß darunter leiden – sie kocht ihn nicht einmal.

Zu der Zeit, als ich das wurde, was man vornehm „reise-krank" nennt, als ich mich bereits nach hundert Metern im Auto übergeben mußte und meine Eltern aber unbedingt mit mir und dem Auto nach Monaco fahren wollten, waren Bai-sers noch das Allergrößte. Dieses kurzgebackene Eischnee-Zucker-Gemisch mit Farbstoff (die braunen waren minde-stens um den Faktor zehn köstlicher, was wohl auf das Kon-servierungsmittel zurückzuführen ist) ließ mich fast alles vergessen.

Zu dieser Zeit verabscheute ich Tabletten ebensosehr, wie ich die Baisers liebte. Meine Eltern waren jedoch auf die Idee verfallen, mir Tabletten gegen meine Reisekrank-heit zu verabreichen, da sich der Geruch nach Erbroche-nem aus dem Auto nie wieder entfernen ließ und es quasi unverkäuflich machte. Bei jeder dieser kleinen Pillen, die kleiner als Smarties waren (auch ein sehr begehrtes Nah-rungsmittel), gab es nun einen Aufstand und ein Geschrei, das dem der hungernden Bürger beim Sturm auf die Ba-stille in nichts nachstand. Weder gute Worte noch die An-drohung von Schlägen konnten mich dazu bringen, den Mund zu öffnen, außer zum Schreien. Nach einigen er-folglosen Versuchen gaben meine Eltern auf. Ich wurde nicht mehr mit diesen Tabletten belästigt, und mit einigem Stolz stellte ich fest, daß man dazu übergangen war, statt mit Tabletten mich nun mit meinen Lieblingen, milchkaf-feebraunen Baisers zu füttern. Diese Reisetabletten wurden nicht mehr erwähnt, ich hatte sie aus unserem Leben ver-bannt.

Wir kamen glücklich und ohne Zwischenfälle in Monaco an, so daß ich meinen Eltern gegenüber bemerkte, sie soll-ten mir nur immer Baisers geben, denn auch die wirkten gegen die aufsteigende Übelkeit beim Autofahren. Meine Eltern nahmen meine Feststellung ohne besondere Reak-tion auf.

Kurz bevor wir die Rückfahrt antraten, fütterten meine Eltern mich dann erneut mit Baisers, und ich war glücklich und zufrieden, biß hinein und fand eine winzig kleine Tablette. Dennoch habe ich den Trick meiner Eltern nicht durchschaut, sondern war der festen Überzeugung, daß der Bäcker für diese Katastrophe verantwortlich sei. Meine Eltern bemühten sich nicht, meinen Irrtum aufzuklären. Seit dem Tag kann ich diese furchtbar süßen Eischneeberge nicht mehr sehen, ohne ein Gefühl von Verrat und Ekel zu empfinden.

Ingwerschokolade

Ich roch vor einiger Zeit an einem lecker aussehenden Salat, als ein eigenartiger Geruch mich zurückschrecken ließ. Es stank nach Ingwer. Ich erkundigte mich, und tatsächlich war der Salat mit Ingwer gewürzt worden. Tiefstes Mißtrauen befiel mich, ob ich das meinen Geschmacksnerven zumuten könnte, denn ich erinnerte mich mit Grauen an die Ingwerschokolade, mit der mich meine Großmutter früher immer reingelegt hatte. Vom Äußeren konnte man der Schokolade ihren widerwärtigen Inhalt nicht ansehen. Oft hatte mir meine Großmutter diese Süßigkeit angeboten, die zunächst auch alle Anforderungen einer Schokolade erfüllte. Biß man jedoch zu, machte sich eine scharfe, faserige Ingwermasse im Mund breit. Zu spät kam der Hinweis, daß die Schokolade mit Ingwer gefüllt sei. Außerdem war meine Oma von dem kulinarischen Genuß überzeugt. Sie kaufte diese eigenartige Kombination von Schokolade und Ingwer in allen möglichen Variationen, so daß ich häufig Gelegenheit hatte, in Ingwerpralinen zu beißen, aber zu wenig Gelegenheit, sie wieder auszuspucken.

Wenn ich mit meiner Großmutter spazierenging, kamen wir meistens an unserem Feinkostladen vorbei, wo sie regelmäßig versuchte, mir Süßigkeiten zu kaufen. Aber ich konnte mir ja nicht sicher sein, ob bei den Süßigkeiten nicht doch irgendwo Ingwer enthalten war. Wenn sie mir also unbedingt etwas zu Essen kaufen wollte, bestand ich stets auf Salzgurken, was bei ihr einen befremdlichen Eindruck hinterließ.

Heute mag ich Ingwer und esse auch Schokolade – aber immer hübsch getrennt.

Eine kleine Kartoffelgeschichte

Meine Großmutter bereitete, ich war etwa fünf Jahre alt, an einem Samstag Kartoffelsalat zu. Diese Aktivität war ein untrügliches Zeichen für einen bevorstehenden Besuch – und Besuch liebte ich.

Zwiebeln, Eier, Wurst und Kräuter lagen schon fein gehackt und gewürfelt in der Schüssel, als ich meine Großmutter bat, mir eine Kartoffel, die sie gerade gepellt hatte, abzugeben. „Nu freilich, Kindel, geb' ich dir was ab", mag sie gesagt haben. Dann nahm sie das Küchenmesser, schnitt ein Stück der Kartoffel ab, schnitzte eine winzige Ecke Butter von der Kante des Butterstücks, stippte diese in das Salzfaß und strich beides auf der Kartoffel ab. Nun schob sie mir, die schmelzende Butter obenauf balancierend, alles mit der Hand in den Mund.

Der Geruch ihrer Hände vermischte sich mit dem Geschmack der Kartoffel – bei jeder weiteren Fütterung sog ich zunächst den Duft ein und begann dann erst zu kauen, dieser Wohlgeschmack beinhaltete das Beste, was die Welt für mich bereithielt. Die Mixtur von Geruch, Geschmack und Situation löste ein unvergleichliches Gefühl von Geborgenheit und Wärme aus. Seit dieser Zeit, bis zu dem Tode meiner Großmutter – ich war immerhin 22 Jahre alt –, ließ ich mich an Kartoffelsalattagen mit dieser Kombination füttern; und immer war da dieses Gefühl…

Demonstration

Milch, das wird uns durch Werbung immer wieder deutlich gemacht, ist gesund – natürlich besonders für Kinder. In meiner frühen Kindheit – ich bin Jahrgang 1932 – war das nicht anders. Lediglich die Demonstration meiner Mutter unterschied sich ganz wesentlich von den heutigen „schönen" Darbietungen.

Meine Milch wurde erwärmt, und es bildete sich dann eine Haut, auch Pelle genannt, vor der ich mich entsetzlich ekelte. Wenn ich mich weigerte, die Milch zu trinken, erhob meine Mutter ihren rechten Zeigefinger, tauchte ihn in meine Tasse, zog ihn mit der daranhängenden Pelle heraus und – wieder mit erhobenem Finger – leckte sie ihn dann genüßlich ab mit den Worten: „Sieh mal, das schmeckt doch wunderbar." Das Ganze war grausam. Das liegt inzwischen über fünf Jahrzehnte zurück, ist mir aber immer noch in Erinnerung, als wäre es gestern gewesen.

Das Ergebnis: Nachdem ich Mutters Fittichen entronnen war, habe ich in meinem Leben nie wieder Milch getrunken – bis heute!

Gartenidylle

Sommer – ich sitze draußen in unserem Garten. Die Tischdecke mit den weißen und braunen Streifen ist über dem Tisch ausgebreitet. Darauf das Spiel von Licht und Schatten.

Vor mir auf dem Teller ein Stück Rhabarberkuchen mit Baiser. Daneben die Tasse mit Milch. Wohlige Wärme umgibt mich, Gras, Blumen, Sträucher und Bäume sind in ein besonderes Licht getaucht, ja geradezu davon erfüllt. Die Zweige bewegen sich kaum merklich in einer leichten lauen Brise.

Bei dem Biß in das saftige warme Kuchenstück schmecke ich mit dem duftig-zarten, süßen Teig, den etwas säuerlichen fruchtigen Stückchen und dem leichten mürben Hauch des mit gemahlenen Haselnüssen gemischten Baisers die Jahreszeit. Verfeinert wird der Geschmack noch durch die frische kalte Milch. Beim Genuß des Kuchens, der zu allem, was um mich herum ist, gehört, denke ich auch an die Hingabe, mit der er gebacken wurde.

Das Bild der Großeltern

Im Jahr 1943 – zur Erdbeerzeit – war ich bei meinen Großeltern in Doberschau (einem Dorf an der Spree in der Nähe von Bautzen) auf Besuch. Da ich das erste Enkelkind in der Familie war, wurde ich natürlich verwöhnt. Meine Großmutter hatte eine Erdbeertorte gebacken und diese mit vielen Früchten einer ganz bestimmten Erdbeersorte verziert. Ich durfte *vor* dem Kaffeetrinken die Erdbeeren von dieser Torte naschen. Wenn ich heute, nach so vielen Jahren, diese Erdbeersorte esse, stehen die Bilder aus der Zeit bei meinen Großeltern vor meinen Augen. Das ganze Jahr über ist diese Erinnerung verdeckt. Sie erscheint auch nicht beim Anblick von Erdbeeren – nur wenn ich diese bestimmte Sorte esse oder rieche.

Familienüberlieferung einer Grenzüberschreitung

Wenn zu Großvaters Zeiten die „Panne Schieben" auf den Tisch kam, dann wußten wir Kinder gleich, woran er dachte. 1856 war er in Heinrichenburg, im Vest Recklinghausen, geboren. In seinem Elternhaus, einem ehemaligen Lehnsgut der Abtei Verden, hatte einst Napoleon übernachtet.

Die „Panne Schieben", eine westfälische Spezialität, das waren rohe, in Streifen geschnittene Kartoffeln, Zwiebeln und durchwachsener, geräucherter Speck. In einer großen

Gußpfanne, die mit einem Stülp abgedeckt wurde (das ist ein großer, emaillierter Deckel mit Fuß), wurde zunächst alles gedünstet und später ohne den Stülp angebraten. Unter mehrmaligem Wenden mit dem Pfannenmesser bekamen die „Schieben" ihre goldgelbe Farbe. Nachdem die Pfanne ein wenig abgekühlt war, kam sie mitten auf den Tisch. Bevor der Schmaus, direkt aus der Pfanne, begann, wurden die „Schieben" noch mit einem ordentlichen Schuß Rahm veredelt.

Urgroßmutter markierte für jeden die Grenzen in der Pfanne. Nach einem gemeinsamen Gebet ließ man es sich dann schmecken. Klemens, der ältere Bruder des Großvaters, machte sich in seinem Teil eine kleine Kuhle, wohlwissend, daß sich dort ein kleiner See aus Sahne bildete. Bedächtig aß er Scheibe für Scheibe, die er vorher in seinen Rahm getunkt hatte. Nun wollte Großvater seine Schieben auch dort eintunken. Klemens warnte ihn mit den Worten: „Louis go ut min Lork!" Aber Louis wollte und wollte nicht hören. Da bekam er plötzlich von Klemens mit der Gabel einen Schlag auf die Hand. Louis zuckte vor Schreck zusammen, als er sah, daß das Blut in die Schieben floß.

Jede Panne Schieben sowie die kleine Narbe direkt über dem Zeigefinger der rechten Hand erinnerten Großvater an diese Begebenheit.

Zwang

Die Autorin wurde im Jahr 1949 geboren. Erst durch den Schreibaufruf „habe ich überlegt, ob meine Eßunlust, mein Ekel, meine Magen- und Darmbeschwerden wohl daher kommen, daß ich seit früher Kindheit Eß-stopf-zwing-Methoden ertragen mußte."

Als ich im Alter von fünf Jahren wegen siebenerlei Entzündungen (unter anderem der Nieren) fast gestorben wäre, hat man mich für ein halbes Jahr verschont! Als ich dann nicht immer leeressen *wollte*, klemmte mich mein Vater unter den Arm. Freischwebend über der Spüle stopfte er mir das Essen mit einem übergroßen Rührlöffel rein. Jedesmal hatte ich das Gefühl zu ersticken, doch Oma oder Tante „retteten" mich.

Etwas später, als meine Eltern, meine Schwester und ich in einer „eigenen" Wohnung lebten und ich inzwischen nicht mehr leeressen *konnte*, schlug mir mein Vater stets so auf den Hinterkopf, daß ich mit dem Gesicht in den Teller knallte. Seltsamerweise hat er dies alles meiner Schwester nicht angetan, dafür bekam sie halt Prügel und ich das Doppelte! Noch etwas später wurde mir unter Beschimpfungen und Androhungen der Teller weggenommen, auf die Fensterbank neben dem offenen Fenster gestellt, und am Abend mußte ich ihn kalt, verstaubt und verqualmt unter Aufsicht aufessen.

Mein Schlüsselerlebnis aber war folgendes: Ich war knapp elf Jahre alt, meine Mutter mit Zwillingen schwanger. Das Mittagessen bestand aus Sauerkraut mit fettigem, dick-glitschig-schwabbeligem Eisbein. Natürlich bekam ich das Zeug nicht runter trotz größter Bemühungen. Also gut, Fensterbank... Seither kann ich nicht mehr alles essen, schon gar nicht zu vorgeschriebener Uhrzeit.

Später, als ich erwachsen war und einen eigenen Haushalt hatte, faßte ich den Mut, meinen Eltern vorsichtig einen Vorwurf zu machen. Ständiger Kommentar: „Was glaubst du, was wir im Krieg hatten, ihr wißt doch gar nicht, wie gut es euch geht!!!"

Unsere Tochter mußte noch nie den Teller total leeren, selbst wenn nur noch zwei Gäbelchen drauf waren. Längst lebt sie nicht mehr bei uns, aber sie ist frei von Magen- und Darmbeschwerden. Mein Mann schimpft zwar mehr als mäßig mit mir, weil er sich große Sorgen macht, aber: Er ist so lieb und toll, er zwingt mich nicht!!! Herzlichen Dank dafür, daß Sie sich die Zeit nehmen, um meinen Tatsachenbericht zu lesen.

Bei diesem Text handelt es sich um Auszüge aus zwei Interviews, die getrennt voneinander durchgeführt wurden. Zunächst kommt eine Mutter zu Wort, sodann ihre Tochter. Die Mutter wurde 1942 in Siebenbürgen geboren und lebte später mit ihrem Mann in Südrumänien. 1970 kam die Familie mit ihrer damals fünfjährigen Tochter nach Hamburg. Heute arbeitet die Mutter halbtags im Autohandel. Die Tochter, diplomierte Psychologin, kam 1965 in Hermannstadt zur Welt. Kochen und essen gehört zu ihren Leidenschaften.

Mutter: Von meiner Mutter, von meiner Stiefmutter kann ich eigentlich nicht viel erzählen, die war überhaupt keine Hausfrau. Die konnte nicht wirtschaften. Wenn gekocht wurde, hat mein Vater gekocht. Mein Vater hatte eine Hühnerzucht. Wir haben Hühner geschlachtet, die hat er gekocht oder gebraten. Von ihm habe ich auch gelernt, die Hühner auszunehmen. Wenn mein Vater einer Henne den Kopf abgeschnitten hatte, dann ist sie ihm manchmal freigekommen und im Hof herumgeflattert, ohne Kopf. Das war schrecklich. Aber das gehört ja auch zum Essen dazu, die Hühner sind ja zum Essen da. Später, als meine Tochter anfing, Fleisch zu essen, habe ich auch Hühner gekauft. Ich bin auf die Straße runtergegangen und habe einen vorbeigehenden Mann gebeten, er solle mir das Hühnchen schlachten. Einmal habe ich keinen Mann gefunden. Ich bin dagestanden mit einem Hühnchen unterm Arm und habe mich gefragt, wann wird wohl einer vorbeikommen? Schließlich bin ich wieder hinaufgegangen und habe es selbst geschlachtet. Von da an habe ich das selbst gemacht.

Meine Tochter Elke hat immer nach einem Buch zu essen bekommen. Darin habe ich gelesen, zweimal die Woche ein bißchen Ei essen, jeden Tag einen Apfel und so weiter, das haben wir einzuhalten versucht. Aber im Winter war wirklich Not am Manne. In Rumänien gab es starke, große Winter mit viel Schnee, und es war sehr kalt. Mein Mann ist jeden zweiten Tag übers Feld gegangen zu einem Bauern und hat frische Eier gebracht. Die hat dann die Elke bekommen. Schon als Baby habe ich sie vor dem Essen auf die Waage gelegt, dann bekam sie etwas, und hinterher habe ich sie wieder auf die Waage gelegt, um zu sehen, ob sie auch zweihundert Gramm zugenommen hat. Und wenn es dann weniger war, habe ich geweint, und mein Mann hat mit mir geschimpft: „Du machst dich ja verrückt. Schmeiß das Buch weg!" Ich habe immer gehofft, daß ich alles richtig mache. Daß da auch Fehler unterlaufen sind, ist klar. Einmal wollte sie ihr Ei nicht essen. Da bin ich in der ganzen Wohnung hinter ihr hergelaufen. Und sie: Nein! Und dann hat sie einen Klaps bekommen, weil sie nicht essen wollte.

Für mich spielt das Essen eine sehr große Rolle. Und deswegen war es für mich auch wichtig, daß die Elke ihr Essen bekam. Ich hatte um sie ja solche Angst, daß sie irgendwie verhungert. Oder wir. Denn das kommt ja noch hinzu, daß man nicht alles bekommen hat. Wenn es etwas gab, dann hat man immer sehr viel davon gekauft, auch Reserven, auch für die ganze Familie, und das tun wir auch jetzt noch. Viel kaufen. Im Bewußtsein haben wir zwar keine Angst mehr zu verhungern, aber im Unterbewußtsein vielleicht. Auch haben wir Angst, daß man eventuell einmal etwas nicht bekommen könnte. Das ist so in uns drin, das können wir auch gar nicht mehr ändern. Wenn du uns jetzt in die Wohnung einsperrst für drei oder vier Monate, dann verhungern wir nicht!

Als ich ein Kind war, habe ich versucht, mir von jedem etwas zu holen. Ich bin zu meiner Tante gegangen und habe mich dort sattgegessen. Ich habe mich so durchgefressen. Das Essen war und ist sehr wichtig. Wir sind jeden Sonntag vormittag zum Friedhof gegangen, die ganze Familie, das war noch ein bißchen Großfamilie damals, immer durch den

Park und dann durch den Wald, und der Friedhof war am Rande des Waldes. Sehr schön gelegen. Wenn wir dann nach Hause kamen, hatte meine Tante Wiener Schnitzel gemacht, das gab es jeden Sonntag: Wiener Schnitzel mit Gurkensalat und Bratkartoffeln, vorher eine Rindsuppe mit Grießklößchen. Das könnte ich immer essen, das ist für mich ein Lieblingsessen. Es muß jetzt nicht unbedingt Schnitzel sein, es kann auch Hähnchen sein, aber so paniertes Zeug, das esse ich für mein Leben gern. Daran kann ich mich gut erinnern. Das war schön. Wir haben alle zusammengesessen und haben gegessen. Da wurde erzählt, ach, es war schön. Und ich weiß noch, als Kind hattest du nicht nur einen Ansprechpartner oder höchstens zwei, sondern du konntest dich so durchwurschteln. Wenn einer auf dich böse war, dann bist du zu einem andern gegangen, es war schön. Auch heute, bei Familienfesten, Geburtstagen, ist das immer mit einem schönen Essen verbunden. Wenn ich Freunde einlade, dann möchte ich auch immer ein schönes Essen dazu haben, weil das für mich ein Freudentag ist. Ich feiere eben mit Essen. Andere feiern mit schöner Musik.

Immer wenn ich etwas gegessen habe, was mir geschmeckt hat, habe ich gleich gefragt: „Wie hast du das gemacht?" Oder ich habe zugeguckt. Meinem Vater habe ich immer zugeschaut, wenn er die Hühner paniert und gebraten hat. Ich koche ja heute noch wie in Rumänien. Aber ich lerne auch noch dazu, wenn ich bei Freunden bin. Noch immer frage ich sofort, wenn mir etwas geschmeckt hat: „Wie hast du das gemacht?" Ich mache das dann auch, aber ich greife auch immer wieder auf die Rezepte von zu Hause zurück. Vor allem war es schön, als wir nach Deutschland kamen, daß ich die Zutaten, die mir zum Kochen oft sehr gefehlt hatten, hier alle bekommen habe. Da konnte ich nun alles so kochen, wie es im Rezept stand. Das hat dann noch mehr Spaß gemacht.

In Rumänien hatten wir eine Apfelreibe, oval, ganz aus Glas. In der Mitte ist das Glas rauh und zackig, du schälst den Apfel, schneidest den Griebs heraus, dann reibst du den Apfel, und er wird zu Brei. Den bekam meine Tochter, als sie noch keine Zähne hatte. Und dann siedelten wir nach Deutschland über. Kurz zuvor hatte meine Freundin ein Kind bekommen. Und die bat mich, ob ich ihr nicht die Apfelreibe lassen könnte, weil man damals in Rumänien keine bekam. Ich habe gedacht, ich komme jetzt nach Deutschland, und wer weiß, ob man in Deutschland eine Apfelreibe kaufen kann. Und ich habe gesagt: „Nein, es tut mir leid, ich nehme sie mit." Ich bin hierher gekommen und habe gesehen, Mensch, man bekommt hier alles. Das konnte man sich gar nicht vorstellen. Nachher hatte ich noch Jahre lang ein schlechtes Gewissen, weil ich ihr die Apfelreibe nicht gelassen hatte.

Tochter: Ein ganz besonderes Erlebnis ist ein Bananenerlebnis, das ich mit vier oder viereinhalb Jahren hatte, und zwar war das damals noch in Rumänien. Meine Großtante kam von einem Besuch aus Deutschland wieder, und wir haben am Fenster auf sie gewartet – wir wußten, sie würde jetzt zu uns zu Besuch kommen, nachdem sie nun wieder in der Stadt war – und haben sie also die Straße runterkommen sehen. Als nächstes erinnere ich mich daran, daß man mir ein großes weißes Ding, so eine Art Stange hinhielt. In meiner Erinnerung ist es sehr groß und weiß und ganz sauber. Da waren keine Stellen dran, nichts. Damals habe ich zum ersten Mal eine Banane gegessen. Ich kannte das noch gar nicht, Bananen. Angst hatte ich gar nicht. Ich habe das erste Mal da hineingebissen. Das war ein einschneidendes Erlebnis. Vielleicht der Grund, warum ich heute so gerne Bananen esse.

Ich erinnere mich außerdem daran, ich muß drei oder vier Jahre alt gewesen sein, daß ich etwas zu essen bekommen habe, und ich mochte das nicht essen. Ich glaube, es war ein Mittagessen, und es war wohl Fleisch dabei. Es war jedenfalls ziemlich faserig. Und ich habe gekaut und gekaut, aber irgendwie konnte ich es wohl nicht zerkauen und mochte es dann nicht runterschlucken, und dann hatte ich so einen Knödel in der einen Backe. Und weil Fleisch etwas ganz Besonderes ist in Rumänien, war meine Mutter auch sehr böse, weil ich das nicht essen wollte. Sie meinte, ich muß das jetzt so lange im Mund behalten, bis ich es runterschlucke. Ich habe also meinen Mittagsschlaf mit diesem Knödel gemacht, und als ich aufwachte und meine Mutter mich aus dem Bett holte, hatte ich den immer noch im Mund, und dann durfte ich ihn ausspucken.

Und dann weiß ich noch, daß meine Eltern haben Brot backen lassen. Man konnte zum Bäcker gehen, dort war ein riesiger Raum. Da standen die Frauen an dem einen Ende hintereinander, und am anderen Ende dieses Raumes war ein Riesenofen, wo der Bäcker so, wie man das aus den Bilderbüchern kennt, mit einer Platte, die an einem ganz langen Stiel befestigt war, die Brote hineinschob und herausholte. Und da war ich ab und zu mit dabei. Die Frauen haben damals die Zutaten selbst mitgebracht, weil es die wohl nirgends zu kaufen gab. Dort konnte man sich sein Brot backen lassen, und ich weiß, daß dieses frisch gebackene Brot wahnsinnig gut geschmeckt hat. Und als wir wieder nach Hause kamen – das Brot war noch ein bißchen warm –, habe ich so eine Scheibe Brot mit Zucker drauf bekommen. Der Zucker ist teilweise geschmolzen, und das habe ich beim Draußenspielen gegessen. Ich weiß, daß ich mehrfach wiedergekommen bin und immer wieder ein Brot haben wollte, immer nochmal einen Nachschlag dieses Zuckerbrotes.

Ich weiß, daß meine Eltern mir immer das Beste gegeben haben. Es war ihre größte Sorge, daß ich was Gutes bekomme und daß ich genug bekomme. Wenn noch etwas Süßes vom Nachtisch übrig war, habe ich immer das größte Stück bekommen, oder es wurde zumindest immer auf drei geteilt, obwohl ich ja viel kleiner war. Einmal war ich krank und mußte streng Diät halten, durfte also nur getoastetes Brot essen – ich hatte wahrscheinlich Durchfall oder Magen-

Darm-Verstimmung –, und da hatten meine Eltern aber gerade Fleisch bekommen und hatten – „Kiftele" hieß das – gemacht, Frikadellen. Und die habe ich sehr gerne gegessen, so richtig mit Knoblauch und angebraten, das hat richtig gut geschmeckt. Ich weiß noch, wie meine Mutter mir so ein getoastetes Brot mit ein bißchen Butter gemacht und eine Frikadelle drübergestrichen hat, immer so hin und her, ein bißchen abgeschabt, daß es dann tatsächlich danach schmeckte. Das weiß ich noch. Ich habe immer was Tolles bekommen.

Ansonsten mochte ich Fleisch eigentlich nie so wahnsinnig gerne, da mußte man immer rumpulen. Es gibt aber ein Spezialgericht, das ich unheimlich gerne esse, das sind die Mehlklöße von meiner Mutter. Dazu gab es immer Hühnchengulasch in einer ganz leckeren Rahmsoße. Ich liebte diese Knödel mit Rahmsoße. Ich weiß, daß mein Vater mir immer weißes Fleisch abgemacht und auf den Teller getan hat, ich habe es zwar gegessen, aber ich hätte prima auch ohne dieses Fleisch leben können. Aber das war auch wieder dieses Achten auf meine Gesundheit und wieder dieses Symbol: Mir das Beste von dem Fleisch geben, das es gab.

Ach, und ich erinnere mich noch an ein Erlebnis bei meiner Großmutter. Wenn wir zu meiner Großmutter zu Besuch kamen, gab es manchmal einen Blechkuchen. Apfelkuchen war es meistens. Und der stand – das wußte ich – hinter einer Tür auf einem Stuhl zum Abkühlen oder einfach auch zum Aufbewahren. Nachdem ich das herausgefunden hatte, war mein erster Blick, wenn ich zu meiner Oma kam, dann immer hinter diese Tür auf den Stuhl, ob da ein Kuchenblech steht.

Außerdem erinnere ich mich an die Küche meiner Großtante. Da stand noch einer von diesen alten Holzöfen, bei denen die Platte aus Löchern bestand, die man größer und kleiner machen konnte, indem man Eisenringe dazuschob oder eben wegnahm. An diese Küche schloß sich noch eine Speisekammer an. Die war sehr kühl und dunkel. Und es roch dort auch immer ganz eigen, ein ganz spezieller Geruch. Einmal habe ich da Pfefferminze getrocknet. Wir waren spazieren, und ich habe wildwachsende Pfefferminze gefunden und wunderte mich über den Geruch, und dann erzählten mir meine Eltern oder eben meine Großtante, daß das Pfefferminze sei. Ich konnte das überhaupt nicht fassen. Ich durfte die Blätter pflücken, die wurden zu Hause gewaschen, ausgebreitet und getrocknet. Das war selbstgemachter Pfefferminztee. Das war wahnsinnig faszinierend und aufregend.

Als ich fünf, vielleicht auch sieben, acht Jahre alt war, waren meine Eltern und ich mal bei deren Freunden zu Besuch. Die hatten auch ein Kind. Während die Erwachsenen sich unterhielten, durften wir in der Küche rumwurschteln. Die Tochter war nicht viel älter als ich, und trotzdem haben wir uns Bratkartoffeln gemacht. Das ist die früheste Erinnerung daran, daß ich etwas selbst gemacht habe – halt mit diesem Mädchen –, völlig ohne Aufsicht. Das hat Spaß gebracht. Und die Bratkartoffeln haben auch wunderbar geschmeckt.

Ich weiß noch: Wir haben ja ein Jahr im Lager gewohnt. Und da habe ich noch sehr gut diesen Gasgeruch aus der Großküche in Erinnerung, in der da gekocht wurde. Wir saßen sehr oft in großer Runde zusammen und aßen. Später dann habe ich sehr gerne Pommes frites gegessen. Wenn ich mir irgendwas aussuchen durfte als Belohnung, meinetwegen ich hatte eine gute Zensur und hatte das meiner Mutter schon am Telefon erzählt, die arbeitete damals halbtags und kam ab und an zu mir nach Hause, dann fragte sie mich, ob sie mir irgendetwas zur Belohnung mitbringen solle. Und ich habe dann immer „Pommes frites" gesagt. Und dann habe ich von einem Imbißstand Pommes frites bekommen. Das fand ich ganz toll.

Es gab eigentlich wenig, was ich nicht mochte. Aber Kalbshirn ausgebacken, paniert wie ein Wienerschnitzel, das habe ich gehaßt. Das galt als etwas ganz Besonderes, wohl auch sehr Nährstoffreiches, nur diese Vorstellung, die hat es mir einfach unmöglich gemacht, diesen Kram zu essen. Es war sehr weich, fast schon schaumig im Mund – ich erinnere mich an eine Situation, wo ich zumindest ein bißchen davon essen mußte. Später mußte ich es jedoch nicht mehr essen, man gab mir dann andere Sachen. Ab und zu habe ich ein Honigbrot bekommen. Honigbrot mit Milch. Und beides hasse ich heute. Es war liebevoll kleingeschnitten, und ich hatte dann so meine Häppchen. Ich weiß nicht, ob ich es damals schon nicht mochte. Jedenfalls mußte ich das auch wirklich aufessen. Vielleicht war es mein Abendessen. Vielleicht wollte ich überhaupt nichts essen, und meine Mutter meinte, ich solle doch wenigstens das essen. Ich weiß es nicht mehr genau. Ich weiß nur, daß ich beides heute nicht mag, jedenfalls nicht in Reinform. Ich mag nicht Milch trinken, und ich mag auch nicht Honigbrot essen.

Als wir schon in Deutschland waren und zu Besuch nach Rumänien fuhren, hatten wir noch sehr viel rumänisches Geld, weil meine Eltern ja alles verkaufen mußten, als sie übersiedelten. Das Geld wurde von Freunden oder Verwandten – eher Freunden – verwaltet, und im Grunde wußten sie gar nicht, wohin mit all dem Geld. Abends gingen wir oft mit versammelter Mannschaft – mit Freunden und Familie – noch mal essen, und meine Eltern luden dann alle ein, weil es im Restaurant auch Fleisch und andere tolle Sachen gab. An solche Gartenlokale kann ich mich gut erinnern, wo wir dann alle zusammensaßen und die Kinder daneben spielten.

Bei uns wurde alles gefeiert. Zum Beispiel als ich Teenagerin war und noch zu Hause gelebt habe, da gab es immer große Familienfeiern, wenn irgendetwas, Geburtstag oder Weihnachten oder sonstwas anstand. Und das hatte auch immer sehr viel mit Essen und Gastfreundlichkeit zu tun. Es gab immer viel, und grundsätzlich gab es zuviel, so daß die darauffolgenden Tage nach so einer Feier immer sehr schön waren. Da gab es immer wunderbare Sachen, Resteessen.

Ich habe mich früher für den Einkauf von Nahrungsmitteln nicht interessiert. Das haben immer meine Eltern gemacht. Ich wurde immer satt, ich hatte wahrscheinlich sogar immer eher mehr, als ich wollte. Als ich dann auszog und selbst einkaufen ging, fand ich das jedoch sehr spannend, weil ich da sozusagen die Verfügungsmacht hatte, neue Sachen zu entdecken. Meine Eltern hatten mehr oder weniger immer das gleiche Repertoire an Wurst und Käse. Gut, es hat vielleicht mal ein bißchen variiert, aber im großen und ganzen habe ich mir dann ein ganz neues Repertoire erschaffen und immer wieder andere Sachen ausprobiert. Das wurde spannend für mich, mit eigenem Geld einkaufen zu gehen und selbst entscheiden zu können, welchen Käse es jetzt gibt oder was ich koche. Man hat eine andere Verantwortung dafür. Wenn du von der Mutter Geld bekommst: „Kauf jetzt bitte einen Géramont und dies und jenes!", das macht wenig Spaß, da bist du nur Ausführender. Aber nun konnte ich ja wirklich losgehen und sagen: „Was kauf' ich mir heute?" Das ist ein großer Unterschied. Vermutlich allerdings haben wir mittlerweile einen ebenso eingefahrenen Speiseplan.

Heile Welt

Wenn ich den Geruch von „heiler Welt" definieren müßte, würde ich sagen, daß sie wie Linseneintopf riecht. Und die kleinen schönen Dinge des Alltags sind dann die Kochwürste, die dem Ganzen so den richtigen Geschmack geben. Gehe ich noch weiter und tiefer in meinen Erinnerungen zurück, es wird also immer heiler und heiler, dann würde ich sagen, daß diese auf den ersten Blick ungewöhnliche Verknüpfung auf die Freitagnachmittage meiner Grundschulzeit zurückgeht.

Der Freitag nämlich war der Tag, an dem die ganze Familie (vier Personen) gemeinsam zu Mittag aß. Die anderen Wochentage über kombinierte meine Mutter nur lustlos irgendwelche Greulichkeiten, aber in den freitäglichen Linseneintopf schien sie ihre ganze aufgestaute Liebe zu investieren. Linseneintopf bedeutete zudem nicht nur heile Welt, sondern auch freie Welt, da besagte Kochwürste sozusagen das Wochenende einläuteten.

Eigentlich schmeckte nur, was gut aussah, und was nicht gut aussah, hatte normalerweise einen verabscheuungswürdigen Geschmack (den ich allerdings wegen Verweigerung niemals erfahren habe). Doch die äußere Erscheinung des Linseneintopfes setzte diese Regel außer Kraft, er besaß also sozusagen revolutionäre Eigenschaften, denn er wurde gegessen, nein geliebt, trotz seines unappetitlichen Aussehens.

Und hier die Zutaten, die zur heilen Welt dazugehören:

Linsen (aus der Dose)

Karotten (aus der Dose)

Kochwurst (nicht aus der Dose, aber aus der Packung).

Alles schön verrühren und nach kurzem Aufkochen ungefähr fünfzehn Minuten auf niedriger Flamme ziehen lassen.

Die kulinarische Familienerinnerung

In den Briefen ist häufig von vergangenem Familienleben die Rede. Oft finden sich nur karge Skizzen, winzige Fragmente, herausgebrochen aus einem Zusammenhang, der im dunkeln bleibt. Doch bei näherer Betrachtung ist zu bemerken, daß viele der Episoden hintergründige Botschaften übermitteln, die lebensgeschichtlich überaus bedeutsam sind. Die meisten Geschichten haben einen hohen symbolischen Gehalt. Sie handeln in der Art von Gleichnissen über die Beschaffenheit zwischenmenschlicher Beziehungen, sie zeichnen Porträts und Selbstporträts, und sie liefern über Jahrzehnte hinweg memorierbare Beweisstücke für Nähe oder Distanz, Wärme oder Kälte, Zuneigung oder Aversion. Noch in der bruchstückhaftesten Mitteilung ist dies zu spüren. Eine Frau schrieb auf eine Postkarte: „Mein Vater starb, als ich viereinhalb Jahre alt war. Er hatte mich sehr mit Süßigkeiten, vor allem mit Schokolade verwöhnt. Seitdem verläßt mich trotz anstrengender Bemühungen diese Naschsucht, besonders nach Schokolade, nicht mehr. Ich bin jetzt bald 77 Jahre alt. Lange Zeit war es mir nicht bewußt, woher diese Sucht nach Schokolade kam. Ihre Naschkatze." Vermittelt durch die Leitsinne der Oralität kehren im Mikrokosmos der Familie die großen Themen der Körperlichkeit, der Macht, der Ordnung, der Affekte, der Reifung und des Generationenwechsels wieder. Lakonisch heißt es in einem Brief aus Brüssel: „Da wäre meine beständige Vorliebe für Kalbsleberwurstbrötchen. Nach Angaben meiner Mutter aß sie mit Heißhunger und großem Appetit als letzte Mahlzeit vor meiner Geburt frische Brötchen mit Kalbsleberwurst." Dem Geschmack schreibt sich ein ganzes Bündel an Gesten, Verhaltensprogrammen und Interaktionsfiguren ein, die später dann in der kulinarischen Erinnerung sinnlich repräsentiert sind. Mit der Vorstellung eines bestimmten Geschmacks verbindet sich etwa das innere Klangbild einer bestimmten Sprechweise, assoziiert sich die Vorstellung von einer bestimmten Körperhaltung bei Tisch, imaginieren wir eine bestimmte Person in der für sie typischen Art, sich zu bewegen, zu essen, zu kauen usw. Riechen und Schmecken verschmelzen mit der Wahrnehmung von Gewohnheiten, Kommunikationsweisen und Körpertechniken.[1]

Eine einzige, mit einer klar umrissenen Geschmackserwartung verbundene Gebärde vermag ein familiäres Beziehungsmuster ausdrucksvoll zu bezeichnen: „Als ich ein Kind war", erzählt eine Interviewpartnerin, „bekam ich einmal in der Woche von meinem Vater Nougatschokolade. Mein Vater ist manchmal erst um zwölf Uhr nachts nach Hause gekommen. Ich hörte ihn aber immer, ich habe auf ihn gewartet. Der Geschmack bildete sich schon auf meinem Züngchen ab: Nougatschokolade. Ich wartete, und dann hörte ich ihn, um zehn, elf, zwölf Uhr – egal –, nur meine Hand ging aus meinem Zimmer raus – Papa! Schokolade!

Die Schokolade ging in die Hand, die Hand ging zurück ins Zimmer. Dann habe ich gefuttert, nur diese Schokolade, danach wurde mir übel, aber das war gleichgültig. Auch heutzutage noch liebe ich diese Nougatschokolade. Das ist jetzt vielleicht 30 oder 40 Jahre her, darauf kommt es nicht an." Selbst noch die elementaren Geschmackserfahrungen sind sozial und kulturell gesättigt. Dem einzelnen dienen sie als Bausteine zur Rekonstruktion von sozialem Sinn. Dokument und Interpretament in einem, bieten sie ihm eine Art von Vokabular an, mit dessen Hilfe er gleichsam sein Familienschicksal und sein Handeln innerhalb der Familie bedenken kann. Natürlich sind die persönlichen Geschmacksprägungen nicht nur vom familiären Umfeld abhängig, kommen in ihnen nicht nur die sozialen Binnenbeziehungen zum Ausdruck. Vielmehr verdanken sie sich auch den Vorlieben, die sich innerhalb einer Gesellschaftsschicht[2] herausgebildet haben. Doch gerade hier wirkt die Familie als Mittler. Sie nimmt eine zentrale Position darin ein, dem Kind die gruppenspezifischen Geschmacksmuster einzupflanzen. Die Briefe äußern sich beredt über die Akteure und die Techniken dieser Prozedur. Die Frage nach den Gruppenstilen wird hierbei allerdings kaum thematisiert. Demnach erfahren wir wenig über die Unterschiede zwischen den diversen Teilkulturen, wir erfahren aber um so mehr über das kulinarische Inventar, das dem einzelnen dafür zur Verfügung steht, seine familiären Beziehungen zu denken und sie emotional zu besetzen. Fraglos ist dieses Inventar seinerseits kulturell vermittelt, haben sich darin gesellschaftliche Konventionen eingelagert. Die Gebrauchsweisen, denen man es unterwirft, bringen kollektive Vorstellungs- und Verhaltensmuster zum Ausdruck. Man denke etwa an die manchmal fast schon rituellen Kämpfe um Gehorsam und Verweigerung, die in so vielen Haushalten mit der Waffe Spinat geführt werden.

Die in den Geschmackserfahrungen und -erinnerungen aufgehobenen Familienbilder gehören somit einerseits zwar unüberschreitbar der subjektiven Sphäre an, andererseits aber sind sie durch und durch intersubjektiver Natur. Auf ersteren Sachverhalt machte schon Georg Simmel mit seiner Bemerkung aufmerksam, wonach kein anderer Mensch das zu sich nehmen könne, was wir selbst verzehren. Letzteres hingegen pointierte Martin Scharfe, indem er dieses Diktum kritisierte. Die Mahlzeit biete wie kaum ein zweites Alltagsereignis Gelegenheit zur geteilten Erfahrung.[3] Es wäre nun jedoch grundverkehrt, diese beiden Standpunkte gegeneinander auszuspielen, und zwar deshalb, weil sie zwei fundamentale Charakteristika des Geschmacks benennen, die in enger Beziehung zueinander stehen. Erst wenn man sie in ihrer Gleichzeitigkeit betrachtet, wird verständlich, weshalb Geschmackserinnerungen stets die Signatur des Sozialen tragen und dabei zugleich eine von der Außenwelt unberührte Intimität verbürgen, eine Intimität, die den einzelnen scheinbar ausschließlich mit sich selbst konfrontiert. Die beiden Kennzeichen sind also nur oberflächlich miteinander unvereinbar. Bei genauerem Hinsehen wird deutlich, daß sie jene Pole bezeichnen, zwischen denen sich, durch Geschmack und Geruch vermittelt, soziale Erfahrung in Selbstwahrnehmung umwandelt. Die volkskundliche wie auch die soziologische Familienforschung haben dieser Transformation, diesem Subjektivationsvorgang in seiner speziellen oralsinnlichen Ausprägung, bisher nur geringe Aufmerksamkeit geschenkt. Allzusehr war man darauf fixiert, die Analyse des Nahrungsverhaltens einseitig für die Rekonstruktion sozialer Milieus zu nutzen.[4] Man beraubte sich dadurch der Freiheit, den Blick zu wenden und nach dem Fortwirken dieser Milieus innerhalb der Sinnstiftungsprogramme des einzelnen zu fragen. Noch die persönlichsten Geschmackserinnerungen begleitet der Schatten der Familie. Dieser Umstand ist als solcher schon für die Kulturforschung nicht minder belangvoll als für die psychologische Arbeit.

Keineswegs nur außergewöhnliche und nur in einigen Fällen exotische Kost und auch nicht unbedingt die festlichen

Inszenierungen der Mahlzeit sind mit besonders starken kulinarischen Familienerinnerungen angereichert. Häufig prägen sich gerade einfache Gerichte wie ein Marmeladenbrot oder erwärmte Milch, die keiner aufwendigen Zubereitung bedürfen, sowie die unspektakulären Gebärden des Alltags ins Gedächtnis ein. Sie eignen sich ebenfalls dazu, das Netz der familiären Beziehungen und der emotionalen Bindungen sichtbar werden zu lassen. Jedenfalls befördert weder die Komplexität der Küche noch ihre Originalität automatisch die Lebendigkeit und die Aussagekraft der Geschichte, die wir mit ihr verbinden. Sicherlich spielt bereits das Nahrungsmittel selbst eine gewisse Rolle im Bedeutungssystem der Erinnerung. Süßes steht im allgemeinen besser da als Bitteres, Zartes und Mildes günstiger als Zähes und Scharfes. Mit der Vergegenwärtigung solcher Eigenschaften des Geschmacks und der Konsistenz rufen wir uns häufig zugleich die atmosphärischen Verhältnisse zurück, welche zwischen den verschiedenen Familienangehörigen herrschten. Viele Menschen etwa hegen für den großelterlichen Haushalt, in dessen Mittelpunkt eine meist verständnisvolle, verwöhnende Großmutter steht, Gefühle einer melancholischen Verbundenheit, die in den Attributen süß, zart und mild ihren adäquaten Ausdruck findet. Dagegen wird das durch allerhand Erziehungsmaßnahmen gekennzeichnete Tischgeschehen im engsten Familienkreis weit öfter in den Geschmackskategorien des Bitteren, Zähen und Scharfen erinnert. Natürlich sind die Zuordnungen im jeweils konkreten Falle weniger eindeutig, natürlich mischen sich die Qualitäten: Doch die Frage stellt sich, ob wir nicht unwillkürlich auch die Skala der Geschmäcker und der Konsistenzen zu Hilfe nehmen, um beispielsweise unser Verhältnis zu unseren Eltern mit dem zu unseren Großeltern zu vergleichen. Wenn dem so ist – und etliche Zuschriften sprechen dafür –, so hieße das zweierlei. Erstens hieße es, daß, wenn wir uns in Gestalt von Geschmackserinnerungen die Beziehung zu den einen vergegenwärtigen, wir zugleich auch die zu den anderen mitdenken, etwa so, wie eine Ferienerinnerung immer auch die stumme Erinnerung an unseren Alltag impliziert; zweitens würde dies bedeuten, daß wir die Geschmackserinnerungen nach den Maßgaben unserer persönlichen Verwandtschaftsklassifikation auswählen und formen. Erst indem wir unser Gedächtnis in der Weise bearbeiten, daß wir etwa die Überzeugung gewinnen, unsere Großeltern hätten uns durchweg gestattet, was unsere Eltern uns ausnahmslos verweigerten, können wir den beiden Parteien diametral entgegengesetzte Merkmale zuschreiben. In diesem Sinne ordnen wir, unsere Geschmackserfahrungen filternd, unseren kleinen Kosmos.

In den Briefen aus der kulinarischen Vergangenheit rollt eine einzige Litanei an Erziehungs- und Disziplinierungsgeschichten ab. Protagonisten sind meist die Eltern, seltener die Großeltern. Viele Schreiber zitieren das geflügelte Machtwort: „Es wird gegessen, was auf den Tisch kommt". Damit beginnen Schilderungen von Auseinandersetzungen, die mit einer Niederlage, einem Teilsieg oder mit einem Sieg enden. In einigen Fällen sieht sich das Kind auf geradezu sadistische Weise dazu gezwungen, das ihm widerliche Gericht aufzuessen, in anderen Fällen muß es nur einen symbolischen Beitrag zum Erhalt der Norm leisten, indem es lediglich zu kosten braucht. Beidesmal indes geht es um eine Konfrontation mit übermächtigen Erwachsenen. Dann und wann kommt hier eine kindliche List ins Spiel, die den elterlichen Maßregeln den Narrenspiegel vorhält. Dieses Motiv der Subversion und des Widerstandes hat nicht nur erzählerische Reize, es kann zugleich einen biographischen Moment bezeugen: den der ersten bewußten und erfolgreichen Auflehnung. Die Erinnerung an die eigene Renitenz bleibt als Ausdruck des aufkeimenden Selbstbewußtseins lebendig und wird nicht ohne nachträglichen Stolz vorgetragen – was nicht zuletzt deshalb bemerkenswert ist, weil viele Erzähler, inzwischen ihrerseits in der Elternrolle, sich vermutlich kaum veranlaßt sehen, die Renitenz der eigenen Kinder ähnlich schmeichelhaft zu beurteilen. Selbsteinschätzung und Fremdeinschätzung klaffen auseinander: „Bei uns", erzählt ein Gesprächspartner, „ist es so gewesen, daß sich das Kind zum Thema Essen einfach nicht zu äußern hat. Die Eltern teilen dem Kind das Essen zu, und das Kind hat es zu essen. Fertig. Meinen Eltern liegt es fern anzunehmen, daß kleine Kinder irgendwelche eigenen Wünsche äußern könnten oder tatsächlich eine eigene Meinung haben."

Eine Frau schreibt: „Wir waren fünf Kinder, und es herrschten strenge Sitten, besonders auch am Mittagstisch. Wir mußten alles essen, was auf den Tisch kam. Mein Vater vertrat die Auffassung, daß Kinder noch keinen eigenen Geschmack haben. Tatsache war, daß eine von uns Fisch verabscheute wegen des Geruchs und der Gräten; mein ältester Bruder mochte keine Pilze, der andere lehnte jeden Kohl ab; meine Mutter hatte – wie sie uns später zugab – Schwierigkeiten, Zunge zu essen (was sie nicht daran hinderte, sie dennoch bei festlichen Ereignissen köstlich zuzubereiten); bei Innereien flossen bei mir regelmäßig Tränen, nachdem ich Leber einmal zufällig im Rohzustand auf dem Küchentisch habe liegen sehen. Wir haben uns als Kinder beim Herunterwürgen unseres jeweiligen Problem-Essens geschworen, später, wenn wir selbst bestimmen können, dieses Gericht nie wieder zu essen. Heute sieht es aber so aus, daß wir alle alles essen, auch das, was wir als Kinder nicht liebten. Hatte unser Vater recht?"

In manchen Berichten kommt es hart. Eine 25 jährige erzählt: „Ich mußte Schwarzbrot essen, das war wirklich entsetzlich. Ich war ein ziemlich krüsches Kind, man soll es wirklich nicht glauben. Ich habe unheimlich wenig gegessen und nur weniges gemocht, das war eine Katastrophe. Meine Mutter behauptet heute, sie habe uns nie gezwungen, irgendetwas zu essen, aber ich weiß noch ganz genau, daß das anders war. Ich mußte Schwarzbrot essen, das weiß ich ganz genau. Vielleicht verknüpfe ich da aber auch zwei verschiedene Dinge, die zwar jeweils passiert sind, aber möglicherweise nicht in dieser Verbindung zueinander. Zum Abendbrot gab es Schwarzbrot, und da mußte eine Scheibe gegessen werden, komme, was da wolle. Ich weiß nicht, ob es wirklich das Schwarzbrot war, das ich nicht essen wollte, oder etwas anderes, ich weiß nur, daß mein Vater, er ist relativ jähzornig und wird dann immer schnell wütend, und das war früher noch sehr viel schlimmer, ich erinnere das so, daß er mich, ich muß da noch sehr klein gewesen sein, auf den Arm genommen und in den Keller getragen hat. Da hatten wir hinter der Treppe eine Nische, und da war so eine Kartoffelkiste, ein Verschlag mit Brettern davor, da hat er mich reingesetzt, das weiß ich noch. Jetzt, wo ich davon erzähle oder darüber nachdenke, verbinde ich das immer mit dem Schwarzbrot. Heute mag ich Schwarzbrot, und ich mag auch Kartoffeln, aber meine Mutter streitet ab, daß das wirklich passiert ist. Bei großen Gesellschaften breitet sie dann aus, ich würde mir etwas ausdenken. Neulich hat sie auch wieder erzählt, ich würde immer behaupten, Vater habe mich in die Kartoffelkiste gesperrt, immer mit ‚hahaha‘ und ‚hihihi‘. Da war ich doch wütend und habe gesagt: ‚du kannst es ja glauben oder nicht, aber du mußt nicht so mit meinen Sachen umgehen, die ich relativ schrecklich finde‘. Ich würde mir das doch nicht ausdenken. Es ist doch merkwürdig, das Gedächtnis beschränkt sich immer auf die Dinge, die einem genehm sind, die Erinnerung paßt sich den allgemeinen Zeiten an.“

Nicht nur hinsichtlich der genauen Umstände, die durch einen Geschmack verkörpert sind, sondern vor allem in ihren Deutungen und ihrer Dimensionierung weichen zwischen den Beteiligten die Erinnerungen immer wieder eklatant ab. Verabscheutes Essen zu unterschieben gilt bei den Eltern zum Beispiel wohl eher als läßlicher Betrug. Die Kindheitserinnerung verbindet damit hingegen häufig die Erfahrung des existentiellen Vertrauensbruchs und des Verrats. Das geliebte Baiser, wie ein trojanisches Pferd zur Einschleusung der verhaßten Reisetablette mißbraucht, verwandelt sich schlagartig in eine klebrig-süße Masse, die forthin Ekel erregt und an der etwas von der elterlichen Niedertracht haften zu bleiben scheint. Ein Faktum aus dem Bereich der zwischenmenschlichen Beziehungen oder dem der Wertegefüge kehrt als quasi natürliche Geschmacksqualität wieder. „Mein Opa", erzählt ein 33 jähriger Handwerker, „hat mir vorgeschlagen, während des Essens Tee zu trinken. Er hat vom Brot abgebissen und dazu getrunken, und er fand, daß er mir das ins Leben mitgeben müßte. Dabei habe ich mich dann fürchterlich verschluckt, und Opa und Papa haben sich in die Haare gekriegt. Das ist keine Eßmethode, die ich mir angewöhnt habe, obwohl es ja ganz angenehm sein kann, so einen Eßbrei im Mund zu haben. Ich finde es aber nicht sehr nachahmenswert." Offensichtlich korrespondieren die sozialen, familiären, normativen und auch die sexuellen Muster mit dem Repertoire der oralen Empfindungen. Eine junge Frau notiert in Stichpunkten: „Kartoffeln, Petersilie, Gemüse, gebratenes Fleisch mit Zwiebeln und Fett bei Oma. Oma hat die Reste mit altem Silberlöffel von meinem Teller zusammengekratzt, leicht zitternde Hand. Führte den Löffel zu meinem Mund – ‚Dafür hat Opa auch gearbeitet' –, mittelwarmer Sud, sehr widerlich. Panierte Schnitzel für Papa und mich, wenn wir zum Segelschiff gefahren sind. Sehr gute Gefühle beim Essen von ‚Turn-Overs' (Blätterteig) mit Blaubeeren und Vanillegeschmack in einem Floridaurlaub. Immer auf der Suche nach diesem Geschmack. Abscheu, Wut und Tränen der Enttäuschung, wenn Mama Milchreis kochte. Der Zimt und die Zitronenschale verursachten Brechreiz. Beginn oder zumindest Bewußtwerdung der Unmöglichkeit, die Worte Schinken, Käse, Kartoffeln, Quark, Wurst, Fleisch, Ei, Schokolade auszusprechen, insbesondere in Gegenwart von Männern. Auch das Verspeisen dieser Nahrungsmittel in Gegenwart von Männern (ausgenommen Vater) war unmöglich. Goldene Hochzeit meines Großonkels. Hochedle Tischarrangements; weiße, lange Tafeln. Ich saß neben meinem Großcousin, der mit mir flirtete. Es gab Schweinefilet in Leberpaste gehüllt, ich *konnte* es nicht essen."

Die kulinarische Familienerinnerung ist in hohem Grade szenisch. Vielfach, aber doch nicht immer gibt der Eßtisch die Bühne ab. Das Auto, der Garten, die Küche, ein Restaurant, das Schwimmbad oder ein anderer Platz im Freien können ebenfalls zu Hauptschauplätzen der Erinnerung avancieren. Und natürlich das Wohnzimmer. Ein junger Mann berichtet von seiner früheren Abneigung gegen das Fernsehen: „Manchmal gab es Schokolade zum Fernsehen. Denn bei meinen Eltern war es so, daß sie mich ködern wollten, damit ich mit ihnen fernsehe. Wenn sie sich irgendetwas anschauten, was ich nicht sehen wollte, haben sie versucht, mich mit einer Tafel Schokolade zu ködern. ‚So bleib doch hier, es gibt auch ’ne Tafel Schokolade‘." Gelegentlich bietet auch ein räumliches Auseinandersein der Beteiligten den Ausgangspunkt für die kulinarische Reminiszenz. Eine 22jährige schreibt: „Ich komme aus einer kinderreichen Familie (vier Brüder und ich), die ziemlich weit gestaffelte Altersabstände hat. Vielleicht hatten wir also unterschiedliche Ansprüche an die Tageseinteilung, oder die großen Brüder wollten nicht mit den ‚Kleinkindern‘ andauernd zusammen essen. Jedenfalls haben wir meistens kein gemeinsames Abendbrot eingenommen. Statt dessen machte uns unsere Mutter ‚Abendbrotteller‘. Dazu legte sie einen Apfel, eine Wurzel, Birne oder Mandarine, ganz nach Jahreszeit, auf einen Glasteller. Dann machte sie jedem, bis auf meinen Vater, drei Brote, und gerade im Winter waren diese häufig Knäckebrote. So gab es zwei zusammengeklappte Brote mit Käse, eines mit Honig und ein Wurstbrot. Die Teller holten wir aus der Küche ab, oder meine Mutter brachte sie auf unser Zimmer. Dort konnte jeder allein das Essen in seinem Tempo zu sich nehmen. Ich mochte das sehr, besonders genoß ich es, während des Essens zu lesen. Noch heute mache ich mir Abendbrotteller, obwohl es *solches* Knäckebrot nicht mehr gibt."

Insgesamt läßt sich die Skala der Geschmackserinnerungen als eine Art von kulinarischem Notationssystem betrachten, das dem einzelnen die Möglichkeit anbietet, eine Vielzahl an Erfahrungen, Ereignissen, Szenen, Konstellationen, Wünschen, Enttäuschungen usw. zu gewichten, einander zuzuordnen und sinnlich abrufbar zu speichern. In der großen Mehrzahl ist es der emotionale Aspekt der familiären Beziehungen, der sich hierbei in immer neuen Varianten Ausdruck verschafft. Psychosoziale Muster zeitigen ihre Wirkungen in dem scheinbar naturwüchsigen Raster der kulinarischen Abstufungen. Die intime, als ursprünglich erlebte Geschmacksempfindung erweist sich als Chiffre des Sozialen. Gemäß der besonderen Empfindlichkeit des Oralsinnes für die atmosphärischen Qualitäten artikulieren sich in den Geschmackserinnerungen vornehmlich die affektiven Konnotationen, die den familiären Bindungen anhaften: Geborgenheit und Verlorenheit, Widerstand und Unterwerfung, Zuneigung und Zurückweisung, Nähe und Distanz, Konspiration und Denunziation werden in den Kategorien des geschmeckten Glücks, des Kampfes oder der Qual greifbar.

1 Zur kulturanthropologischen Sicht auf die Körpertechniken vgl. den immer noch hochaktuellen Text aus dem Jahre 1934 von Marcel Mauss: Die Techniken des Körpers. In: Ders.: Soziologie und Anthropologie. Band 2. Frankfurt 1989, S. 197–220.
2 Über den kulinarischen Habitus als symbolisches Kapital einer sozialen Gruppe haben etwa Pierre Bourdieu, Utz Jeggle und Martin Scharfe gearbeitet. Vgl. Bourdieu, Pierre: Die feinen Unterschiede. Kritik der gesellschaftlichen Urteilskraft. Frankfurt 1982, u.a. S. 298–332; Jeggle, Utz: Eßgewohnheit und Familienordnung. Was beim Essen alles mitgegessen wird. In: Zeitschrift für Volkskunde 84 (1988) 189–205; Scharfe, Martin: Die groben Unterschiede. Not und Sinnesorganisation: Zur historisch-gesellschaftlichen Relativität des Genießens beim Essen. In: Jeggle, Utz u.a. (Hrsg.): Tübinger Beiträge zur Volkskultur (Untersuchungen des Ludwig-Uhland-Instituts, 49). Tübingen 1986, S. 13–27.

3 Vgl. hierzu Simmel, Georg: Soziologie der Mahlzeit. In: Ders.: Brücke und Tor. Essays des Philosophen zur Geschichte, Religion, Kunst und Gesellschaft. Stuttgart 1957, S. 243, sowie Martin Scharfe (wie Anm. 2), S. 17.

4 Vgl. als aktuelles Beispiel Rosenbaum, Heidi: Proletarische Familien. Arbeiterfamilien und Arbeiterväter im frühen 20. Jahrhundert zwischen traditioneller, sozialdemokratischer und kleinbürgerlicher Orientierung. Frankfurt 1992, bes. S. 157–165.

III. Menschen, Orte, Momente

Strafe und Gewohnheit

Mir fallen so viele Essensgeschichten ein, nicht alle sind schön, einige sogar sehr häßlich.

1. Ich war zu einem Kindergeburtstag eingeladen. Wir saßen an einem ganz langen Tisch, jedes Kind hatte eine Tasse mit heißem Kakao vor sich, und mir gegenüber saß die Mutter des Geburtstagskindes. Als wir trinken wollten, bemerkte ich enttäuscht eine Haut auf dem Kakao und stellte die Tasse wieder ab. Die Mutter forderte mich auf, mich nicht so anzustellen. Da ich wohlerzogen war, zwang ich mir einen Schluck rein. Gerade im Magen angekommen, prustete ich alles im Schwall auf den Tisch. Es war offiziell eine peinliche Situation, aber tief im Inneren fühlte ich Befriedigung, weil ich damit die Mutter bestraft hatte, die mich gezwungen hatte, gegen meinen Willen zu trinken.

2. Da meine Mutter uns allein aufzog und berufstätig war, hatten wir eine Haushälterin bei uns wohnen. Jeden Abend – etwa drei Jahre lang – fragte sie mich, was ich zum Abendbrot essen wolle. Ich wünschte immer das gleiche: Fisch in Tomatensoße aus der Dose. Eines Tages fragte sie nicht mehr, sie stellte mir einfach eine Dose hin. Seit diesem Abend konnte ich keinen Fisch in Tomatensoße mehr essen, auch heute nicht.

3. Meine Mutter arbeitete am Wochenende und hatte dafür am Montag frei. Jahrelang war es für mich das schönste an diesem Tag, wenn wir dann auf den Markt gingen und Eiersalat holten. Eiersalat in Mayonnaise.

Vielleicht sollte ich erläuternd hinzufügen, daß ich Schlesierin bin und 1940 in Breslau geboren wurde. Vertreibung 1946, im Sauerland bin ich mit Eltern und zwei Schwestern seßhaft geworden. Ähnliches wie das Folgende könnte ich noch mehr beitragen, zum Beispiel könnte ich von Himbeerbonbons in grauen Tütchen erzählen oder wie meine armen Eltern mir im Alter von acht Jahren ein gekochtes Gänseherz gewaltsam einverleibten. Aber die Geschichte ist zu demütigend für mich, und meine Eltern erscheinen – aus heutiger Sicht – nicht gerade in einem guten Licht. Ich mache mir nicht viel aus Essen, schon gar nicht aus Restaurant-Mahlzeiten. Ich koche selbst und immer frisch, allerdings schnelle Küche. Als Geschiedene kann ich mir das auch leisten. Auch, daß ich mit den Jahren Fast-Vegetarierin geworden bin, ab und an esse ich noch etwas Geflügel. Ebenso verfahren meine beiden Söhne. Wert lege ich jedoch auf eine gepflegte Tischkultur. Diese ging aber nie so weit, daß ich mir nach Tisch von meinen Söhnen die Hand als „Danke" küssen ließ – wie dies in meinem Elternhaus üblich war!

Wenn ich heute für ein gutes Süppchen alles andere stehen lasse und mich im Kochen desselben sogar ein Meister nenne, so hat dies vielleicht seine Ursache in einer anfänglich recht unerfreulichen Geschichte:

Ich besuchte in Olpe/Westfalen das von Franziskanerinnen geführte Neusprachliche Mädchengymnasium: die St. Franziskus-Schule. Ab der Untersekunda – ich war 15 oder 16 Jahre alt – hatte ich die Wahl zwischen den Fachrichtungen Latein und Hauswirtschaft. Als nicht logisch denkender Mensch mußte ich mich für die hauswirtschaftliche Richtung entscheiden. Das hieß, alle 14 Tage hatte ich Kochen in Theorie und Praxis.

Die Schulküche war sehr modern eingerichtet, mit mehreren chromblitzenden Herden und Backöfen, wo die Schülerinnen in Zweiergruppen die verschiedenen Speisen zubereiten mußten. Das System war rollierend, das heißt jeder war mal für Vorspeise, Braten etc. zuständig. Den Unterricht erteilte Schwester Angelita, wahrlich klein, aber kein Engel mit ihrem großen, roten Gesicht, dem gewaltigen Busen und der recht weltlichen Ausdrucksweise. Ihr Statussymbol war ein großer Löffel, der vor allem am Ende des Kochens besonders in Erscheinung trat, wenn sie nämlich an die einzelnen Herde trat um abzuschmecken. Erst dann, wenn sie alles für gut befunden hatte, hieß es: auftragen!

In der ersten Kochstunde saßen wir Schülerinnen nun erwartungsvoll um Schwester Angelita, als sie mich plötzlich geradewegs ansah, ihren kleinen, fetten Finger auf mich richtete und in die Stille hinein sagte: „Du kannst nichts!" Ich war erstaunt und auch traurig, mich so ertappt zu wissen. Denn mit Kochen hatte ich bis dahin tatsächlich nicht viel am Hute gehabt. Im Gegenteil, wenn ich zu meiner Mutter in die Küche kam, wo meine beiden Schwestern werkelnd und „verkostend" immer herzlich willkommen waren, mußte ich mich schleunigst wieder verziehen, hatte ich doch nebst meiner Linkshändigkeit noch eine weitere „linke Hand". Nur Kartoffelschälen durfte ich immer, denn niemand schälte so sparsam dünn. Aber nun wollte ich Kochen lernen, denn ich hatte vor, einmal eine gute Hausfrau zu werden. Vorerst aber studierte ich den vorgelegten Speiseplan. Neben den einzelnen Gerichten waren die Namen der dafür zuständigen Schülerinnen aufgeführt. Mein Name befand sich gleich obenan neben „Suppe". Der Suppen-Gruppe oblag auch das Tischdecken, denn am Ende des Kochens stand nicht nur das Spülen, sondern vor allem auch der gemeinsame Verzehr des Zubereiteten.

Aber wie schnell verflog meine ganze Koch-Euphorie, als ich bis zu den großen Ferien noch immer Suppe kochte und danach mit Suppe wieder anfing. Während meine Gruppenkameradin von Mal zu Mal wechselte, blieb ich konstant in der Suppen-Gruppe. Mein Gesicht wurde lang und länger. Nach den Herbstferien faßte ich mir ein Herz und fragte Schwester Angelita, warum ich denn nur Suppe kochen dürfte, warum sie mich nicht auch mal an den Braten lasse, ich wollte doch lernen. Sie sah mich nur lange schweigend an, lächelte leicht und wallte von dannen. Zorn, Niedergeschlagenheit, ich weiß nicht was in mir alles kämpfte, aber ich hoffte nun auf die nächste Stunde. Diese kam – und wieder war ich bei der Suppen-Gruppe. Unglaublich! Der Hals schnürte sich mir zu, kalte Wut stieg in mir hoch, ich hätte alles zertrümmern können. Mit äußerster Beherrschung fing ich an, das Gemüse zu putzen. Plötzlich fiel ein Lichtstrahl in meine Seele: ich hatte einen *unerhörten* Gedanken! Der versetzte mich in kribbelige Hochstimmung. Endlich kam die große Löffel-Zeit. Meine Gruppenkameradin war schon im Eßzimmer mit Tischdecken beschäftigt, ich hielt die Stellung am Herd. Nun das Kosten der Suppe. In Ordnung! Weiter! Jetzt, wo ich sicher war, daß niemand mich beobachtete – denn alle Augen hingen an den dicken, leicht schmatzend-schmeckenden Lippen der Schwester –, griff ich meinerseits zu einem großen Löffel, nahm den Salzbehälter und verfeinerte das Süppchen mit zwei gehäuften Löffeln Salz, nach kurzem Zögern kam noch ein ordentlicher Löffel voll hinterher. Nun rührte ich bedächtig die Suppe um und um, und schon hieß es: auftragen! Schwester Angelita selbst verteilte die Suppe und dann kam *der* Augenblick. Die nun folgende Stille war fast beängstigend, selbst das Klappern der Löffel war leiser als sonst. Kein Blick streifte mich, niemand sagte etwas, aber alle, aber auch alle aßen diese entsetzliche Brühe bis auf den letzten Tropfen. Ich selbst aß mit großem Appetit, mir schien die Suppe köstlich, es war mein Meisterwerk.

Hinterher gab sich jeder unbefangen, niemand tuschelte, Schwester Angelita nahm mich nicht zur Seite, auch kam kein Brief von der Schule, selbst später wurde dieser Vorgang nie erwähnt. Aber als ich das nächste Mal Kochen hatte, stand mein Name in der „Braten"-Gruppe.

Anfang der sechziger Jahre lebten wir in einem kleinen schleswig-holsteinischen Dorf im Hause meiner Urgroßmutter. Es war zu dieser Zeit üblich, daß viele Häuser zur Rückseite einen kleinen Stall für Hühner und ein, zwei Schweine sowie einen Gemüsegarten unterhielten. Wir besaßen keinen Stall mehr, meine Urgroßmutter hatte alles zum Wohnbereich umbauen lassen. Das war sicher auch ein Grund dafür, daß ich alles, was bei den Nachbarn vor sich ging, besonders spannend fand. Dazu gehörte auch das alljährlich stattfindende Schlachten eines Schweines. Niemals hatte ich den Schweinestall betreten dürfen, das galt als zu gefährlich, und da half auch alles Betteln nichts, wenn man grad beim Nachbarn war, um die Küchenabfälle abzugeben. Diese Abfälle kamen in eine große Tonne, genannt Drangtonne, vergärten dort und wurden anschließend an die Schweine verfüttert.

So kannte ich von den Schweinen nicht mehr als ihr Brummen, Quieken und Grunzen, und am Schlachttagmorgen wurde daraus ein grausames Geschrei, das ebenso schnell, wie es anhub, wieder erlosch. Stille, dann Hin- und Herlaufen, Klappern von Blecheimern, Männerstimmen. Erst jetzt traute ich mich, aus dem Fenster zu gucken. Da hingen drüben an der Stallwand, rechts und links von der Stalltür, die beiden Schweinehälften. ‚Das Schwein ist tot‘, dachte ich, konnte mir aber nicht vorstellen, daß das laute Geschrei und die zwei Hälften einmal zusammengehört hatten.

Da ich erst fünf Jahre alt war, war meine Erinnerung an sich wiederholende Ereignisse noch nicht so ausgeprägt, aber ich ahnte, daß es bald etwas zu essen geben würde, was ich nicht mochte und was etwas mit diesem Schwein da draußen zu tun hatte. Meistens am gleichen, spätestens aber am Tag nach der Schlachtung kochte meine Urgroßmutter eine dicke, eintopfähnliche Suppe aus gestocktem Schweineblut, genannt Schwarzsauer. Dieses Gericht enthielt außerdem Schweinespeck, Schwarzwurzeln und einen kräftigen Schuß Essig. Seine Farbe war schwarz-gräulich, sein Geschmack säuerlich, es fühlte sich im Mund pelzig und zugleich schleimig an. Ich saß vor meinem Teller, zutiefst schockiert, war mir doch gerade wieder eingefallen, daß es ein Jahr zuvor genauso gewesen war. „Iß", sagte meine Urgroßmutter, „wird doch kalt". „Nun iß doch", wiederholte meine Mutter, „ist gesund". Dem war Folge zu leisten, kein Einwand half, und da ich ein artiges Mädchen war, kam ich in einen schrecklichen Konflikt, für den ich eine Lösung finden mußte. Ich mußte die Suppe essen, das war klar, aber die Suppe essen und die Suppe bei sich zu behalten, das waren zwei verschiedene Sachen. Ich nahm einen, zwei Löffel, hielt die Luft beim Schlucken an, um so wenig Geschmack wie möglich aufzunehmen, nahm noch einen Löffel voll, und dann erlöste mein treuer Körper meine Qual auf seine ganz eigene Weise.

Kinderfasching

Auch ich habe eine Kindheitserinnerung. Wir waren im Begriff, am Faschingstag 1940 in die Innenstadt von Dresden zu fahren. Ich war bereits angezogen und hatte ein schönes Pagenkostüm in Rot und Schwarz, Samtwams und Pagenkappe mit Reiherfeder. Zuvor gab es Mittagessen, Weißkrautsuppe mit Kümmel, und meine Mutter kochte die Strünke mit, die etwas süßlich schmeckten. Ich ekelte mich davor und brachte die Suppe nicht hinunter. Neben mir lag der Ausklopfer, ich bekam Ohrfeigen. Ich brauchte zwei Stunden, um diese Suppe zu essen. Es war eine Tortur! Deswegen kamen wir zu spät zu den Umzügen für Kinder. Ich habe jahrelang keine Krautsuppe essen können.

Drei Gelüste

Die Autorin schreibt aus Lana, Italien.

1945 oder 1946, ich war fünf oder sechs Jahre alt. Mein größter Wunsch war es, Zucker in Mengen zu essen, nicht nur davon zu kosten. Da gab ich meine schönste, größte Puppe und die bemalte Wiege dazu einer Bäuerin, die drei kleinere Mädchen hatte. Ich wollte nur Zucker dafür – hab ihn aber nie bekommen. Schade um Puppe und Wiege.

So um 1955, etwa fünfzehn Jahre alt. Von Kirschen träumte ich mit offenen Augen. Da hatte ich die Möglichkeit, mit 100 Lire ein halbes Kilo Kirschen zu kaufen. Die ersten genoß ich dermaßen, daß ich sie samt den Kernen verschluckte. Nach zehn oder zwölf Stück kam mir die Idee, eine Kirsche mitten durchzubeißen. Da zappelte ein kleiner weißer Wurm, ebenso in der nächsten und der übernächsten. Den Kirschgenuß wollte ich mir aber nicht nehmen lassen, und ohne die Würmer zu beachten, aß ich weiter: Kirschen mit Kernen und Bewohnern, ich hatte ja schließlich alles bezahlt!

1953 oder 1954, ich war dreizehn oder vierzehn Jahre alt. Im Gang stand ein Schrank mit Vorräten, darunter gab es auch eine Papiertüte mit Staubzucker, einer sehr selten benützten Kostbarkeit. Ganz heimlich steckte ich meinen rechten Zeigefinger in den Mund, anschließend in den Staubzucker und dann, dicht umhüllt mit dem weißen Pulver, wieder in den Mund.

Das schmeckte fein!

Wieder einmal war die Luft rein, und ich suchte nach der Tüte. Doch da waren zwei mit scheinbar gleichem Inhalt. Als ich den weiß vermummten Finger in den Mund steckte und kostete, erschrak ich fürchterlich und bekam eine Riesenangst, denn es schmeckte alles andere als süß. Nicht ahnend, was es sein könnte, zog ich Bilanz über mein Leben. Um meine Naschsucht geheimzuhalten, mußte ich auch mit der Todesangst allein zurechtkommen, bis ich das Sterben vergaß und weiterlebte. Es war Hirschhornsalz.

Eine Prüfung

Bekannt war, daß ich keinerlei Käseprodukte je essen würde. Und doch, mein Großvater konnte es nicht lassen. Geliebt und geehrt nicht zuletzt wegen der wunderbaren Erzeugnisse aus dem sich an das großelterliche Haus anschließenden Garten, die scheinbar nur er hervorzuzaubern in der Lage war, als da waren selbst zu ziehende und zu reinigende Möhren, junge, noch unreife Erbsen und Bohnen, die man sich nicht ohne Einverständis nehmen durfte, sowie die blutrot gereiften Erd- oder Johannisbeeren und die Pflaumen, Birnen und Äpfel von den einrahmenden Bäumen, geliebt und geehrt also, mußte jener Großvater mich an einem der unzähligen Abendbrottische auf meine Ehre und meine Ideale hin prüfen. Mit einer Ecke eines jener übelriechenden Schimmelprodukte schob er mir nämlich einen Fünfzigmarkschein zu mit der Bemerkung, ich könne diesen behalten, wenn ich jene essen würde.

Damals habe ich mich noch nicht korrumpieren lassen und bin nicht zu einem neureichen Kind geworden, so daß mir späterhin die Möglichkeit erhalten blieb, nicht mein Kalkül, sondern meinen Gaumen von dem zauberhaften Geschmack manch leckeren Käses überzeugen zu lassen. Meinem Großvater bin ich dafür dankbar.

Eine Leidensgeschichte

Eine Dreißigjährige erinnert sich an „ihre" 70er Jahre.

Wenn ich mich erinnern soll an das Essen in meiner Kindheit, dann gibt es da wunderschöne Sachen, aber es gibt auch ganz schauderhafte Dinge, an die ich gar nicht denken mag. Ich bin versucht, die gemütlichen Kaffeestunden wieder aufleben zu lassen, aber es ist fast so, als hätte ich das Bedürfnis, von diesen schrecklichen Dingen zu berichten.

Die Sache war die, daß ich als Kind nicht besonders hübsch war und dann auch noch etwas dicklich. Weil das nun so war, aß ich noch mehr und wurde noch dicker. Und damit begann die Qual. Auf der einen Seite habe ich mir immer heimlich wahnsinnig viel reingeschoben, und dann auch noch auf ganz widerwärtige Weise: Ich habe einfach weißen Zucker gegessen und Unmengen von Butterbroten. Die Folge war: Ich wurde immer dicker und fetter und wurde von den anderen Kindern gehänselt. Es war schrecklich. Auf der anderen Seite war es mir unendlich peinlich, in der Öffentlichkeit zu essen; es war eine Pein. Immer dachte ich, daß alle denken müßten: „Ja, deshalb ist sie so fett" oder „Warum frißt sie so viel?" Ich fühlte mich schlecht und verachtet, und als Trost habe ich weiter gegessen. Besonders schlimm war es auf Klassenreisen, denn ich mußte in der Anwesenheit der anderen Kinder essen, und alle sahen meinen Körper, und auf den Wanderungen dachte ich immer, daß alle nur beobachten, wie ich schlapp werde, weil ich so dick bin. Ich war gar nicht so dick, aber es war ein Alptraum. Ich mag gar nicht daran denken, diese ganzen Erinnerungen sind mir noch heute sehr peinlich, und ich mag an manchen Tagen gar nicht mit Menschen zusammentreffen, die ich damals gekannt habe. Heute bin ich ziemlich schlank, fast schon dünn, und ich bin darüber sehr glücklich. Besonders genieße ich es, im Sommer genüßlich ein Eis zu essen, ohne Angst zu haben, was die anderen Leute denken. Aber manchmal, wenn ich einen schlechten Tag habe, dann mag ich auch heute nichts in der Öffentlichkeit essen. Meinem Freund habe ich dies alles noch nie erzählt, und ich werde es auch nie erzählen. Es ist mir so schrecklich peinlich.

Vanilleeis

Berlin Karlshorst in den fünfziger Jahren. Eine Vorstadt-Kneipe im Souterrain. Über dem Eingang flattert verheißungsvoll eine Eisfahne. Ich steige die Stufen hinunter, Schritt für Schritt, langsam und vorsichtig – sie müssen steil für meine kurzen Beine gewesen sein –, nehme all meinen Mut zusammen, schließlich bin ich erst fünf oder sechs Jahre alt, und trete ein: Kühler Bierdunst umfängt mich. Zielstrebig, doch ein bißchen verunsichert ob des ungewöhnlichen Ortes für ein kleines Mädchen, steuere ich auf die Theke zu: „Einmal für fünfzehn Pfennig bitte!" Der Mann (oder war es eine Frau?) hinter dem Tresen holt aus einer Pappschachtel zwei Waffelblättchen hervor, schiebt eines in eine metallene Form mit einem Griff, streicht eine Portion Vanilleeis hinein, legt das zweite Waffelblättchen obenauf und befördert die so gewonnene Eiswaffel mit lockerem Schwung aus der Form hinaus und legt sie auf einen Teller. Ich zähle meine fünfzehn Pfennige in seine Hand, nehme mein Eis vom Teller – ich muß mich auf die Zehenspitzen stellen – und laufe schnell die Stufen hinauf. Nun habe ich es eilig, diese etwas unheimliche Umgebung zu verlassen. Ein wenig geblendet nach dem Halbdunkel des Kellerraumes, blinzle ich fröhlich in die Sonne und schlecke genüßlich an meiner Eiswaffel. Wie gut das Eis doch schmeckt! Doch halt, sollte ich nicht langsam essen? „Denk dran, Kind, du mußt das Eis lange im Mund behalten, damit es sich anwärmt, sonst erkältest du dir den Magen!" Hatte ich diese Ermahnung nicht immer wieder von der alten Nachbarin gehört? Ach was, es wird schon nichts passieren. Und im Handumdrehen ist das Eis weggeputzt, zurück bleiben die beiden pappigen Waffeln. Auch sie verschwinden in meinem Mund. Nun kann ich wieder spielen gehen, der Duft des Vanilleeises jedoch haftet noch lange an meinen klebrigen Fingern.

Freibadtage

Im Sommer, an besonders heißen Tagen, holte meine Mutter mich mit ihrem kleinen, blauen Renault 4 direkt vom Kindergarten ab. An solchen Tagen hatte sie es sehr eilig und konnte nicht warten, bis ich meinen Heimweg zu Fuß zurückgelegt hatte. Wenn wir zu Hause ankamen, waren die „Großen", meine beiden älteren Schwestern, meistens schon aus der Schule wieder da. Während meine Mutter kurz in der Küche verschwand, warteten wir im Eßzimmer. Durch die Bodenfliesen, die dunklen Holzmöbel und die sorgsam zugezogenen Vorhänge blieb dieser Raum auch im Hochsommer sehr kühl. Meine Mutter brachte dann die schnell bereitete Mahlzeit herein, die aus einer Milchsuppe bestand, d.h. aus einem Teller voller kalter Milch, in der Zwiebackstücke schwammen. Offenbar mochte ich dieses Essen, heute trinke ich Milch nur noch im Kaffee.

Aber das wichtigste an dieser Mahlzeit war die Eile, in der sie zubereitet und verspeist wurde. Wir wollten schnell fertig werden, um schnell die Sonne nutzen zu können und ins Freibad zu kommen. Wir löffelten also hastig unseren Teller Milch mit Zwieback leer. Dieses Essen mußte außerdem deshalb schnell gegessen werden, weil der Zwieback, wenn er zu lange in der Milch schwamm, weich und wabbelig wurde. Wir mochten ihn dann nicht mehr. Manchmal wollte uns unsere Mutter etwas Gutes tun und machte die Milch warm. Aber dann bildete sich Schmand, und das fanden wir besonders eklig. Wenn wir unser Mittagessen beendet hatten, fuhren wir sofort ins Freibad.

Das Freibad verbinde ich mit einer ganz anderen kulinarischen Erinnerung. Vermutlich hatte meine Mutter reichlich Butterbrote und dergleichen dabei, um ihre Töchter zu verpflegen, aber daran erinnere ich mich kaum. In diesem Freibad gab es einen Pavillon, in dem drei Kioske untergebracht waren. Der ganz links verkaufte Grillwürstchen und Kaffee.

Meistens war er recht leer, höchstens ein paar Erwachsene standen dort, für uns Kinder war er uninteressant. Wir konzentrierten uns auf den ganz rechts. Hier standen auf der Theke in großen Plastikbehältern bunte Gummiteufel und Schnuller, Lakritze, Kaugummikugeln und dergleichen. In den Regalen an der Wand hinter der Verkäuferin lagen Dreierpackungen mit Waffeln, die Schokoladenenden hatten, sowie kleine Tüten Chips und Flips. Aber salzige Sachen interessierten mich nicht.

Eine Traube von Kindern drängelte sich vor diesem Stand, das abgezählte Geld in der Hand. Die nackten Füße trippelten auf den heißen Steinen, und von den nassen Haaren tropfte Wasser den Rücken herunter. Die größeren Kinder drängelten manchmal sehr, aber man lernte jedes Jahr in den ersten warmen Junitagen wieder aufs neue sich durchzusetzen. War ich endlich an der Reihe, erstand ich verschiedene Schnuckereien. Immer wenn ich genug Geld hatte, leistete ich mir eine „Armbanduhr". Diese Köstlichkeit war aus Brause. Ein großes, flaches, gelbes Stück mit einem aufgemalten Zifferblatt bildete die Mitte, daran befestigt war ein dünnes Gummiband, an dem bunte, kleine Brausekugeln aufgereiht waren. Dieses Meisterstück trug ich erst einmal eine Weile lang stolz am Handgelenk, während ich die anderen Süßigkeiten aufaß. Meine Mutter und ihre Freunde mußten sie dann bewundern. „Guck mal, ich hab' jetzt auch 'ne Uhr!" Um Antworten auf die Frage, wie spät es denn sei, war ich nicht verlegen. Ich ließ mich nicht einschüchtern, erfand irgendeine Zeit und ging.

Bevor ich dann das nächste Mal ins Wasser wollte, mußte das Ding aufgegessen sein. Die kleinen Kugeln kamen als erste an die Reihe. Ich knabberte sie eine nach der anderen direkt von dem Gummi am Handgelenk ab. Dabei wurden die anderen dann bereits etwas feucht und färbten auf die Haut ab. Allein das „Uhrwerk" blieb übrig. Meistens mochte ich dann gar keine Brause mehr. Inzwischen war das

Gummi richtig feucht und etwas eklig geworden, und ich wollte das Ding loswerden. Also verzehrte ich mit ein paar Bissen auch den Rest. Die Uhr war vergessen, und es ging schnell wieder ins Wasser.

Apfelsaft

Ich kann mich nicht mehr genau erinnern, wie alt ich war, ich schätze so ungefähr vier Jahre, denn die Geschichte spielte sich noch in der alten Wohnung ab, und ich durfte nur Milch oder Wasser trinken. Der Apfelsaft stand immer weit und für mich unerreichbar auf einem Küchenregal. An jenem frühen Vormittag, es muß früher Vormittag gewesen sein, weil meine Mutter, sie ist Lehrerin, schon in der Schule war, und mein Vater noch schlief, und er schlief selten länger als bis 9 Uhr, war ich in der Küche. Ich muß ziemlich Durst gehabt haben, und ich schob den Stuhl zum Küchenregal, stellte mich darauf und langte nach der Apfelsaftflasche.

Ich erinnere mich noch an das Licht in der Küche, es war ein sonniger Tag, vielleicht Mai oder Juni, das Licht teilte die Küche in zwei Hälften. Durch die blau-grünen Vorhänge war ein Teil des Lichtes ganz kalt. Die Apfelsaftflasche stand im sonnigen Teil der Küche. Ich erinnere mich eigentlich nur noch an das Licht und an den Moment, als ich auf dem Stuhl stand und zum ersten Mal die Flasche erreichte und direkt aus der Flasche, was mir nicht erlaubt war, Apfelsaft getrunken habe. Es muß ein Augenblick des Triumphs gewesen sein, ein Triumph über die Gegebenheiten der Küche. Ich meine mich zu erinnern, daß ich von diesem Tag an auch immer Apfelsaft trinken durfte. Ich hatte das Zeitalter der Milchflasche überwunden, so etwas muß es gewesen sein. Der elegante, durchsichtige, süße Apfelsaft war erreichbar geworden. Die Apfelsaftflasche steht in meiner Erinnerung immer als Kontrahent zur Milchflasche. Mein Vater, der immer einkaufte, er arbeitete zu Hause, widmete sich der etwas dickeren Milchflasche immer mehr als den Apfelsaftflaschen. Die Apfelsaftflaschen wurden einfach nur gekauft, und was aus ihnen wurde, weiß ich nicht, aber die elenden Milchflaschen wurden mit Sorgfalt behandelt. Sie wurden bereits beim Einkauf anders behandelt, spätestens jedoch nachdem sie leer waren. Mein Vater reinigte die Flaschen immer sehr sorgfältig. Es gab zu diesem Zweck eine extra Bürste. Sie wurden sorgfältig gewaschen und in einem bestimmten Korb, der Jahre später bei einem Umzug kaputtging, wieder zurück zu Egge, dem Kaufmann, gebracht.

Apfelsaft war Abenteuer, und Milch war langweilig. Eine Flasche Apfelsaft ist sicherlich nichts Besonderes, aber dieser Moment, dieser Morgen, als ich das erste Mal die Apfelsaftflasche erreichte, das Licht an diesem Morgen gehören zu den klarsten Erinnerungen meiner frühen Kindheit, die ich habe. Ich kann mich auch an keine andere Speise und an kein anderes Getränk erinnern, die in dieser ersten Wohnung eine Rolle gespielt haben mögen. Später, eigentlich bis heute, irritierte mich die Existenz von trübem Apfelsaft.

Blutwurst

Ich bin Kriegskind. Hier mein kulinarisches Erlebnis: Mein jüngerer Bruder mußte ins Krankenhaus, um die Rachenmandeln operieren zu lassen. Das war ungefähr 1939. Meine Großeltern besaßen eine Metzgerei, und meine Eltern wohnten mit uns Kindern in dem Haus der Großeltern. Als meine Mutter vom Krankenhaus zurückkam, erzählte sie, daß mein Bruder nach der Operation noch schrecklich viel geblutet habe. Und zehn Minuten später stellte meine Großmutter Bratkartoffeln und Blutwurst zum Mittagessen auf den Tisch. Seitdem ist Blutwurst etwas für mich, was ich nicht essen kann.

Drei Szenen

Es war ein sonniger Spätnachmittag, und ich war mit einer neuen Bekanntschaft in einem italienischen Restaurant. Wir waren die einzigen Gäste, und es war still, man hörte nur Bestecke klappern. Die Tische waren sorgfältig in Weiß gedeckt. Ich wußte um meine Schwierigkeiten, mit Männern zu essen, und hatte keinen Appetit. Aus Höflichkeit bestellte ich mir einen Salat. Die Salatblätter waren groß, was über eßtechnische Schwierigkeiten hinaus ein Phänomen in sich barg. Ich hatte das Gefühl, als würden meine Lippen immer dicker und als breiteten sie sich im Gesicht aus, gleichzeitig empfand ich eine Spannung in den Lippen. Ich konnte den Salat nicht weiteressen und beendete den Abend unter dem Vorwand, ich hätte Bauchschmerzen.

Mein Vater hatte ein Schiff, welches zwecks Ausbesserungen in einem Schuppen an der Elbe lag. Wir fuhren am Wochenende oft dorthin. Manchmal traf ich meine Kusine, deren Vater auch an seinem Schiff arbeitete. Wir spielten auf den Schienen, auf denen die Schiffe ins Wasser gelassen wurden. Es war staubig, roch nach Dichtungsmitteln, und es war oft kalt. Mittags setzten wir uns zusammen und aßen das Eßpaket von meiner Mutter. Wir tranken heißen, schwarzen Tee aus Bechern, die im Schuppen standen und in denen noch schwarze Teeränder waren vom Mal zuvor. Der Tee rann heiß und bitter die Kehle hinunter. Dann reichte mir mein Vater ein paniertes Putenschnitzel, welches in Alufolie verpackt und daher noch lauwarm war. Es war köstlich.

Ich war etwa acht Jahre alt. Auf meine Bitte hin machte meine Mutter mir immer Schulbrote. Wenn ich es nicht aß, sollte ich es ihr wiedergeben, damit sie es im Kühlschrank deponieren und mir am nächsten Tag wieder mitgeben konnte. Da ich am nächsten Tag kein altes Brot essen wollte, gab ich es ihr manchmal nicht. Ich erinnere mich an einen Tag, an dem meine Eltern ein doch deutlich lang bei mir gelagertes Brot in meinem Turnbeutel fanden. Meine Eltern waren sehr wütend; zur Strafe sollte ich das Brot abends essen, und meine Eltern legten es vor mich auf das Brett. Ich schrie und weinte und ekelte mich sehr, es war Graubrot mit Mortadella, beides hatte einen leblosen Farbton. In dem Moment erkannte ich die Wurst als ein totes Stück Tier. Meine Eltern bestanden darauf, daß ich mindestens die Hälfte davon essen müsse. Ich werde nie diesen säuerlichen Geschmack vergessen und habe bis heute eine besondere Beziehung zu Geflügelwurst.

Vivian

Es muß wohl in der siebten Klasse gewesen sein, ich ging aufs Gymnasium. Wir hatten für ein Jahr eine englische Mitschülerin bekommen, sie hieß Vivian. Nun war das die Zeit, in der Mädchen nicht mehr die dummen Zicken waren, die einen nur störten und mit denen man nichts anfangen konnte, sondern bei Vivian spürte ich eine magische Anziehungskraft, die ich vorher nicht gekannt hatte. Ich war von ihr angetan, wohl weil sie eine echte Ausnahme in unserer Klasse darstellte. Sie kam aus England, sprach etwas Deutsch und sah gut aus. Mit meinen dreizehn Jahren stellte sich das erste Mal die Frage, wie ich ihr einen ehrlichen Gunstbeweis meinerseits bringen könnte, ohne vor den Mitschülern aufzufallen. Und da kam die Idee! Ich hatte in den Pausen mitbekommen, daß sie eine besondere Vorliebe für ein bestimmtes Pausenbrot hatte, nämlich Toastbrot mit Nutella. So gab ich meiner Mutter unter großem Bitten den Auftrag, beim nächsten Einkauf doch Toastbrot und ein Glas Nutella mitzubringen (nicht etwa „Käpt'n Nuss" oder „Pitt" sollte es sein, nein es mußte das Beste sein, wohl auch das Teuerste). Meiner Erklärung, ein Freund würde das auch essen, und es schmecke so gut, wurde geglaubt, und so hatte ich dann zwei ungetoastete Nutella-Sandwiches (als Doppeldecker, versteht sich!) als Pausenbrot dabei. Und es klappte tatsächlich! In der großen Pause war ich natürlich unauffällig in Vivians Nähe und aß zögerlich mein Nutella-Sandwich. Bei ihrer Frage, ob sie ein Stück abbekommen dürfe, versank ich fast im Boden, und voller Glück und Stolz schenkte ich ihr die Hälfte meines Pausenbrotes, mit dem Hinweis auf die echte Nutella als Aufstrich. Von da an gab es noch eine Menge Sandwich-Pausen, die viel zu kurz waren, um das wohlig-kribbelige Verliebtsein das erste Mal zu erfahren. Vivian ist dann von unserer Schule abgegangen, was mir sehr wehtat, und ich habe sie bis heute nicht wiedergesehen, aber diesen weichen, süßen, langsam zergehenden Geschmack der Nutella auf weichem Toastbrot werde ich nie vergessen.

Ehegeschichte

Ich bin 42 Jahre alt, angestellt bei einer europäischen Organisation. Meine Familie besteht aus meinem Mann, mir und zwei Katzen. Wir haben einen Garten, treiben viel Sport und lieben das Ungekünstelte in jeder Beziehung.

Geschichten, die das Essen schreibt. Mir ist dazu unsere Ehegeschichte eingefallen. Hier ist sie: „Man kann es essen." Keine Komplimente, nicht mal geheuchelte. Was denkt sich eine junge Frau in diesem Moment, die gerade ihren neuesten Schwarm mit einem ausgefallenen exotischen Essen beeindrucken will? Alles ist schiefgegangen, wie konnte ich bloß, ich will ihn nie wiedersehen, und überhaupt...

Das Experiment muß doch gelungen sein. In diesem Sommer sind wir siebzehn Jahre verheiratet, mit allen Aufs und Abs einer jeden Ehe. Mein lieber Mann hat alle Kochexperimente klaglos mitgemacht, angefangen bei Grillexzessen über italienische und griechische bis zu arabischer Küche. Inzwischen ernähren wir uns sehr bewußt und fast fleischlos. Angefangen hat es damals mit einem „indonesischen Eiersalat".

Ich habe Ihnen zwei Geschichten aufgeschrieben, die eine ist etwas traurig, die andere hat mich schon oft in eine glückliche Stimmung gebracht – wahr sind sie beide.

Die Geschichte mit den Kaiserschmarrn: Es ist nun mehr als 25 Jahre her, da machte ich mit meinem gerade geheirateten Mann und meinen beiden Söhnen Kai und Dirk die „Hochzeitsreise" nach Österreich. Es war der zweite Tag der Reise, da lud uns mein – jetzt von mir geschiedener – Mann zum Kaiserschmarrnessen in eine kleine Wirtschaft außerhalb des Dorfes Kraig ein. Kai war damals sechs Jahre alt und Dirk fünf Jahre. Vor die beiden wurde ein großer Teller Kaiserschmarrn – heiß und süß – gestellt. Auch mein Mann Manfred und ich bekamen die gleichen großen Portionen. Nach der Hälfte des Schmarrns konnten die beiden Kinder nichts mehr essen, aber mein Ehemann verlangte, sie müßten den Teller aufessen, so habe er es schließlich von seiner Mutter gelernt.

Kai und Dirk begannen zu würgen, da gab es Ohrfeigen von meinem Mann, ich begann zu weinen, da ich nie meine Kinder geschlagen hatte. Nun fingen die umstehenden Gäste an, sich einzumischen, einige waren empört, andere fanden, daß Kinder schließlich nur mit Strenge zu erziehen seien. Da ich weinte, weinten auch meine Kinder mit mir. Wütend darüber, verlangte mein Mann, daß ich nun die Teller leeressen solle, er habe es schließlich bezahlt.

Ich aß beide Teller leer.

Nie mehr konnte ich in meinem Leben Kaiserschmarrn essen. Nach Österreich bin ich auch nie mehr gefahren, denn hätte ich den süßlichen Geruch von Kaiserschmarrn gerochen, ich wäre krank geworden. Von meinem Mann habe ich mich scheiden lassen, leider viel zu spät – ich hätte es gleich nach der „Geschichte mit dem Kaiserschmarrn" tun sollen.

Nun die zweite Geschichte, die Geschichte mit der Leberwurst: Es war kurz nach dem Krieg. Meine Eltern und ich wohnten in einem Vorort von Frankfurt. Dort waren in dem Villenviertel des Stadtteils amerikanische Soldaten einquartiert. Wie alle anderen Kinder, so hatte auch ich Hunger. Da hörte ich von Nachbarskindern, daß sie schmutzige Wäsche von den GIs holten, die Mütter wuschen sie, und dafür gab es dann etwas zu essen, Schokolade, Bonbons und die wunderbaren Kaugummis.

So machte ich mich auch auf den Weg in das von Draht umzäunte Viertel. Hinter mir zog ich einen „Bollerwagen", und ich hoffte, am Zaun einen Soldaten zu treffen, der bereit wäre, mir seine Wäsche zu geben. Es war ein dunkelschwarzer GI. Er gab mir seine Uniform, seine Unterhemden und seine Unterhosen und schrieb mir seinen Namen auf. Ich weiß noch heute: Er hieß Abraham. Am nächsten Tag brachte ich alles zurück. Meine Mutter hatte die Sachen mit der Hand gewaschen und wunderbar gebügelt. Es gab wirklich Kaugummis, und es gab Schokolade, und es gab Zigaretten und eine Büchse mit Leberwurst. Noch *nie* in meinem Leben – so dachte ich – hatte ich so etwas Gutes gegessen. Es war wie im Schlaraffenland. Oh, was war ich glücklich!

Wenn ich heute in schlechter Stimmung bin, dann gehe ich zum Metzger und hole mir ein viertel Pfund Leberwurst, die esse ich, dann fühle ich mich wie damals, und dann geht es mir wieder gut.

Böse Brüder

Auch ich möchte mit einer Geschmackserinnerung zu Ihrer Sammlung beitragen. Es handelt sich – wie bei fast allen Geschichten zu diesem Thema – um eine existentielle Situation in meiner Kindheit.

Ich sitze auf dem Sofa in unserer Küche, eingekeilt zwischen meinen beiden um acht und dreizehn Jahre älteren

Brüdern. Ich sitze sehr tief in diesem Möbel, das Zimmer ist vollgestopft mit Taschen, Kleidungsstücken, Kochgerät, ansonsten spärlich möbliert; wir sind nämlich gerade aus der DDR geflohen, und diese Wohnküche ist neben einer kleinen Schlafkammer unser einziger Raum. An die Umstände unserer Übersiedelung erinnere ich mich nicht, zu dem Zeitpunkt bin ich etwa fünf Jahre alt. Meine Mutter ist nicht da, sie muß arbeiten. Vor uns stehen drei tiefe Teller, es riecht nach Eintopf, aber ich mag keine Suppe essen. Bestimmt sind Fleischstücke darin, und ich kann gar nicht über den Tellerrand schauen. Wenn die Mutter da ist, sortiert sie das Fleisch immer heraus für mich. Der jüngere meiner beiden Brüder spürt mein Unbehagen und hält mir den Teller vor, so daß ich hineinschauen kann. „Mutti hat die Suppe extra vorgekocht, damit wir etwas Warmes zu essen haben. Guck doch, es sind lauter gute Sachen drin, alles Gemüse." Vor mir sehe ich ein wimmelndes Biotop, rot, grün, gelb, und es riecht faulig drückend. Mir wird ganz heiß, ich will aufstehen, nichts essen. Da packt mich mein großer Bruder, nickt dem kleinen zu, der hält mich auch fest. „Du kleines Biest, wir werden dir schon zeigen, was du zu essen hast!" Mit seiner Pranke drückt er meinen Unterkiefer herunter, schiebt mir den Löffel in den Mund. Ich schreie, würge, fühle einen Fremdkörper auf meiner Zunge, leblos, zäh, ein Widerstand – es geht nicht weg –, Schlucken. Mit einer kräftigen Kontraktion verweigern meine Eingeweide die Aufnahme dieses dumpfen Brockens. Man hält mir den Mund zu. Schlucken.

Sie wollen wissen, ob ich heute Fleisch esse? Kaum, nur wenige Sorten und nur, wenn ich in sehr netter Gesellschaft bin. Jetzt bin ich vierzig Jahre alt; anläßlich des Geburtstages meines großen Bruders saß ich kürzlich am Telefon und versuchte mich aufzuraffen, ihn anzurufen und ihm alles Gute zu wünschen. Ich habe es gelassen, zum ersten Mal in all den Jahren, weil mir die Geschichte mit dem Fleischessen wieder einfiel, als ich seine Nummer wählen wollte.

Tabellarische Erinnerung

Sehr geehrte Damen und Herren,
ich möchte hiermit ihre Untersuchungen unterstützen:

Alter   24 (29. 3. 1969)
Geschlecht weiblich

Nahrungsmittel	Gelegenheit/Erinnerung
* warme Milch mit Haut	* das Frühstück im Kindergarten
* Corned Beef	* Studenten-Brot-Belag
* saure/verdorbene Milch	* an meine Oma, die keinen Kühlschrank hatte
* bestimmte Schokoladensorte	* an meine Oma, die nur diese eine Sorte kaufte, obwohl sie wußte, daß wir sie nicht besonders mochten
* lieblicher süffiger Schaum-Rotwein	* Studenten-Party-Trunk
* „Campino"- und „Nimm 2"-Bonbons	* Autoreisen
* Steak mit Champignonsoße	* Samstag-Abend-Essen mit der Familie
* Weinbrand „Napoleon"	* fester Begrüßungstrunk bei meiner Schwester
* geröstete Toastscheiben	* Grillen
* Wildbraten	* an eine bestimmte Gaststätte
* Brausepulver und Kekse	* billiger Proviant zum Spielen
* Obstsalat	* Weihnachten
* Milchreis	* Schulspeisung

Harrys Schmalz schmeckt besser

Die Autorin schlüpft in die Rolle ihres Gatten: „Ich kam auf die Idee, Ihnen diese Geschichte zu schicken, die mein Mann schmunzelnd immer wieder mal erzählt."

Breslau, 1931: Obwohl es bei uns zu Hause recht bescheiden zuging, waren wir durchaus eine zufriedene, vergnügte Familie – die Mutter, der Vater und ich, der stolze Schulanfänger Rudi.

Überhaupt lebte man früher bescheidener als heute. Den Kindern Geld mit auf den Schulweg geben, damit sie sich für die Pause beim Bäcker Brötchen, Kuchen oder gar Süßigkeiten kaufen konnten? Eine absurde Idee, einfach lächerlich. So etwas fiel niemandem ein. Doch, wir kauften uns schon ab und zu mal was beim Bäcker: Warschauer! Das waren flache, kleine, kuchenähnliche Streifen undefinierbarer Zusammensetzung. Wir argwöhnten, daß der Bäcker die übriggebliebenen Kuchenkrümel mit irgendwelchen geheimnisvollen Zutaten vermischte und auf dem Blech nochmal in den Ofen schob. Eine ganze Tüte voll gab es für zehn Pfennige, ein Vermögen, das wir nicht allzuoft zur Verfügung hatten. Um so mehr genossen wir die seltene Leckerei, wobei es uns völlig verborgen blieb, daß Mutters selbstgebackener Sonntagskuchen viel schöner war und vermutlich auch besser schmeckte. Aber „Warschauer" waren ja schließlich „selbstgekauft", und die Erinnerung daran überstrahlt noch heute bei weitem jede noch so edle Torte aus der besten Konditorei.

Und dann waren da die Schulbrote. Was heute leider allzuoft weggeworfen wird: ein Brot, dick mit Butter bestrichen und mit Wurst belegt, das hatten damals die wenigsten. Manchmal, ja, da gab's so was Gutes, aber meist gab's schlicht Graubrot mit Schmalz bestrichen. Ein bißchen Salz draufgestreut und zusammengeklappt – fertig. Und wir waren glücklich damit. So glücklich, daß auch unser bester

Freund mal abbeißen durfte. Harry zum Beispiel. Harry kostete und befand: „Das Schmalz schmeckt gut. Beiß mal bei mir ab." Ich biß ab und war begeistert: „Dein Schmalz schmeckt viel besser als meins!" Harry war großmütig und bot an zu tauschen. Wir tauschten die Brote, immer wieder, es war eine sehr zufriedenstellende Regelung. Das Schmalz auf der Stulle von Harry war wirklich fabelhaft, und Harry fand meine Stullen auch ganz prima. Das nennt man wahre Freundschaft. Natürlich erzählte ich meiner Mutter zu Hause von der Tauscherei. Nicht ohne von Zeit zu Zeit darauf hinzuweisen: „Harrys Schmalz schmeckt viel besser!"

So lange, bis eines schönen Tages die beiden Mütter einander trafen, beim Einkaufen. Man kannte sich flüchtig, kam ins Gespräch und plauderte – na, worüber schon! – über die Herren Söhne. Wobei meine Mutter ganz nebenbei fragte: „Sagen Sie, wo kaufen Sie eigentlich Ihr Schmalz? Die Bengels tauschen doch immer ihre Schulbrote, und mein Sohn behauptet steif und fest, Harrys Schmalz schmeckt viel besser!"

Wenn einen Moment später ein ahnungsloser Passant an den beiden Frauen vorbeigekommen wäre, er hätte sich sicherlich ziemlich erschrocken. Warum?

Nun, die beiden brachen plötzlich in schallendes Gelächter aus. Das Schmalz auf beiden Stullen war nämlich vom selben Fleischer, aus demselben Schmalztopf.

Linksliegende Sauerkrautdiät

Die Erinnerung an einen Geschmack hat immer alle anderen überwogen, und diesen möchte ich gerne mit Ihnen teilen, in der Hoffnung, Sie ein wenig zu erheitern oder einfach zu unterhalten.

Es war Heiligabend 1976, mein Bruder war gerade fünf, ich sieben Jahre alt, und die erste Aufregung nach dem Auspacken der Geschenke hatte sich gelegt. Jetzt wurde alles begutachtet, ausprobiert und bestaunt. Unter anderem hatten wir ein Spiel von Tante und Onkel aus Schottland bekommen. „Fang die Maus" hieß es, und neben den Spielsteinen enthielt es auch eine kleine Metallkugel von etwa einem Zentimeter Durchmesser. Mein Bruder führte meiner Mutter seine neue Carrerabahn vor, ich saß auf der Couch, guckte ihnen dabei zu und lutschte genüßlich auf der eben erwähnten Metallkugel, die sich natürlich nicht zu diesem Zwecke in dem Spiel befand. So mußte es dann auch kommen, daß die nächsten Worte meiner Mutter galten: „Mami, ich glaub', ich habe die Kugel verschluckt?!" „Welche Kugel?" „Die Metallkugel...!"

Der Heiligabend fiel auf einen Freitag, und er war nicht mehr heilig, sondern eilig. Das Telefon lief heiß, alle waren aufgeregt, nur mir ging es gut, denn ich merkte nichts Schweres in meinem Bauch, und sonst war auch alles o.k. Warum dann diese Aufregung? Am darauffolgenden Montag kam der Besuch beim Arzt. Dort mußte ich ein Kontrastmittel trinken, mein Magen wurde durchleuchtet, und die kleine Metallkugel machte sich's in diesem richtig bequem. Mir ging es immer noch bestens. Das änderte sich aber schlagartig, als der liebe Herr Doktor mir zu verstehen gab, da helfe nur noch Sauerkraut. Sauerkraut??? Das würde meinem Körper helfen, diese lästige (mir war gar nichts lästig) Kugel auf natürlichem Wege loszuwerden. Dazu kam aber noch, daß ich nachts nur auf der linken Seite schlafen durfte.

So war es dann auch. Eine knappe Woche lang bestanden meine Mahlzeiten also nur noch aus Sauerkraut, neben jeder Toilette lehnte ein kleiner Stock, der zum Auffinden der Kugel diente, und es verging keine Nacht, in der mich nicht mein Vater oder meine Mutter auf die andere Seite rollten.

Es war Sylvester, und es wurde nicht nur das Neue Jahr bejubelt, denn auch ich kam gegen Abend jubelnd aus dem Badezimmer. Die „linksliegende Sauerkrautdiät" hatte wahre Wunder bewirkt. Die Metallkugel war da, etwas angelaufen, und ich war froh darüber, in nächster Zeit kein Sauerkraut mehr essen zu müssen. Diese nächste Zeit dauerte etwa zehn Jahre. Kam mir auch nur der Geruch in die Nase, nahm ich Reißaus.

Heute gehört Sauerkraut wieder zu meinen Lieblingsspeisen, jedoch muß ich immer an das Weihnachtsfest von 1976 denken, und ich gehe schmunzelnd an meinem Setzkasten vorbei, in dem heute noch die kleine Metallkugel liegt.

Bouillabaisse

Mein Vater, selbst Französischlehrer, war mit einem französischen Friseur befreundet. Überzeugt, alle Franzosen seien Meisterköche und in der „haute cuisine" bewandert, hatte er seinem Freund einmal vorgeschlagen, ein typisch französisches Gericht für uns zu kochen. Mit feierlicher Miene wurde uns Kindern dann eines Sonntagmorgens angekündigt, Fernand komme gleich und koche uns ein „pot-au-feu" – eine „Bouillabaisse". Unter diesen wohlklingenden Namen stellten wir uns natürlich alle Herrlichkeiten der Welt vor! Und dann erschien auch dieser Fernand, beladen mit einem riesigen Kochtopf, Marke „Gulaschkanone", einem Armvoll von Gemüse und – da ertönte ein „Igitt!" seitens meiner Mutter – in Zeitungspapier gewickelten Fischköpfen.

Und nun begann eine ungefähr drei Stunden andauernde, wie eine heilige Zeremonie zelebrierte Geschäftigkeit: Gemüse putzen, zerkleinern, Fischköpfe säubern und und und... Bald durchzog die ganze Wohnung ein infernalischer Gestank, und meines Vaters Gesicht wurde immer länger und länger und das meiner Mutter immer angewiderter...

Dann war es endlich soweit. Als uns vor Hunger und Gestank schon ganz schlecht war, kam dann – so gegen drei Uhr nachmittags – die herrliche Suppe auf den Tisch. Und da man uns zur Höflichkeit erzogen hatte, besonders Gästen gegenüber, saßen wir Kinder nun voller Entsetzen vor unseren Tellern, rührten und rührten mit den Löffeln, sahen uns an, warfen dann vorsichtig Blicke zu den Eltern – und siehe da! Vater war des Lobes voll: „C'est merveilleux!" Schluckte – und würgte, hustete... „Trop chaud, excusez!" Ich nahm meinen Teller, pustete und pustete – und dann saßen wir vier da, angeekelt, bleich –; wie sollten wir die Suppe essen, ohne die Gesetze der Höflichkeit zu verletzen? Aber Fernand aß und aß mit großem Appetit, ihm schien gar nicht aufzufallen, wie wir über seine Kochkunst dachten – oh Gott, und dann dieser riesige Topf voll! Ich weiß noch, daß einige Gläser Wein draufgingen, um die Suppe zu bewältigen, bei den Erwachsenen natürlich nur, und daß meine Mutter zu uns Kindern sagte: „Ihr könnt ruhig schon aufstehen und spielen gehen, Kinder, die Sonne scheint ja so schön!" Und tagelang wurde später gelüftet, um die Erinnerung an die „Bouillabaisse" hinauszulassen – und statt französischer Küche gab's fortan doch wieder deutsche Hausmannskost –, da roch's höchstens mal angebrannt, wenn die „armen Ritter" wieder mal zu lange in der Pfanne gebrutzelt hatten.

Kürbis, Holunder

Bei einem Besuch im Garten von Freunden fielen mir als erstes einige riesige goldgelb leuchtende Kürbisse auf. Ein ganz besonderer Duft ging von den gelben Bällen aus, deren Anblick mir das Wasser im Mund zusammenlaufen ließ. Als wir zum Kaffeetrinken unter einem Holunderbaum Platz nahmen, war es um mich geschehen. Vor mir lagen die leuchtenden Kürbisse, über mir hingen die reifen Holunderbeeren.

Beides ließ mich in Kindheitserinnerungen fallen. Zur Erntezeit gab es von Großmutter, bei der ich einen großen Teil meiner Kindheit verbrachte, liebevoll zubereitete Kürbisgerichte. Der Duft zog durch das ganze Haus und vermischte sich mit dem Aroma der Holunderbeeren. Leider weckt der Geschmack dieses Saftes keine guten Erinnerungen in mir. Die leicht bittere Flüssigkeit wurde mir bei Erkältungen eingeflößt. Während meine Freunde draußen spielten, schwitzte ich den Saft wieder aus. Es war eine Tortur, angeblich zugunsten meiner Gesundheit. Der Duft der herabhängenden Beeren und der Anblick der Kürbisse brachten die Zeiten meiner Kindheit zurück. Erst das Lachen meiner Freunde holte mich aus meinen Träumen in die Wirklichkeit.

Kindheit in Japan

Der Autor ist Japaner und lebt in Deutschland.

Wassermelonen erinnern mich an die Sommerferien in meiner Kindheit. Mein Vater war Bauer und baute jedes Jahr Wassermelonen an. Wenn sie im Sommer reif wurden, mußte die ganze Familie, Vater, Mutter, zwei ältere Schwestern und ich, im Feld viel arbeiten, aber wir konnten dafür auch viel davon essen.

Als Kind im Alter zwischen sechs und elf Jahren half ich gerne bei der Arbeit. Unter der starken Sonne holten wir Wassermelonen auf den Hof. Vater konnte gut erkennen, ob sie reif waren. Er schnippte sie mit dem Finger und erkannte die reifen am Klang. In der Pause aßen wir die Wassermelonen, die im Feld schon platzten. Sie platzten, wenn sie richtig reif waren. Also aßen wir die, die am besten schmeckten und die normale Verbraucher nicht bekommen. Im Schatten des Hofes war es einigermaßen kühl, und wir putzten die Wassermelonen, damit sie glänzten, sortierten sie nach Größe und verpackten sie. Am Tag zirpten die großen braunen Zikaden fürchterlich laut, und am Abend zirpte eine andere Sorte leiser und melodischer. Wir fanden sie sehr angenehm und bekamen sofort das Gefühl, daß es schon kühler geworden war.

Es brachte mir sehr viel Spaß, zusammen mit der ganzen Familie zu arbeiten. Allerdings hatte ich als das kleinste Kind das Recht, die interessanteste und leichteste Arbeit zu wählen, zum Beispiel das Stempeln der Verpackung. Außerdem durfte ich öfter als meine Schwestern Pause machen. Am aufregendsten war das Aufladen auf den LKW. So ein großes Auto sah ich selten, geschweige denn so nah. Einige starke Männer aus den Nachbarhäusern halfen, die verpackten Melonen auf den LKW zu laden. Ich war stolz, daß ich ein bißchen helfen durfte.

Andere Melonen esse ich nicht so gerne wie Wassermelonen, da mein Anspruch an Melonen sehr hoch ist. Solche anderen Melonen baute mein Vater auch an. Wenn sie richtig reif waren, bekamen sie Risse in der Haut, und deshalb wurden sie auf dem Markt als defekt betrachtet. Es gab so viele Melonen mit Rissen, daß wir nicht alle aufessen konnten. Wir aßen also nur die reifsten, süßesten Melonen. Die Arbeit mit den Melonen mochte ich nicht so gerne. Wassermelonen glänzten schon, wenn wir sie mit dem trockenen Tuch putzten. Die Melonen mußten wir dagegen in Schüsseln mit Wasser waschen, weil sie feine Haare auf der Haut haben. Die Haare klebten auf meiner Hand und juckten. Mag ich vielleicht Melonen deswegen nicht so gerne, weil das Waschen unangenehm war?

Der Geschmack der Heimat

Die Autorin ist Dänin und studiert in Hamburg. „So weit ich auch zurückdenke, immer wieder tauchen Situationen auf, in denen der Geschmack eine zentrale Rolle spielt."

Ein für Dänen typischer Brotaufstrich zum „Frokost", zur kalten Küche also, die es mittags gibt, ist der Makrelensalat. Dieser besteht aus Makrele in Tomatensoße mit Mayonnaise. Schon allein wegen der idyllischen Stimmung erinnere ich mich an eine Schlittenfahrt, immer wenn ich in ein Makrelensalatbrötchen beiße. Da sind Wirbel von Schneeflocken, Schnee, der unsere Gesichter rot werden läßt, klirrende Kälte, kaltgefrorene Hände und vor allem, trotz eisiger Zehen, immer viel Lachen. Rauch kommt aus fast jedem Schornstein der weißen Dächer. Außerdem ist da der lustige Anblick meiner Freundin, deren Mütze schief auf ihrem Kopf sitzt. Dazu kommt noch ein Hungergefühl, das wir schließlich mit Makrelensalat stillen.

Diese Assoziationen reihen sich wie ein „Flash Back" in meinem Kopf aneinander. Im großen und ganzen sind es nostalgische Erinnerungen. Meine Freundin Nanna und ich genossen immer besonders diesen Makrelensalat, den wir nach unseren Abenteuern genüßlich zu uns nahmen. Einmal aßen wir jede ungefähr acht Makrelensalatbrote. Besonders an diese Situation denke ich heute noch, wenn ich in ein Schwarzbrot mit diesem Fischsalat beiße. Jedes Mal, wenn ich zu Hause bin, esse ich wie selbstverständlich ein Makrelensalatbrötchen und träume vor mich hin. Es gibt mir ein Gefühl von Gemütlichkeit und Geborgenheit und nicht zuletzt ein Gefühl von Zugehörigkeit...

Naumburger Kirschfest

Die Autorin schreibt aus Rostock.

Ich habe den unvergleichlichen Geruch einer echten Thüringer Bratwurst in der Nase. Er ist keineswegs, ebensowenig wie der Geschmack, mit den hiesigen Grill-Erzeugnissen zu vergleichen. Oder ist es nur die Erinnerung an das Naumburger Kirschfest meiner Kindheit? Inzwischen bin ich 69 Jahre alt, aber mir fällt gleich alles Drum und Dran ein, das weiße Kirschfestkleid, der Kornblumenkranz, den ich als Luisenschülerin trug. Auf der Vogelwiese, außerhalb der alten Stadtmauer, hatte jeder Verein sein Zelt aufgeschlagen, und zwischen den Zelten standen viele Bratwurstroste. Nach dem Umzug durch die Stadt gab uns die Klassenlehrerin einen Bon für ein großes Glas rote Faßbrause, und dazu gab es von den Eltern eine Rostbratwurst. Man mußte sehr vorsichtig beim Essen sein, sie war heiß und spritzte! Unser Zelt gehörte dem Heimatverein, an der Rückwand hing das Schwert von Prokop, der mit seinen Hussiten vor der Stadt lagerte, um sie auszuhungern. Aber als die Not am größten war, zog der Lehrer mit den Kindern hinaus, Prokop hatte Mitleid und schenkte den Kindern Kirschen. Zur Erinnerung wurde fünf Tage vor den Sommerferien gefeiert, es gab für Jungs und Mädchen getrennte Umzüge und einen historischen Umzug mit Prokop, seinen Knappen und dem Lehrer mit Schulkindern in „Sterbehemden".

Schweinsbraten

Als Kind lebte ich bis zum zwölften Lebensjahr mit sieben Geschwistern – Vater Hilfsarbeiter – auf einem großen Bauernhof in Niederbayern. Während wir uns als arme Flüchtlingsfamilie im wesentlichen von Mehlspeisen (Nudeln und Brot) ernähren mußten, gab es beim Großbauern fast jeden Tag – außer Freitag – Fleisch als Hauptmahlzeit. Häufig handelte es sich um Schweinsbraten mit Knödeln oder um Geräuchertes mit Kraut. Nach dem Essen wurde der Rest an den Hofhund, einen Schäferhund namens Zitha, verfüttert. Während der Hund das Essen verschlang, saß ich oftmals nebendran und hatte Hunger. Am liebsten hätte ich aus dem Freßnapf mitgegessen, doch der Hund ließ es nicht zu. In späteren Jahren vertiefte sich diese Erinnerung und diese Sehnsucht nach knusprigem Schweinsbraten mit Knödeln, weil es bei uns sonntags auch dieses Gericht gab, wovon ich große Portionen verschlang. Noch heute ist knuspriger, fetter Schweinebraten mit Knödeln mein Lieblingsgericht, und trotz erhöhter Cholesterinwerte gönne ich mir ab und zu eine solche kulinarische Erinnerung.

Kleine Tricks

Heute bin ich nahe 70, und ich verdanke meine immer noch gute Gesundheit sicher auch der spartanischen Schwarzbrot- und Grundnahrungsmittelküche.

Meine früheste Erinnerung, so mit vier Jahren, war mit Leidenschaft gegessenes Apfelmus. Dann entdeckte ich, daß meine Mutter mir darin Abführ-Körnchen eingemogelt hatte. Seitdem – und noch heute – mag ich kein Apfelmus mehr. Danach versuchte sie es mit getrockneten Feigen, „Pasta Palm" hießen die (so was vergißt man nicht!). Als ich merkte, warum sie mir die gab, hörte ich auf, getrocknete Feigen zu essen. Bis heute.

Später – ich war acht Jahre lang in einem sehr preußischen Internat – gab es zum Frühstück immer Grieß-, Nudel-, Haferflocken- und Mehlsuppen. Letztere mit Rosinen drin, aber nur für die „obersten" fünf an der langen Tafel. Die kurbelten mit der Schöpfkelle die Suppe in der Schüssel heftig rechtsrum und hielten dann mit der offenen Kelle linksrum gegen: Alle Rosinen kamen in die Kelle. Wir Hinterbänkler kriegten nur Mehlsuppe pur... Doch später beim Kommiß hat mir diese Technik bei Gulaschsuppe sehr geholfen.

Übrigens gab es damals auch für ein paar Pfennige Clio-Brausepulver in Tütchen. Am schönsten färbte Waldmeister die Handfläche und Zunge grün. Denn man spuckte ja mangels Glas und Wasser in die Hand und leckte dann das sanft brausende Zeug wieder auf – herrlich. Heute gibt es kein Waldmeisterpulver mehr, es soll nicht gesund sein... wie alles Gute...

In den Hungerjahren nach dem Krieg aß ich übrigens wieder Milchsuppe. Denn ein Freund bei der Stadtverwaltung tauschte Lebensmittelkarten für werdende Mütter, Vollmilch, gegen meine Zigaretten. So war ich denn über ein Jahr lang „werdende Mutter", dem Milchmann war die biologische Entgleisung egal, und mir war geholfen. Später Trost des Schicksals für früheren Internatsfraß.

Weihnachtsgebäck, aus zweiter Hand

Die Autorin schreibt: „Einige Jahre nach dem Zweiten Weltkrieg war mein Cousin Heini, kurz vor Weihnachten, aus russischer Kriegsgefangenschaft entlassen worden und wieder bei seinen Eltern eingetroffen. Seine Mutter hatte schon Weihnachtsplätzchen gebacken und setzte ihrem Sohn welche vor. Er rührte sie nicht an, worüber die Mutter sich wunderte. Früher war Heini immer versessen darauf gewesen. Als ihn die Tante nach dem Grund fragte, sagte ihr der Sohn: ‚Das erzähle ich euch später.' Der Zeitpunkt für ihn war Heiligabend gekommen, nach der Bescherung."

Heini berichtete: „Als junger Freiwilliger war ich nach Rußland gekommen und wurde eines Tages mit drei anderen Kameraden zum Auskundschaften der feindlichen Stellung geschickt. Kurz zuvor waren bei uns Kosaken aufgetaucht, die mit uns gegen die Bolschewisten kämpfen wollten. Trotzdem mußten wir vorsichtig sein.

Als wir nun zu viert durch ein Gehölz schlichen, bekam ich plötzlich wieder mal Durchfall. Ich ging etwas abseits, um mein Geschäft zu erledigen. Danach suchte ich meine Kameraden, um wieder mit ihnen vorzudringen – aber ich fand sie nicht mehr. Es war Winter, kurz vor Weihnachten, mir wurde es kalt und kälter. Ich hatte das Gefühl, als würde ich zu Eis erstarren.

Da sah ich auf einer Lichtung eine Holzfällerhütte, aus deren Schornstein Rauch emporstieg und von der mir ein

Duft von Weihnachtsgebäck entgegenkam. Ich hatte die Orientierung verloren und konnte diesem so vertrauten Duft nicht widerstehen. Ich ging in das Haus hinein. Eine freundliche Frau gab mir heißen Tee und Weihnachtsplätzchen. Ich verzehrte alles mit Heißhunger. Meine Frage nach russischen oder deutschen Soldaten wurde nicht beantwortet. Sie gab zum Ausdruck, daß sie mich nicht verstand.

Dann ging ich wieder zur Tür hinaus und stand direkt vor russischen Soldaten. Sie nahmen mich gefangen und sorgten somit dafür, daß ich nach Sibirien kam. In den Jahren dort gab es keine Weihnachtsplätzchen. Der Appetit darauf war mir auch gründlich vergangen.

Später, wenn der Schrecken dieser Erlebnisse etwas verblaßt sein wird, werde ich wieder Weihnachtsplätzchen essen. Dann werden mir, in aller Besinnlichkeit, ihr Duft und ihr Geschmack die Erinnerung an meine Kindheit zurückgeben."

Gedächtnisfiguren

Überwiegend sind die Autoren ohne Umschweife beim Thema, das sie in einem zumeist knappen Erzählbogen abhandeln. In der Regel steht die Ichperson im Mittelpunkt des Geschehens, umgeben ist sie von einer variierenden Anzahl weiterer Beteiligter, die als Komplizen und Genußbringer oder aber als Widersacher und Repräsentanten der kulinarischen Trostlosigkeit auftreten. Die Akteure gestalten durch ihr Handeln ganz verschiedene soziale Situationen, die in bestimmte räumliche und zeitliche Verhältnisse eingebunden sind. Zur Charakterisierung von Personen kommt die Skizze von Szenenbildern hinzu. Die erinnerten Ereignisse, die sich auf diesen Bühnen abspielen, können sehr einfach sein. Oft besteht ihr Ablauf aus nur wenigen Stationen. In den Briefen ist von der herbeigewünschten oder der verweigerten Aneignung bzw. Einverleibung einer positiv oder einer negativ besetzten Speise die Rede, selten liest man von Nichtssagendem, weit mehr von Lust und Ekel, die sich überraschend einstellen oder sich in der Routine herausbilden, man erfährt von Verführung und Zwang, von Begehren und Aufbegehren, von befriedigter und von unbefriedigter Oralität. Darüber hinaus äußern sich die Schreiber häufig über die Folgen, die ihr Geschmackserlebnis für die Zukunft mit sich brachte, die Barrieren, die es aufrichtete oder die niemals wieder gestillte Sehnsucht, die es einpflanzte, und manchmal leiten sie aus ihrer kulinarischen Erfahrung eine Lebensmaxime ab, die als Quintessenz ihre Erzählung abschließt.

Bei den präsentierten Erinnerungen haben wir es mit lediglich schmalen, dafür aber einschlägigen, in lebendigen Farben geschilderten Ausschnitten aus einem ansonsten weitgehend im dunkeln liegenden Lebensganzen zu tun. Diese Segmente sind zu Geschichten geformt, die über das bloß singulär Ereignishafte hinaus eine bisweilen höchst wirkungsvolle Erklärungskraft entfalten: In ihnen sind Charakterbilder, etwa das des Bruders oder das der Großmutter festgeschrieben, und sie bestätigen oder garantieren dauerhaft eigene, in biographischen Schlüsselmomenten entwickkelte Persönlichkeitsmerkmale wie Selbständigkeit, Unbestechlichkeit, Widerstandsbereitschaft oder Gerechtigkeitssinn. Offensichtlich geht es in der Geschmackserinnerung *auch* darum, diese Prägungen zu memorieren. Die Entwürfe von den Mitmenschen sind dabei ebenso wie die Selbstentwürfe gegen Verschleifungen und Abwandlungen unempfindlich, zumindest dem subjektiven Empfinden nach. Mit dem jahrzehntelang jederzeit wiedererkennbaren Geschmack und seiner anhaltenden Verknüpfung mit einem unverwechselbaren Milieu bleiben auch die Bilder der beteiligten Personen und der emotionale Bezug zu ihnen in hohem Maße stabil. Vor diesem Hintergrund wird etwa das Verhalten jener Frau erklärlich, die, als kleines Kind von ihrem Bruder gewaltsam zum Essen genötigt, diesem nach vielen Jahren plötzlich nicht zum Geburtstag gratulieren kann.

Das Erlebnis ruht manchmal wie ein Stein auf dem Grunde des Gedächtnisses. Die Geschichte, die Story, die davon bleibt, hat sich zu einem individuellen Memorat verfestigt, das dem Erzählaufbau nach eher zur kleinen Form der Episode als zur großen epischen der Autobiographie tendiert. Für das Erinnern und als Navigationsmarken im Lebenslauf scheinen diese überschaubaren, aus nur wenigen Elementen zusammengesetzten und auf einen einfachen „Plot" beschnittenen Begebenheiten in besonderem Maße geeignet zu sein. In quantitativer Hinsicht sind sie an Informationen zwar vergleichsweise arm, in qualitativer jedoch – als Bedeutungsträger – sind ihre wenigen Zeichen und ihre karge Syntax reich ausgestattet. Vielfach nämlich sprechen sie auf zwei verschiedenen Ebenen zugleich: auf einer ersten, auf der die kulinarische Begebenheit von subjektiver Warte aus referiert wird, und auf einer zweiten, auf der diese Begebenheit als Metapher wiederkehrt, als Symbol, als Parabel über einen Aspekt des eigenen Lebens, der Kindheit, des Verlassenseins, der Geborgenheit, der Gefährdung, des Glücks.

Nicht nur das Außergewöhnliche, etwa die erste Apfelsine nach dem Krieg, sondern auch das Gewohnte, zum Beispiel das tägliche Pausenbrot in der Schule, die Frühstückszeremonie, das allwöchentlich wiederkehrende Eintopfgericht, avanciert zum berichtenswerten Thema. Die Erinnerungsfiguren kreisen nicht nur um das Geschmacksereignis in seiner Einmaligkeit, sondern sie beziehen sich ebenso auf die Kontexte der alltäglichen Rituale. Sie zelebrieren das Individuelle und das Rare, und sie feiern das sozial Gebundene und die Wiederholung. Dies beides, das Singuläre außerhalb der Reihe und das Habitualisierte innerhalb der Strukturen des Alltags, geht in die oralsinnliche Konstruktion der privaten Lebensgeschichte ein. Die Selbstbilder verdanken sich also beidem, beidem entnehmen sie ihren Stoff.

Nicht immer steht, auch wenn die Erinnerung als eine kulinarische dargeboten wird, tatsächlich die Wiedererweckung eines vergangenen Geschmacks im Mittelpunkt. Ja, dieser kann sogar gänzlich verblassen und hinter die Imagination eines Bildes zurücktreten, des Bildes von einem Freibad im Sommer, des Bildes von einem Kind, das endlose, quälende Mittagsstunden vor einem Teller kalter Suppe sitzt, deren Fettaugen sich in weiße Placken verwandelt haben. Umgekehrt aber kann auch das Bild verschwimmen, während das präzise Wissen um einen Geschmack im Gedächtnis haftet, der entweder nur diffuse oder aber vielfältig austauschbare Vorstellungsreihen mit sich zieht. Die Assoziationen der Erinnerungskanäle, des akustischen, des visuellen, des taktilen, des olfaktorischen und des gustatorischen, stellen sich in immer anderen Mischungsverhältnissen ein.

Überhaupt haben die kulinarischen Erinnerungen unterschiedliche spezifische Gewichte. Die eine geht ans Existentielle, die andere taugt gerade eben noch zur Anekdote. Während die eine ihren Machtbereich offensiv auf das gegenwärtige Handeln ausdehnt, gilt die andere als abgeschlossen, als abgelegt und spielt weit weniger bemerkbar in die aktuellen Lebensvollzüge hinein. Die Schreiber gestehen ihren Geschmacksmemoraten immer wieder andere Gegenwartsbezüge zu. Teils scheinen sie, gewissermaßen neutralisiert, einer endgültigen Vergangenheit zuzugehören, und sie bescheiden sich in der Funktion eines von der Person des Erzählers abgespaltenen Zeitzeugnisses. Teils sind sie noch immer virulent, und die Endgültigkeit ihres Vergangenseins wird geradezu beschworen. Der Erzähler hat sie in seine Geschichte verbannt, damit sie ihn in seinem heutigen Dasein nicht anfallen. Teils, und das ist sehr oft der Fall, dienen die Memorate dazu, aktuelle Vorlieben oder Abneigungen plausibel zu erklären, teils besteht ihre Aufgabe auch darin, eine Alltagsethik, die zum Beispiel Fragen des Wegwerfens, des Resteessens oder auch Prämissen der Kindererziehung betrifft, zu rechtfertigen. In jedem Fall aber, auch in dem der völligen Abspaltung, ist die jeweils eingestandene Tragweite der Erinnerung an den in der Sprache des Kulinarischen formulierten Selbstentwürfen beteiligt.

IV. Kulinarische Panoramen

Knoblauch und Mandeleierkuchen

Berlin, Mitte der zwanziger Jahre. SO 36 war damals weder eine besonders gute noch eine besonders schlechte Adresse. In der Schlesischen Straße, zwischen Falkenstein- und Cuvry-Straße, hatte Tante Schumme ein ganz schmales Posamenten-Geschäft. Aus dem Laden führten sechs oder sieben Stufen einer kleinen Holztreppe in den Flur der Wohnung und schräg links in die enge Küche, in der gegessen wurde, damit man die Ladenklingel nicht überhörte. Weil unser Haushalt durch den ersten Schlaganfall meiner Großmutter etwas aus dem Lot war, brachte mich unser Mädchen für ein paar Tage zu Tante Schumme, die ich sehr liebte. Sie war besonders zierlich und graziös (gar nicht wie andere Erwachsene) und unbeschreiblich zärtlich. Ich liebte auch ihren stattlichen Mann, ebenso weißhaarig wie sie und Besitzer eines gepflegten Vollbarts, mit dem er aussah wie der liebe Gott oder mindestens wie ein besonders gütiger Petrus an der Himmelspforte. Wenn er, selten genug, aus dem Haus ging, trug er einen flachen, schwarzen, sehr breitrandigen Hut und ein weites Lodencape, „Talent-Windel" genannt. Damit war er noch schöner als sonst. Außerdem fanden wir bei Ausflügen ins Grüne beim Lagern auf der Windel Platz. Onkel Fritz war Architekt gewesen und hatte nach einem bösen Sturz vom Baugerüst ein von der Hüfte an steifes Bein zurückbehalten. Von dem größeren Betrag der Versicherung oder Genossenschaft kauften sie das kleine Geschäft, um ihre Existenz zu sichern. Ein zweites Unglück kam hinzu: Ihr einziger Sohn, ein Jugendfreund meiner Mutter, fiel als Kriegsfreiwilliger in Flandern. Für die beiden alten Menschen, die immer Schwarz trugen, war ich wohl ein kleiner Ersatz für die Enkelkinder, die sie nie mehr haben würden.

Aber zurück in die Küche: Da am Tisch nur zwei Leute über Eck sitzen konnten, deckte mir Tante Schumme einen Schemel, vor dem ich auf einer Fußbank Platz nahm. Das war schon mal viel amüsanter als am häuslichen Eßtisch. Und sie kochte herrliche Dinge, die mir neu waren: Apfelkartoffeln mit Kalbsleber, gebratene Scheiben von Thunfisch-Filet mit Kartoffelbrei, und der Gipfel der Köstlichkeit waren Mandeleierkuchen, in die anstelle des Mehls ganz fein geriebene Mandeln (auch zwei bittere) unter den Eierschaum gehoben wurden. Ich habe immer ganz langsam und andächtig gegessen, um den Genuß möglichst auszudehnen. Und dann die Mohnpielen! Doch davon durfte ich immer nur eine kleine Portion essen, „weil es für Kinder nicht bekömmlich ist".

Nach dem Wechsel ins Oberlyzeum bekam ich für den Schulweg ein Fahrrad, mit dem ich immer mal bei Tante Schumme vorbeifahren konnte. Aus dieser Zeit erinnere ich mich nur noch an Matze, die Tante Schumme mit einer besonderen Gebärde brach und Onkel Franz und mir darbot. Wir waren sozusagen eine kleine Ökumene: sie Jüdin, er Katholik, ich ein Protestantenkind. Und ich saß immer noch auf dem Bänkchen zu ihren Füßen.

Als meine Großmutter starb und unser Mädchen zu seinen Eltern in die Mark Brandenburg zurückkehrte, wurde ich Selbstversorger, weil meine Mutter berufstätig war. Ich kochte mir Tüten-Pudding (Mändelchen, Schoko oder Karamel), brachte bald einen klümpchenfreien Grießbrei zustande, lernte Pommes frites in Olio sasso zu backen („das Öl muß ganz zart bläulich rauchen!") und Raffinessen wie „Arme Ritter", die aus Einback (Vorstufe von Zwieback) bereitet wurden, den man in Eiermilch einweichte, panierte und in viel Butter briet: außen knusprig, innen saftig und mit viel Himbeersirup und dick Zucker oben drauf!

Mütter meiner Mitschülerinnen, mit denen sich meine Mutter angefreundet hatte, sowie eine ihrer Jugendfreundinnen hielten diese Art von Kocherei offenbar für barbarisch und beschlossen, daß ich die Woche über reihum bei ihnen Tischgast sein sollte. Sie kochten so, wie ich es von früher gewohnt war, und man könnte diese Epoche mit Stillschweigen übergehen, wenn nicht Olgas Vater Hoteldirektor im legendären „Kaiserhof" gewesen wäre. (Anmerkung für jüngere Nicht-Berliner: Es gab ein Buch „Vom Kaiserhof zur Reichskanzlei", weil Adolf Hitler, sooft er in Berlin war, im Restaurant des „Kaiserhof" seinen Kakao zu trinken pflegte und sich dort offenbar ein Nazi-Treffpunkt einnistete.) Olgas Eltern hatten eine geräumige Dienstwohnung in der obersten Etage, komfortabel, aber ohne Küche; die Familie wurde aus der Küche des Hotelrestaurants verpflegt. Für mich eine ganz fremde Welt. Das Eßzimmer hatte Fenster über Eck, dazwischen einen großen Kamin, auf dem eine dekorative, aber ungnädige blau-graue Angorakatze lag. Dann erschienen ein Kellner und ein Pikkolo und teilten in Minitäßchen ein Süppchen von fabelhafter Güte aus (ein randvoller Teller wäre für mich – Sportmädel, das ich war – überhaupt kein Problem gewesen). Dann folgte auf eindrucksvollen Platten aus Hotelsilber Braten von ebenso fabelhafter Güte, allerdings (vielleicht mit Rücksicht auf zahnlose greise Gäste) in so erstaunlich hauchdünne Scheiben geschnitten, daß ich sie zusammengefaltet bequem mit einem einzigen Haps hätte essen können. Dazu vielleicht zwei Teelöffelchen exquisiter Sauce, ein Gemüselöffelchen allerzartesten Gemüses und zwei Croquetten. Auf gut Zureden von Olgas Mutter nahm ich beim zweiten Anbieten noch eine Briefmarke Braten, dito Gemüse und Croquetten und fühlte mich wie ein gefräßiges Ungeheuer, obwohl mein Magen vor Hunger zu toben begann. Den Abschluß bildete eine unbeschreiblich leckere Speise (Vorstufe zu Ambrosia!), die vermutlich aus einem Eierbecher gestürzt worden war. Dazu ein Gedicht von Sauce – in einer Menge, die wahrscheinlich ihrer Kostbarkeit entsprach.

Nachdem wir unsere Hausaufgaben gemacht hatten, wurde gemeinsam Kaffee getrunken. Kaffee für die Mama, Tee, Toast und Orangenmarmelade für den Papa, Schokolade mit Sahnehäubchen für uns Mädchen. Und das gleiche Drama wie zur Mittagszeit: riesige Platten, auf denen eine Auswahl der herrlichsten Gebäckstücke prangten – sofern Nußtörtchen, Mohrenköpfe usw. in dieser Miniatur-Spezialanfertigung zu ‚prangen‘ imstande sind. Sobald ich mich nach einer angemessenen Anstandsfrist verabschiedet hatte und daheim gelandet war, stopfte ich mich mit riesigen Stullen voll, dick bestrichen mit Butter oder Griebenschmalz, vielleicht noch ein paar Löffel Kunsthonig hinterher (der nicht so tropfte), und allmählich kamen meine Magennerven zur Ruhe. Olgas Mutter hatte es bestimmt herzensgut gemeint, der Einblick in eine gänzlich andere Lebensweise hat gewiß meinen Horizont erweitert, aber für mich waren diese Mahlzeiten eine einzige Qual; deshalb habe ich diese edle Aktion früher oder später bestreikt.

Während ich in einem Fachschul-Internat in Eisenach war, wurde Tante Schummes Laden im November 1938 beschmiert und verwüstet. Sie zog ans nahe Gröben-Ufer zu ihrer Schwester Hedwig, die ebenfalls verwitwet war. Als ich ein Jahr später nach Berlin zurückkehrte und meine Ausbildung zum Teil auch in Abendkursen fortsetzte, blieb kaum Zeit, die Tanten zu besuchen, zumal wir von Treptow in den Grunewald gezogen waren, aber meine Mutter hielt den Kontakt aufrecht. 1942 erklärte sie mir, daß wir die Damen an einem festgelegten Tag aufsuchen sollten. Es muß Sommer gewesen sein, denn die Bäume vor Tante Hedwigs Wohnung waren dicht belaubt. Wir kamen in der Dämmerung zur Abendbrot-Zeit. Und was hatte diese liebevollste aller Tanten im dritten Kriegsjahr auf den Tisch gezaubert? Mohnpielen! „Und heute darfst du so viel davon essen, wie du möchtest! Ich habe sie für dich aufgespart.“ Dennoch war die Mahlzeit bedrückend, obwohl ich den Anlaß noch nicht wußte. Während ich in die Küche geschickt wurde, um den

Abwasch zu erledigen, nahmen die Erwachsenen voneinander Abschied. Beim Aufbruch schenkte mir Tante Hedwig die Teegläser, aus denen die beiden getrunken hatten und die Querflöte ihres Mannes (sie liegt immer noch auf einem meiner Bücherschränke). Von Tante Schumme, die wunderschöne Handarbeiten machen konnte, bekam ich ihren Nähkasten („Liebkind, ich werde bestimmt nicht mehr nähen") und einen Zopf Knoblauch („Weil du schon eine kleine Kochkünstlerin bist"). Am nächsten Tag sagte mir meine Mutter, daß es der letzte Abend dieser beiden alten Frauen war; sie wollten der bevorstehenden Deportation zuvorkommen und aus dem Leben scheiden.

Ein Jahr später heiratete ich, zog mit einem Mann ins Osthavelland, wo er – schwerkriegsbeschädigt – seine erste berufliche Tätigkeit aufnahm, und erntete dank Tante Schummes Zopf trotz der ärmlichen Zutaten großes Küchenlob. Im Mai 1944 wurde unser Sohn geboren. Mein Mann – erst der Hölle von Stalingrad entronnen und nun auch noch Vater! – war ganz außer sich vor Glück. Wir hatten kein Telefon, es war ungefähr 22.30 Uhr, als er aus dem Krankenhaus heimkam. Mit wem sollte er am fremden Ort seine Freude teilen? Er plünderte für Hund und Katze die dürftige Speisekammer (es wird Blutwurst und etwas Streichkäse gewesen sein) und bekratzte sich mehrere Butterbrote. Und was tat er darauf? „Du hattest da so harte weiße Zwiebelchen. Es war zwar mühsam, die Schale abzupellen, aber es hat hervorragend geschmeckt!" Mein Krankenhauszimmer stank, das ganze Landratsamt stank. Aber wenn alles so geschieht wie in meinem Kinderglauben, dann hat Tante Schumme von ihrer Wolke herabgeschaut und gelächelt.

Zeitlauf in Pommern

Geboren wurde ich im Jahr 1932 in Hinterpommern, in einem hübschen kleinen Badeort, Bad Polzin, Belgard, als einzige Tochter. Wir waren, was Geld und Gut betraf, sehr arm; und doch hatte ich eine herrliche Kindheit, und ich erinnere mich gerne zurück.

Sonnabends roch es bei uns nach Bohnerwachs und Kuchen, und diesen Duft nach Sauberkeit und süßem Luxus habe ich heute noch in der Nase. Zum Abend gab es meistens Würstchen; obwohl meine Mutter sehr sparen mußte, so machte sie doch das Wochenende immer zu etwas Besonderem. Auch was Kleidung anbetraf, sonntags machte man sich fein und ja nicht schmutzig.

Meine Mutter kochte sehr gut, nur mochte ich nicht alles. Klieben zum Beispiel habe ich gehaßt; das waren in Milchsuppe gekochte Mehlklümpchen. Ich habe sie möglichst im ganzen geschluckt, was bei groß geratenen Klieben nicht so einfach war. Im Sommer gab es Kirschkaltschale mit Eierklieben, die gingen gerade noch so. Bei Spinat, den es meiner Blutarmut wegen viel gab, lag manchmal der Stock daneben. Ich mag Spinat immer noch nicht.

Eine meiner Lieblingsspeisen waren Buttermilchskartoffeln. In mit etwas Mehl angedickter Buttermilch wurden, zusammen mit Lorbeerblatt und Gewürzkörnern, kleingeschnittene Kartoffeln gekocht; darüber kam dann angebratener und in Streifen geschnittener Schweinebauch. Überhaupt sind Kartoffeln wohl die Lieblingsspeise aller Pommern, denn bei uns wuchsen die besten. Junge Pellkartoffeln, am liebsten mit frischer Butter, saurer Sahne oder Schnittlauchquark, esse ich immer noch sehr gerne. Oder mit „Schusterstippe", das waren angebratener Speck und Zwiebeln, mit Mehl bestäubt und gebräunt, mit Wasser aufgefüllt, zu einer sämigen Soße gekocht, die kräftig mit Majoran gewürzt wurde. Majoran gehörte auch in viele Eintöpfe wie Wruken (Kohlrüben) mit Gänseklein oder gelbe Erbsen mit Poten (Schweinefüße).

Meine Oma war eine Kräuterfrau. In ihrer Kammer waren die Bündel Thymian, Majoran, Bohnenkraut und noch so allerhand zum Trocknen aufgehängt. Ich schlief gerne dort.

Jedes Frühjahr machte sie ihre Blutreinigungskur mit Wacholderbeeren. Sie aß sie täglich, mit einer angefangen, bis zu zwölf Stück: und dann wieder rückwärts gezählt. Ich habe sie sehr bewundert. Bei ihr bekam ich für meine Puppenküche auch Kakao, Zucker und Haferflocken; sie hatte keine Sorge um Kleckereien. Ein kleines Geheimnis zwischen uns war Baldrian. Wenn ich sagte, Oma, ich habe Bauchschmerzen, dann bekam ich ein Stück Würfelzucker mit einem Tröpfchen drauf. Das schönste bei ihr war der Kochherd. Er war in der Wand mit zwei schönen Holztüren davor, und wenn man den Kopf weit hineinsteckte, konnte man sogar ein Stück Himmel sehen.

Manchmal machte sie eine Schüssel süßsaurer Stinte (kleine Weißfische), die mein Vater gerne aß. Zu Sylvester machte sie Karpfen polnisch; die Soße, die es dazu gab, mit Pfefferkuchen und Mandeln, liebte ich auch sehr. Bei Mandeln fällt mir Polak's Mändelchen ein. Diesen leckeren Pudding gibt es bei uns heute noch. Es mag ihn nicht jeder, aber ich kaue sehr gerne auf den kleinen Mandelstückchen herum.

Ach ja, Weihnachten, Apfel, Nuß und Mandelkern. Meine Mutter sparte das ganze Jahr über in einer großen Kaffee-Schilling-Büchse, welche oben auf dem Küchenschrank stand, die guten Zutaten für die Weihnachtsbäckerei zusammen. Sie hat sich bestimmt manchmal gewundert, warum nicht viel mehr Mandeln und Rosinen darin waren; oder wußte sie es vielleicht? Ich hatte immer ein klein wenig schlechtes Gewissen bei der Weihnachtsbäckerei. Jeder bekam seinen eigenen bunten Teller, und was tat mein Vater? Er ging tauschen. Wer gab ihm Marzipan? Dafür gab er alles andere; er aß es schrecklich gern. Später dann, im Krieg, mußten wir mit Kürbiskernen vorlieb nehmen. Getrocknet und von der Schale befreit aß ich sie sehr gerne, aber süßsaures Kürbiskompott natürlich auch.

Von der obligatorischen Weihnachtsgans aß ich am liebsten die Äpfel aus der Füllung, weil sie so schön würzig nach Beifuß und Thymian schmeckten. Na, und ein Winter ohne

Bratäpfel aus der Ofenröhre war doch undenkbar. Man kann sie natürlich heute auch im Herd machen, aber es ist nicht dasselbe.

Obwohl, manches verklärt die kindliche Erinnerung: Ich habe zum Beispiel leidenschaftlich gern die rautenförmigen Nappos genascht, weil das Kauvergnügen so schön lange währte. Als Erwachsene war ich enttäuscht; sie waren viel schneller weg. Aber gepreßte Milchschokolade liebe ich heute noch, in Form von Osterhasen und Weihnachtsmännern.

Pfingsten habe ich auch in schöner Erinnerung, nicht nur, weil ich ein neues Kleid und neue Schuhe bekam, es roch so gut nach Birkengrün und Kalmus. Wir holten es aus der „Schmidtschen Schlucht", wo immer ein schönes Froschkonzert war. Und dann war die ganze Stadt mit jungem Birkengrün an den Haustüren geschmückt. Es war ein Fest für Augen, Ohren und Nase. Es gab Kurkonzert, frischen Streuselkuchen und mein erstes Eis im Café Cell.

Dann freute ich mich aber schon auf die Sommerferien, die ich bei meiner anderen Oma auf dem Land verbringen durfte. Ich hatte mein Bett in der Melkkammer, und mein Becher kuhwarme Milch im frühen Morgenhalbschlaf war etwas Herrliches. Als blasses Stadtkind mußte ich ja wieder aufgepäppelt werden. Abends gab es dort meistens Milchsuppe, aber mit Grieß; und in der Mitte des Tisches eine für mich riesengroße Pfanne mit leckeren Bratkartoffeln, wo sich jeder mit seinem Löffel nach Essens- und Herzenslust bediente. Auch dort waren Kartoffeln die Hauptspeise; und mir schmeckten am besten die aus dem Schweinedämpfer, wovon wir manchmal ein paar in unsere Schürze bekamen. Dazu ein Tütchen Salz und aus dem Garten junge Kohlrabi, Möhren oder Radieschen; was für ein Festmahl für uns und unsere Puppen auf der Wiese. Hinterher kletterten wir in den Kirschbaum, der am Klohäuschen stand, und übten Weitspucken. Und es duftete und schmeckte einfach nur nach Sommer.

Einmal in diesen Wochen wurde frisches Brot im Dorfback-ofen, der vorher mit Reisig aufgeheizt wurde, gebacken. Wir Kinder bekamen dann einen Klumpen Sauerteig ab, von dem sich jedes nach Gusto einen Stuten formte und mit Kirschen oder Rosinen verzierte. Wichtig dabei war das Geheimzei-chen aus kleinen Hölzchen, damit auch jeder seinen eigenen Stuten wiederbekam. Gerne gingen wir auch die Stiegen hoch in die Räucherkammer, was ja eigentlich verboten war, um dort die Würste und Schinken zu beschnuppern, welche im Duft des Buchenholzrauches hingen. Zu dem guten Gänse-schwarzsauer mit Backobst und Klößen, das es Ende der Ferien als Krönung gab, machte meine Oma etwas, das ich höchst sonderbar fand. Die Füße der Gans wurden gebrüht, abgezogen und mit gereinigtem Gänsedarm umwickelt und, ich glaube, gekocht. Zuerst wollte ich nicht so recht, aber es erwies sich als eine würzige und leicht süßliche Knabberei.

Sauerampfersuppe habe ich auch noch in Erinnerung; und bei unserem Besuch 1972 in Polen bekamen wir sie im Hotel auch vorgesetzt. Bei einem späteren Besuch mit einer Grup-pe ehemaliger Schüler aus der Heimatstadt entdeckten wir in einem Garten einen Baum mit „Langsüßen". Der Besitzer hat sich wohl über unsere Begeisterung amüsiert, aber be-reitwillig etliche aufgesammelt und uns geschenkt. Diesen heimatlichen Apfel habe ich noch nirgendwo entdeckt. Auch habe ich noch den Geschmack dieser würzigen, kleinen Bir-nen, Kruschen genannt, auf der Zunge.

Als wir im Frühjahr 1945 nach Mecklenburg verschlagen wurden, habe ich anfangs nur Hunger in Erinnerung, und jeder mußte versuchen, etwas Essen zu ergattern und das Wenige möglichst noch zu strecken. So gab es eine Suppe, die wir „Schlumps" nannten; es war Wasser, mit einer oder zwei Kartoffeln sämig gekocht; und die Kartoffeln oder Korn haben wir von den abgeernteten Feldern „gestoppelt". Aber auch diese Zeit ging allmählich in eine bessere über. Ich hatte immer Glück. Als ich mit Kopftyphus und mehr als 40 Grad Fieber erkrankte, war meine Rettung der viele Holun-

derbeersaft im Keller unserer Vermieterin, den sie bereitwillig
für mich opferte, denn Medikamente gab es ja nicht. Diese
Zeit hat mich geprägt, und ich verabscheue nichts so sehr, als
wenn jemand Eßbares in den Müll wirft.

Eine erzgebirgische Geschmackssinfonie

Mir geht es wirklich und voller Wehmut um Geschmackserinnerungen. Wenn ich mich hierin mitteile, so in der Hoffnung, folgenden Generationen einen Begriff von dem zu
vermitteln, was sie verloren haben – und der heutigen davon,
was sie ohne Not gerade und fortwährend kaputtmacht. Was
da schon verlorengegangen ist, oft unwiederbringlich, läßt
mich zuallererst nach dem Sinn des sogenannten Fortschritts
fragen und ihn bezweifeln. Was hülfe es dem Menschen, so er
die Welt gewönne – und doch Schaden nähme an der Befriedigung seines Gaumens? Angesichts der vielen Leute, die für
chinesische, italienische oder gar Fast-Food-Küche schwär-
men, wie sie an sich schon geschmacklose Wurst mit Curry-
soße und Ketchup übersudeln, werde ich oft doch ziemlich
ratlos, denn offensichtlich schmeckt es denen. Wenn meine
Geschichte dazu beitrüge, das gute Essen in Deutschland zu
erhalten oder wiederherzustellen, dann würde ich mich wohl
am meisten darüber freuen.

Es mag ja sein, daß wir in sehr jungen Jahren den Geschmackssinn fürs ganze Leben ausprägen, daß also Mutters
Küche oft der immerwährende Schreck der kochenden Ehefrau sein muß. In meinem Falle kann ich behaupten, daß das
nicht so ausschließlich auf Kindheit und Mutters Hausmannskost festgelegt ist, sondern daß ich durchaus auch noch
später prägende Geschmackserlebnisse hatte und daß selbst
die Küche meiner Frau zu einigen meiner Erinnerungen bei-
trägt. Wie weit das dennoch vom kindlichsten Grundmuster
beeinflußt ist, vermag ich schwer zu sagen, eine gewisse Maß-
einheit oder gar Meßlatte wird es doch wohl sein.

In meinem Falle ist das, da meine diesbezüglichen ‚Sensoren' besonders ausgeprägt zu sein scheinen, fast pathologisch – und tragisch, denn es muß ja durchaus kein Vorteil sein, wenn man für sein Leben gern ißt wie ich, immer aber dabei einer Geschmacksrichtung nachspürt, die es einfach nicht mehr zu geben scheint. Was hilft es da, wenn man sich einzureden versucht, daß man früher, weil man arm war, einfach alles Eßbare viel mehr schätzte. Und doch jage ich diesem Grundmuster nach und bin kulinarisch wohl heute einer der unzufriedensten und also auch unglücklichsten Esser. Womöglich esse ich deshalb auch so viel, weil ich immer auf der Suche bin; niemand käme angesichts meines etwas überhängenden Bauches auf den Gedanken, daß da wehmütige, aber enttäuschte Erinnerungen gespeichert sind. Vielleicht aber habe ich wirklich das Unglück, ausgerechnet auf dem kleinen Fleck Erzgebirge aufgewachsen zu sein, der durch seine Höhenlage, sein Klima und seine Bodenbeschaffenheit etwas Einmaliges hervorbrachte.

Damit Sie meine „Erinnerungen" richtig einordnen können, muß ich Ihnen sagen, daß ich 1928 in Zethau im Erzgebirge geboren wurde und 1936 nach dem ungefähr zwanzig Kilometer nördlicher gelegenen Freiberg/Sachsen umzog. 1944/45 war ich dann in verschiedenen Wehrertüchtigungs- und vormilitärischen Ausbildungslagern, meistens in Sachsen, doch auch in Gießen an der Lahn. Ich war kaufmännischer Lehrling in einer Lebensmittel- und Bäckereibedarfs-Großhandlung und besuchte im dritten Lehrjahr als Reisender all unsere Bäckerkundschaft, wobei ich natürlich oft in den Backstuben selbst mit den dort tätigen Meistern sprechen mußte. Oh herrliche Düfte!

Nach dem Krieg war ich dann in ganz Deutschland unterwegs, oft nur in Durchgangslagern, mal in Jugendwohnheimen, später wohnte ich auch möbliert (und lernte natürlich viele Küchen recht gut kennen, unter anderem auch die Spätzle-Küche der Schwaben). Diese Zeit war auch sehr anregend, denn durch die vielen Heimatvertriebenen kam man

da und dort auch an schlesische und ostpreußische Köchin-
nen. 1950 heiratete ich wieder in Freiberg, ging 1957 mit
Familie in den Westen und lebe seit 1958 hier in Bendorf am
Rhein, zwischen Koblenz und Neuwied. Landschaftlich
wunderschön, aber kulinarisch kann man es am besten eng-
lisch beschreiben: There's no there there – ja, hier gibt es
nichts, aber auch gar nichts. Als Malergeselle wurde ich oft
mit an den Mittagstisch gebeten, aber in der Erinnerung
bleiben nur zwei bis drei rheinische Sauerbraten. Leider bekommen Sie die heute auch nicht mehr, mangels richtigem
Fleisch.

Im Erzgebirge, genauer in der näheren Umgebung Ze-
thaus, prägten sich mir unauslöschliche Geschmackserinnerungen ein, zunächst an Milch und Eier, dann an Beeren,
Obst und Pilze, dann an Butter, Quark und Kuchen, nicht
zuletzt an Weihnachtsstollen und – Leinöl! Sie müssen wissen, daß in diesem Dorf außer Zucker, Salz und verschiedenen Gewürzen praktisch nichts eingeführt werden mußte.
Hätte man es ummauert und rundum vermint, die Leute
lebten heute noch in einer Oase. Zufrieden wären sie natürlich auch nicht gewesen, das kann der Mensch wahrscheinlich nie und nirgends von Natur aus, aber jeder, den man aus
der Oase verstoßen würde in unsere heutige Fraßlage, wäre
mit Sicherheit unglücklich. Legen Sie mich in Narkose auf
eine Wildkräuterwiese in Zethau: Ich werde Ihnen mit ver-
bundenen Augen beim Aufwachen sagen, wo ich bin.

Zunächst sind es also nicht einmal besonders zubereitete
Gerichte, es sind ganz schlicht und einfach die natürlichen
Produkte aus natürlicher Produktionsweise, denn irgendwelche Kunstdünger und Spritzmittel gab es nicht: Das Ei
kam immer von einem Mistkratzer, der mit den Körnern
und anderem Freßbaren des betreffenden Hofes gefüttert
worden war. Die Kühe fraßen auf der Weide die oft recht
spärlich wachsende Vegetation, die Schweine bekamen die in
Mist gesetzten Kartoffeln, zusammen mit der von der Mühle
rückgelieferten Kleie, die Gänse auch, und wann und wo

man Milch holte: Es war immer nur Vollmilch, auf der von selbst eine Fettschicht aufschwamm. Die Bauern machten ihren Quark und ihre Butter selbst, und ein bis zwei Mal im Jahr war Schlachtfest. Die Schweine in der Brauerei fraßen die Braurückstände, sie waren immer die größten und muntersten Schweine, wahrscheinlich war also sogar das dort Gebraute recht genießbar. Wir haben das auf den Eichenfässern beim Abfüllen übergeflossene Bier abgeschlürft, aber das war mehr Neugier. Freiberger Weizenbier, ein Dunkles mit wenig Alkohol aber viel Malz, schmeckte mir später besser. Und da wir gerade bei den Getränken sind: Milch, auch als Grundlage für Kakao, war natürlich richtig ‚kuhig‘. Da wurde mit der Hand gemolken, ab und zu ersoff auch mal eine Fliege drin, die wurde eben rausgeangelt, und auch vom wedelnden Kuhschwanz konnte sich schon mal ein ‚Bröckchen‘ lösen und in die Milch fallen: Das wurde dann alles durch ein Sieb gegossen – und fertig. Wir haben die Milch frisch vom Melken geholt und noch warm getrunken. Aber das war so selbstverständlich, daß es mir, wie auch die wunderbare, kostenlos erhältliche Buttermilch, erst bewußt wurde, als ich in Freiberg mit den ersten *Molkerei*produkten in Berührung kam: Das sollte *Milch* sein, oder *Buttermilch* oder *Butter*?

Die selbstgebutterte Butter war schön gelb und gesalzen, manchmal auch nicht ganz so richtig ausgewaschen, da spritzte es ein bißchen beim Streichen. Zur Kühlung schwamm diese Butter im Trog im Butterhäuschen, dort lief meistens Quellwasser (kostenlos aber fein) zu und über – ab in den Dorfbach. Man kann sich bei unserer städtischen Wasserqualität gar nicht recht vorstellen, was das eigentlich war. Eine Geschmackserinnerung an dieses Wasser habe ich nicht, aber es wird in allen mit ihm zubereiteten Gerichten schon eine Rolle gespielt haben.

Hatte man irgendeinen besonderen Tag, dann bekam man von ‚seinen‘ Bauern ein Butterschäfchen geschenkt: Ich hatte zum ersten Schultag achtzehn Stück davon. So wie jeder

Bauer seine bestimmte Butterform hatte, aus Holz mit eingeschnitzten Verzierungen, so hatte er auch eine Form für richtige Schäfchen: Das war als Geschenk am billigsten. Heute gäbe ich gern zwanzig Mark für so ein Schäfchen, aber seither habe ich noch keinen gefunden, der wieder richtig buttert; vielleicht besinnt sich mal einer – und vielleicht komme ich mal bei ihm vorbei. Denn das ist gerade noch mitten im Lernprozeß: Die Erzgebirgler wissen gar nicht, was sie eigentlich besitzen. Sie wissen auch nicht, was sie alles verloren und selbst mit abgeschafft haben. Zunächst einmal war alles aus dem Westen das Bessere: Nun fangen sie langsam an, sich wieder zu besinnen. Offenbar ist eine Holland-Tomate oder ein deutscher Lagerapfel doch nicht ganz überzeugend.

Jedenfalls kam alles Futter aus eigenem natürlichen Anbau. Die Schweine mußten so fett sein, wie es nur möglich war, der Speck so dick wie möglich, die Gänse mußten mit dem Bauch im Schnee geschliffen haben, die Forellen und Krebse aus Bach und Teich gingen meistens in die ‚feinen‘ Hotels in Freiberg, selbst aß man Hering, der damals noch nach „Rogner“ oder „Milchner“ ausgewählt wurde. Kein Mensch wäre auf den Gedanken gekommen, etwas gegen Fett zu sagen, denn Speck war in jeder Küche ein Hauptgewürz, beim Wurstmachen und in den Würsten selbst, meist Blut- oder Leberwurst, schwamm das Wurstfett aus, eine Delikatesse wie das Gänsefett, nur von ganz anderem Geschmack. Meistens wurde dieses auch gleich beim Braten mit geschmolzen und dann abgeschöpft, eine Gans briet dann regelrecht im eigenen Fett – und das gab es dann, wenn die Gänse gut waren, fast bis Ostern aufs Brot. Ich kann meine Kinder bestens verstehen, daß sie Gänsefett nicht mögen: Sie haben nur das kennengelernt, was es hier und heute zu kaufen gibt. Ob das überhaupt je eine Gans gesehen hat..., jedenfalls werde ich mir mal wieder so eine richtige mit Hafer und Kartoffeln gemästete Bauerngans aus dem Erzgebirge besorgen. Schon jetzt aber ist das nicht so einfach: Die wieder selbständigen Bauern haben bereits einen Kundenstamm – und den beliefern sie natürlich vorzugsweise. Ich gehöre da leider zwangsläufig nicht dazu.

Bedenkt man, daß auch sehr viel Leinöl gemacht wurde – es war im einmarinierten Hering, Heringe selbst wurden darin gebraten, es war im ‚eingerührten‘ Quark, neben Zwiebel oder Schnittlauch, es wurden Keilchen darin gebraten, wobei eine unvergeßliche goldgelbe Kruste entstand, es wurde auch direkt zu Pellkartoffeln gegessen –, so ist doch bemerkenswert, wie wenig fette Leute es damals gab. In Freiberg hatten wir das Glück, daß da noch bis zum Krieg die Ölfrau kam mit ihrer Kanne. Ölmühlen gab es ja auf vielen Dörfern, und das Öl aus erzgebirgischem Lein war immer kaltgeschlagen und mühlenfrisch. Ganz klar war es nicht; in der Ölflasche, die in jedem Haushalt zu finden war, setzte sich mit der Zeit allerhand ab an Schwebstoffen, doch wenn man einen Löffel davon schluckte, dann wurde der Schlund frei wie von Menthol.

Ich habe auch hier in Bendorf alle möglichen Sorten von Leinöl versucht, vom Versand und aus dem Reformhaus: Es hat nie mehr so geschmeckt. Einige Hausleute meinten sogar, als wir Keilchen gebraten haben, wir würden Firnis essen – da haben wir es dann auch seinlassen, höchstens aus gesundheitlicher Vernunft halt ab und zu mal Reformhausöl an den Quark gemacht. Und nun bekam ich vor einigen Monaten eine Flasche aus einem Dorf bei Freiberg: Das hat gebrutzelt, daß es eine Lust war, und schon mehr als vierzig Jahre hatte ich mich nach diesem Geschmack gesehnt. Es war also doch keine Selbsttäuschung gewesen, es mußte halt nur dieses ganz bestimmte Leinöl sein, und schon waren die Keilchen (aus rohen geriebenen Kartoffeln, mit Zucker oder Kompott gegessen) wieder Wirklichkeit.

Und all die anderen Erinnerungen sind also auch real!

Daß ich mich natürlich bemühte, gleich eine weitere Flasche von diesem Leinöl zu bekommen, versteht sich. Leider kam es nun, unter demselben Etikett, aus dem Supermarkt:

schon vorbei! Diese Ölmühle hat sicher einen ‚Westberater‘ dagehabt und schnell gelernt, wie man die hundertprozentige Ausbeute aus Lein herausholt.

Schon damals machte meine *Mutter* genannte Oma den besten Buttermilchgetzen; meiner Mutter gelang er nie. Das war ein Keilchenteig mit Buttermilch, in einer gußeisernen Pfanne so bis fünf Zentimeter dick mit Leinöl in der Ofenröhre ausgebacken. Eine goldgelbe Köstlichkeit mit leichter Leinölkruste, Rosinen drin, ziemlich schnittfest. Meine Oma war ‚reicher‘ als wir, als Hebamme und Hausbesitzerin, so konnte sie sich Bohnenkaffee leisten. Das ganze Haus roch danach, wenn sie sich ihr Täßchen kochte – und wenn sie uns dann hereinrief, um uns eine Honigsemmel anzubieten, lief uns, wie beim Buttermilchgetzen, schon auf der Treppe das Wasser im Munde zusammen. Den Honig holte sie vom Schmied nebenan, der hatte sieben richtige Stroh-Bienenstöcke und schleuderte selbst. Honig von erzgebirgischen Wildkräuterwiesen, auf einem Brötchen aus diesem Mehl und von diesem Bäcker, dazu eine Tasse heiße Milch, denn Bohne kriegten wir natürlich nie, was wollte man mehr?

Was Waldhimbeeren aus Zethau sind und davon gekochte Marmeladen oder Saft, das kann man nicht beschreiben, das muß man gekostet haben, ebenso Preiselbeeren, die der Straßenhändler im Körbchen spottbillig bis vors Haus brachte. Meine Tante war die fleißigste Himbeersammlerin, und wenn sie dann kochte, roch es bis weit auf die Straße danach. Bei ihr gab es dann immer Grießbrei mit Himbeersirup, wozu wir uns gern einladen ließen. Machte sie hingegen „Thüringer Klöße“, dann haben wir uns schnell verdrückt, denn das wurden stets grün-bläuliche Gummibälle, und ihre selbstgemachten Nudeln wurden auch nie so, wie ‚richtige‘ Nudeln sein mußten; bei ihr war das alles zu dick, gekocht mehr breiig. Ich sage das nur, weil es zeigt, daß wir durchaus nicht unkritisch alles hineinstopften, wenn’s nur eßbar war. An Süßwaren habe ich beispielsweise aus diesen Zethauer

Jahren fast keine Erinnerung, obwohl jeder Besuch natürlich ein „Tütchen" mitbrachte.

Ein ganz besonderes Kapitel waren die Äpfel. Überall standen diese alten großen Apfelbäume, an den Höfen und auf den Weiden selbst. Keiner wird gewußt haben, was das eigentlich für Sorten waren, doch ich erinnere heute noch genau den Geschmack von einigen. Von süß-sauer bis hocharomatisch, von weiß-gelb bis graugrün und dunkelrot gab es alles, und keine Sorte schmeckte wie die andere. Ein vom Nachbarn gekaufter Zentnersack voll (damals für eine Mark) enthielt die verschiedensten Sorten mittelfrüher Äpfel, doch was es da in diesem Sack an Geschmack gab, das kann ein ganzer Fruchtmarkt heute nicht mehr bieten: alles aus einem Garten von 2000 bis 3000 Quadratmetern. Und rundum standen noch weitaus andere Sorten. Meine Oma hatte eine Art grauen Boskop, nicht besonders groß und ansehnlich, doch lagerfähig bis Mai. Und wenn diese Dinger dann aus dem Keller geholt und in der Ofenpfanne gesimmert oder auf der Herdplatte gebacken wurden, dann bereiteten sie einen großartigen Genuß. Beschreiben lassen sich diese verschiedenen Geschmacksrichtungen der Äpfel sowenig, wie man einem Blinden Farbe beschreiben kann. Einer der größten Schäden der DDR-Zeit wird sein, daß den Landmaschinen der LPGs all diese Bäume weichen mußten. Unwiederbringlicher Sortenverlust.

Eine andere unbeschreibliche Spezialität sind die Pilze, die wir in der „Pilzzeit" jeden Sonntagmorgen sammelten, vorwiegend Steinpilze, Braunheedl und Rotheedl. Nirgends in Deutschland habe ich je diesen Geschmack wiedergefunden, schon in Freiberg war er anders, schwächer. Als mein Vater nach dem Krieg einmal vom Erzgebirge heimkam, habe ich durch seinen Luftwaffen-Rucksack – aus sehr dicker und wasserfester Zeltplane – hindurch gerochen, daß er Pilze gesammelt hatte, so unverwechselbar und stark dufteten sie. Die geeignetsten Pilze wurden getrocknet und später an Fleischgerichten verwendet. Ein Gulasch ohne Pilze wäre undenkbar gewesen. Die anderen wurden entweder gebraten, mit Kümmel mochte ich sie nicht, ebensowenig wie Kümmel an Omas Keilchen, selbst wenn sie auch noch Rosinen drin hatte. Kümmel akzeptiere ich auch heute noch nur in Weißkraut-Eintopf. Ein spezielles Pilzgericht waren süßsaure Pilze, da wird mit gebräuntem Mehl und Speck, Essig und Zucker gewürzt.

Üblich war es, an Festtagen zu backen, und zwar beim Bäcker auf Blech. Berühmt war dazu Storchs Quark, den mußte man rechtzeitig vor dem Backen bestellen. Dieser Bauer wird wahrscheinlich seine ganze Milch zu Quark verarbeitet haben, denn wann man auch kam, immer hingen diese weißen Leinensäcke im Butterhaus und tropften. Man bekam keinen, wenn er nicht richtig fertig war, und fertig hieß: abgetropft und fast krümelig, doch unwahrscheinlich sahnig. Wahrscheinlich hat Storch seinen eigenen Bakterienstamm gehabt, denn diesen Quark mit seinen speziellen Eigenschaften gab es nirgends sonst: Er würgte nie, sondern ging hinab wie Butter – und der Geschmack war genau das, was ich als Quark bezeichnen möchte. Auf Quarkkuchen begann er schon am Tag nach dem Backen an der Oberfläche zu ‚reißen‘, doch blieb er saftig und geschmackvoll bis zum Schluß. Wenn an Feiertagen oder zu Kirmes gebacken wurde, dann war das ganze Dorf eine einzige Bäckerei: Alles roch nach Kuchen, denn kaum eine Familie hat nicht gebakken. Die Bauern ließen meist runde Kuchen backen, wie ja auch das runde Brot üblich war, und aufgeschnitten bekam man dann Dreiecke. Einen Quarkkuchen mit Rosinen und Storchs Quark, einen Zuckerkuchen mit dieser Bauernbutter oder einen Pflaumenkuchen mit diesen Pflaumen, das muß man einfach gegessen haben.

Eine schöne Sitte in diesem Dorf war zu Kirmes das „Kuchensingen“. Da zog man von Haus zu Haus, von Bauernhof zu Bauernhof, sang irgendwas – und bekam ein Paket Kuchen geschenkt. Auch unser Kuchen oder der von *Mutter* wurde so zum Teil weggesungen; wir Kinder brachten dafür den von anderen Dorfbewohnern heim. Man bekam so einen ziemlichen Überblick über alles, was da an Kuchen gebacken wurde. Streuselkuchen und Kirmeskuchen, der war ähnlich wie Streuselkuchen, nur mit Grieß und Korinthen als Streusel, waren nicht das, was ich bevorzugte, mir waren Quark- und Zuckerkuchen am liebsten. Die Pflaumenkuchen gab es erst später, für die war Kirmes zu früh.

Als ganz große Geschmackserinnerungen aus dieser Zethauer Zeit sind vor allem die Schlachtfeste geblieben. Jeder Bauer schlachtete und machte Wurst, das heißt irgendein Fleischer kam da auf den Hof und tat es. Die Sau kam direkt nach dem Schlachten in den Kessel (das ist eines der Geheimnisse, weshalb Wurst aus solcher Schlachtung ‚anders‘ schmeckt), dann wurde Wellfleisch aufgeschnitten, von dem wir beliebig essen konnten, wenn wir wollten, denn natürlich gehörten wir überall dazu, und dann wurde Wurst gemacht. War diese gekocht, gab es Wurstbrühe. Da das alles in Naturdarm gefüllt und in gut gewürztem Sud gekocht wurde – und immer auch mal eine Wurst platzte oder ein bißchen auslief oder auskochte –, war die Wurstbrühe natürlich eine hochdelikate Sache, die wir krugweise heimholten. Hier am Fuße des Westerwaldes nennt man so was Wurstsupp, doch das erinnert mehr an graues Scheuerwasser und ist wirklich ungenießbar. Auch nach unserem Umzug nach Freiberg gab es keine richtige Wurstbrühe mehr, denn hier wurde bereits auf dem Schlachthof geschlachtet, und das Blut des Schlachttieres war bereits erstarrt; zudem wurden hier schon Kunstdärme verwendet. Wirkliches Wellfleisch kann man nur von solchen Schweinen aus solcher Schlachtung genießen. Auch das gab es schon vor dem Krieg in Freiberg nicht mehr.

Ein paar Häuser weiter befand sich ein Gasthof mit Fleischerei, dort wurden beispielsweise die Brauereischweine verwurstelt. Einmal in der Woche gab es dort Schlachtfest – und Ettelt (der Gastwirt und Fleischer) hatte irgendwie den Ehrgeiz, auch die beste Wurstbrühe zu liefern. Schien sie ihm zu dünn, dann stach er noch zwei oder drei Würste an, damit sie ihren Inhalt in die Brühe entließen. Und diese Brühe gab es kostenlos! Man kann sich das heute einfach nicht mehr vorstellen. Meine Mutter machte an diesem Tag immer einen feinen Kartoffelbrei – und dann holten wir Ettelts Wurstbrühe. Zunächst haben wir, meine ältere Schwester und ich, einen Zweiliterkrug geholt, sind damit an den Dorfbach gegangen, haben den Deckel geschickt so gehalten, daß das Dünnere weglief und die Wurstgrieben zurückblieben. Die haben wir dann erst einmal genossen. Danach haben wir den zweiten Krug geholt, der Inhalt kam auf den Kartoffelbrei, und das Essen war fertig. Und dann sind wir nochmal los und haben den dritten Krug geholt, den ließ Mutter erkalten, um das Wurstfett abschöpfen zu können, das dann aufs Brot kam.

Zethau ist für mich insgesamt eine Sinfonie an Geschmackserinnerungen geblieben.

Mit dem Umzug nach Freiberg im Jahre 1936 erweiterte sich der Rahmen dieser Erinnerungen. Zwar war es damals schon ein Abstieg, doch notfalls war Zethau ja nur zwanzig Kilometer entfernt, und von Besuchen bei der *Mutter* brachten wir natürlich immer Storchs Quark, Butter und Honig mit. Ettelts Wurstbrühe und richtiges Wellfleisch waren aber schon passé. In die Pilze sind wir per Rad noch in die Zethauer Wälder gefahren, wenn wir wieder mal ‚richtige‘ essen wollten.

Freiberg brachte aber durchaus nicht nur Nachteile. Was in Zethau urig-ursprünglich war, machte Freiberg durch Raffinesse wett. Eine Vielzahl städtischer Bäcker, Konditoren und Fleischer bemühte sich mit einer unbeschreiblichen Vielfalt an Produkten um die Gunst des Kunden. Da wir bis ins Lehrlingsalter hinein immer knapp bei Kasse – und später an Lebensmittelmarken – waren, verstand es sich von selbst, daß man sorgfältig auswählen mußte.

Die Bäcker und Konditoren hatten damals noch die schöne Angewohnheit, täglich frisch zu backen – und Kuchen an den Rändern zu beschneiden. Diese ‚Abfälle' waren die „Kuchenrindeln", und die konnte man kostenlos erhalten, wenn man danach fragte. Oft waren auch ganze Kuchenstücke vom Vortag darin, denn so was war damals ‚altbakken' und wurde nicht mehr verkauft. Wenn es die Bäckerlehrlinge nicht essen mußten (und die tauschten dann meistens mit den Fleischerlehrlingen, denen es mit der Wurst ähnlich erging), dann bekamen wir es in unser Päckchen Kuchenrindeln, das uns in schönem Papier gereicht wurde. Auf diese Weise lernten wir Kuchen oder Torten kennen, die wir uns gar nicht kaufen konnten.

Mit den Wurstwaren war es ähnlich, da konnte man „Wurstzippeln" (für die Katze) betteln. Das waren die eher großzügig abgeschnittenen Enden der Würste, von denen man dann eine Ladung in eine Tüte bekam. Viele Sorten vor allem an Hartwurst habe ich nur so kennengelernt, denn bei uns reichte es meist nur zu Blut- und Leberwurst, von der wir allerdings auch wieder ganz bestimmte bei ganz bestimmten Fleischern kauften. Fleischer Kaden hatte allein acht Sorten Leberwurst! Ich könnte allein darüber mehrere Seiten schreiben.

Eine besondere Spezialität ist Freiberger Eierschecke. Sie unterscheidet sich von der Dresdener dadurch, daß sich zwischen Kuchenteig und Eierschecke nicht noch Quark befindet. Auch hier war Eierschecke durchaus nicht gleich Eierschecke – und bei Café Liebschner gab es unbestritten die beste. Diese Eierschecke bestand offenbar nur wirklich aus Eidottern, denn unter der dunkelbraun-fettigen obersten Schicht war die Eierschecke richtig saftig gelb. Rosinen oder Korinthen waren auch dazwischengesprenkelt.

Bei Café Hartmann gab es die beste Bismarckeiche, das war eine Biskuitrolle mit Schokoladen-Rum-Buttercreme (als Jahresringe) gefüllt. Außen war die Rolle liebevoll als richtiger Stamm dekoriert, die Rinde stellenweise sogar moosgrün überhaucht. Beim Besuch im vorigen Jahr war ich spaßeshalber in diesem wiedereröffneten Café. Die Bismarckeiche setzte sich aus brettartigen waagerechten Teigschichten mit Fettglasurfüllung zusammen. Man könnte weinen. Die Einheit ist wahrscheinlich zehn Jahre zu spät gekommen. Zu viele alte Meister sind nicht mehr, haben ihre Rezepte womöglich auch nicht hinterlassen. Wettbewerb um den Kunden haben sie schon länger verlernt.

Freiberger Bauernhase ist zwar auch als Spezialität hier anzutreffen, aber das ist nichts Besonderes; jedes gefüllte Hörnchen war schon früher besser. Amerikaner gab es auch bei jedem Bäcker anders, alle wußten jedoch, daß man Amerikaner mit Hirschhornsalz bäckt, und alle hatten den Ehrgeiz, obendrauf mit möglichst geschmackvoller Zuckerglasur zu überziehen, meistens sogar in zwei verschiedenen Hälften.

Ein ganz besonderes Kapitel ist der sogenannte Weihnachtsstollen, kurz „Stolln" genannt. Zwar buken wir damals alle selbst, das heißt beim Bäcker mit eigenen Zutaten und unter Mithilfe der Hausfrau, doch er war überall ziemlich gleich, und zwischen Zethau und Freiberg war kaum ein Unterschied. Konditorstollen hatte nicht die normale Vier-Pfund-Form mit angeschlitzter Oberfläche, sondern hatte oben eine Teigrolle – und roch nach Vanille. Ich habe mich die letzten Jahre bemüht, einen richtigen „Stolln" zu bekommen, doch selbst was als „Original Dresdener" angeboten wurde, spottete jeder Beschreibung.

Nun habe ich zwar das alte Kochbuch meiner Mutter hier, doch weil deutsche Beamtenseelen meinten, zum Schutz der Volksgesundheit bittere Mandeln verbieten zu müssen, und weil es auch das richtige Zitronat (im Stück und grün) nicht mehr gibt, werde ich wohl auch keinen mehr nachbacken können. Dieses Jahr will ich es noch ein letztes Mal direkt bei einem Dresdener Spezialisten versuchen, mal sehen, ob er mitspielt – und ob das ein Erfolg wird. Was hier im Supermarkt oder bei Bäckern angeboten wird, kann man glatt vergessen. Den letzten richtigen „Stolln" habe ich 1960 von einem geflüchteten Konditor in Bad Ems gehabt, doch der ist auch dahin. Mutters ‚geschickte' waren nicht ganz wie früher, da fehlten doch wohl ein bißchen die Zutaten.

Sehr gut erinnere ich mich vor allem aber an Schweinskotelett, das normale Sonntagsessen. Natürlich war damals immer noch das Fett rundum daran, das erst gab beim Braten den richtigen Saft, auch für die Soße. Wir haben uns sogar darum gestritten, wer Vaters Knochen ‚abknaubeln' durfte, so fein war daran die Kruste aus Fett und Panade. Es ist mir tatsächlich beim letzten Besuch gelungen, noch ein paar richtige Koteletts zu erwischen, nur das äußere Fett hatten sie auch entfernt. Ich werd's weiter versuchen, vielleicht gelingt es auf Vorbestellung, denn Fett ist auch in Freiberg inzwischen schon ‚unfein'.

Sehr empfehlenswert ist auch Freiberger Rauchfleisch. Das ist auf den ersten Blick mit dem hiesigen und im Supermarkt erhältlichen Dörrfleisch identisch, doch in Wahrheit geschmacklich ganz anders, da es vor dem Räuchern gepökelt wird. Ein Linseneintopf nach Mutters Art ist nur mit Rauchfleisch möglich. Das gibt es glücklicherweise noch und wieder, Weinessig ja auch.

Betrüblicher hingegen sieht es mit dem gekochten Schinken aus, der ist auch in Freiberg neuerdings ohne Fettrand und recht strohig. Aber vielleicht besinnt sich doch mal wieder einer. Früher war das, vor allem das Fett, gewürfelt in Makkaroni, die Delikatesse schlechthin.

Eine örtliche Spezialität waren auch Sauerkraut und neue saure Gurken. Beides wurde von einem Gemüsegrossisten am Ort selbst hergestellt, in riesigen an Öltanks erinnernden Holzbütten. Wenn das Kraut aus neuer Ernte auf den Markt kam, dann konnten wir beim Einkauf kaum widerstehen, und Mutter schimpfte immer, daß es wieder so wenig war, was wir heimbrachten. Die neuen sauren Gurken waren noch irgendwie in Gärung und durchaus nicht sauer. 1992 habe ich auf dem Freiberger Markt etwas Ähnliches erwischt. Jemand aus dem Spreewald verkaufte sie. Also auch hier hatte mich meine Erinnerung nicht betrogen, nur waren die Gurken mehr im Format jener, die man in Gläsern findet, die früher waren eher kleine Schälgurken, also größer und mit weicherer Mitte.

Meine Mutter hatte durch eine Krankheit den Geruchssinn verloren, sie schmeckte nur noch süß, sauer, salzig und bitter, kochte also notgedrungen immer rezeptgetreu. Als sie uns in den frühen siebziger Jahren hier besuchte, hatte ich natürlich sofort das Anliegen, sie solle mal ihre Linsen kochen. Sie war selbst nicht zufrieden damit, sagte: „Ich weiß auch nicht, bei euch schmeckt das alles ganz anders." Bis dahin hatte ich mir darüber wenig Gedanken gemacht, erst später ging mir ein Licht auf. Sie konnte das wirklich nicht kochen, denn weder unser hiesiges Dörrfleisch war mit Rauchfleisch noch unser Spritessig mit ihrem Weinessig zu vergleichen. Nun weiß ich längst, daß schon das Fehlen der richtigen Kartoffel (wir haben fünfzehn Jahre lang die mehlige „Ackersegen" auf dem gleichen ‚Feld' angebaut) ein Gericht verderben kann, von anderen Zutaten ganz zu schweigen. Die Fritten-Industrie sorgt mit ihrer Übermacht schon dafür, daß es bald nur noch die Sorte ‚festkochend' gibt. Für einen Kartoffelsalat mögen sie ja noch angehen, wenn sie geschmacklich was taugen und man die ‚richtige' Mayonnaise hat, wie früher im Freiberger Fleischsalat.

Etwas unwiederbringlich Verlorenes sind Haufe-Makronen. Haufe war ein Brander Bäcker, der machte diese Amerikaner-großen Makronen und vertrieb sie auch auf Märkten selbst. Fünfzig Pfennige kostete eine, das war fast ein Stundenlohn damals – und mein Vater ließ sich jedesmal *eine* vom Jahrmarkt mitbringen! Nie wieder werde ich eine Makrone wie diese essen.

Sollten Sie jemals in die Löbauer Gegend kommen, versuchen Sie einmal dort einen Mohnstollen („Moostolle" nennen sie es dort) zu bekommen. Vielleicht haben Sie das Glück, einen von der Hausfrauen-Art zu erwischen. Erst dann wissen Sie, wie Mohn überhaupt schmecken kann. Mohnkuchen konnten selbst in Freiberg nur wenige backen

– und womöglich werden unsere Beamten auch den Mohn-
anbau oder -verkauf noch ganz verbieten, wir könnten ja
süchtig werden.

Im *Stern* las ich neulich von einem französischen Meister-
koch, der sich vor allem an die Hausmannskost der Franzosen erinnert und sie nachkocht. Dieser Mann weiß, was
schmeckt – und hat einen Riesenerfolg damit. Wenn ich hö-
re, daß er allein für die richtige Kartoffelsorte Hunderte von
Kilometern fährt, nur um auch ein richtiges Püree herstellen
zu können, dann weiß ich, daß dieser Mann vor unserem
Kartoffelbrei mit Ettelts Wurstbrühe glatt den Hut gezogen
und sich vollgefressen hätte.

Ich will zum Schluß kommen, aber natürlich könnte ich
mich noch stundenlang weiter erinnern. Zum Beispiel weiß
ich noch, wie überwältigend intensiv eine schlichte Orange
unter Tage im Kohlenbergbau über fünfzig Meter hinweg zu
riechen war, mehr als eine ganze Wagenladung im Supermarkt. Aus dem ganzen Westdeutschland sind mir nur drei
Spezialitäten als wirklich hervorragend erinnerbar: eine ganz
bestimmte Weißwurst (von einem Hofer Metzger), eine
ganz bestimmte Sorte handgemachter Spätzle in Schwä-
bisch-Hall (und nur eingeweihte Einheimische kennen das
Lokal, in dem man vorbestellen muß, um überhaupt einen
Tisch zu bekommen) und aus meiner Bergbauzeit in Duis-
burg 1950 frischen Bückling, noch warm aus der Räucherkammer, mit zartem rosigem und fettem Fleisch – in dem
nicht die kleinste Gräte steckte, weil alles an der Hauptgräte
blieb. Da man die Heringe heute schon in Sprottengröße
abfischt, wird der Fischhändler mangels Masse auch zuge-
macht haben.

Ich bin 66 Jahre alt, und meine Erinnerungen an das Essen, an meine Essensgewohnheiten, an Appetit und Appetitlosigkeit reichen weit zurück. Deshalb habe ich mich für eine chronologische Aufzeichnung entschieden.

Ich wuchs in Abtnaundorf, einem Vorort von Leipzig, in einer sehr alten, aber etwas verkommenen Villa im ersten Stock mit sechs hohen, großen Zimmern und einem ellenlangen Flur auf. Und schon als sehr kleines Kind war ich versessen auf Süßigkeiten, vor allem auf harte Bonbons. Diese klebten in ihrer spitzen, weißen Tüte schnell zusammen, was mir nichts ausmachte. Meine Großmutter, die mit einer Witwenpension von knapp 100 Mark auskommen mußte, hatte meistens eine Tüte mit Hustenbonbons in ihrer Handtasche, und deshalb täuschte ich, wenn sie zu Besuch kam, oft einen Husten vor, und sie ging immer darauf ein. Welch eine Wonne, in die verklebte Tüte zu greifen und sich die Hustenbonbons in den Mund zu stecken! Mein Vater trat in dieser Zeit manchmal an mein Kinderbett und scherzte: „Wenn du sagst, daß du mich lieb hast, kriegst du einen Zentner Bonbons." Und ich nahm das für ernst.

Wenn große Wäsche stattfand, die einen ganzen Tag dauerte, kam meine Großmutter stets als Hilfsperson hinzu und buk dann jedesmal aus Zeitmangel Quarkkeulchen. Freudentage für mich! Manchmal lief meine Mutter mit mir bis zu einem Kolonialwarenladen, der ziemlich weit entfernt lag. Und als Belohnung erhielt ich *einmal* für den langen Weg einen Waffelzeppelin, der mit weißem Schnee (wie die heutigen Negerküsse) gefüllt war. Ein unvergessenes Glücksgefühl!

Ich war höchstens drei Jahre alt. – Zum Abendbrot aß ich am liebsten vom Brot die „Rändchen" mit Mett- und Knackwurst, von der ich allerdings heimlich die Kümmelkerne rauslas. Meine Großmutter schnitt mir in die Enden des Brotes „Reiterchen", damit ich besser abbeißen konnte.

Gern ging ich in dieser Zeit mit meinem Vater und meiner Schwester in den Abtnaundorfer Gasthof, denn dort stand in dem kalten Flur eine große, eiserne Henne, die Blecheier legte, wenn man zehn Pfennige in den Automaten steckte. In diesen bunten Blecheiern lagen kleine rosafarbene und weiße Pfefferminztetraeder, sogenannte Lebenswecker. Wie oft habe ich meinen Vater um diese Bonbons angebettelt!

Als ich sieben Jahre alt war, kaufte sich mein Vater in Leipzig-Schönefeld in der Nähe seines Autogeschäftes ein Mietshaus, in dessen Parterre sich ein winziger Kolonialwarenladen befand. Schickte mich meine Mutter manchmal nach Geschäftsschluß noch zu der alten Ladenbesitzerin runter, um eine saure Gurke zu kaufen, langte diese sofort mit bloßen Händen in das Gurkenfaß und wickelte die Gurke in Zeitungspapier. Ich aß diese Gurken immer mit großem Appetit; auch die neuen sauren Gurken, die man im Hochsommer kaufen konnte. Mußte ich zum Feinkostladen, um Aufschnitt zu kaufen, setzte ich mich bei der Rückkehr erst einmal auf die Treppe, um mehrere Scheiben Mortadella aus dem Paket zu naschen. Meine Mutter merkte das nie, denn ich wickelte den Aufschnitt sorgfältig wieder ein.

Zu Ostern vergriff ich mich jedesmal heimlich an den gefärbten, hartgekochten Hühnereiern. Ich steckte mir so viele in den Mund, wie ich nur kriegen konnte. Aber die vielen Süßigkeiten, die vom Osterfest übriggeblieben waren, übten keinerlei Anziehungskraft auf mich aus. Meine Schwester und ich warfen sie meistens in irgendeine Pappkiste und schoben sie unters Bett. So versessen ich sonst auf Süßes war, vergriff ich mich an diesen Sachen nur mit einem gewissen Widerwillen. Wahrscheinlich weil das Marzipan inzwischen hart geworden war und die angebissenen Nougateier (die von einer echten Eierschale umhüllt waren) irgendwie unappetitlich aussahen.

Als Kind waren über Jahre hinweg Makkaroni mit Schinken (oder Gulasch) und Hefeklöße mit Heidelbeeren meine

Leibspeisen. Aber diese Gerichte gab es leider höchst selten. Doch ich aß auch anderes ganz gern, wie Schellfisch mit Senfsoße, Hammelbraten mit rohen Klößen, Reis mit Huhn, Würstchen mit Kartoffelsalat, Hefeplinsen, verlorene Eier, Eierkuchen, Rollmops, Hering in Gelee, Kartoffelpuffer (mit Salz!) und alle Sorten Kuchen (Sandtorte und Rührkuchen lieber als Hefetopfkuchen, wegen der Rosinen).

Mit meinen Schulbroten hatte ich allerdings täglich Probleme, denn ich aß sie fast nie auf und mußte sie irgendwie beseitigen. Wenn ich sie nicht an irgendwelche Mitschülerinnen verschenken konnte, legte ich sie auf dem Heimweg heimlich irgendwo ab. Einmal erwischte mich in einer Gartenkolonie ein Laubenbesitzer, der mich furchtbar ausschimpfte. Trotzdem kriegte ich die Brote weiterhin nicht runter.

Kam ich von der Schule nach Hause und roch beim Betreten der Wohnung die „berühmte Einbrenne", die man früher an alle Eintöpfe machte wie an Bohnen-, Möhren-, Welschkraut-, Weißkraut- und Gemüsesuppe, verging mir sofort jeglicher Appetit. Obgleich es meinen Eltern sehr gutging, mein Vater war Generalvertreter für Citroêns, wurde gegessen, was auf den Tisch kam. Und ich mußte so lange vor dem Suppenteller sitzen bleiben, bis ich aufgegessen hatte. Da die Brühe meistens mit Rind- oder Hammelfleisch gekocht worden war, bildete sich am Teller nach und nach ein widerlicher Talgrand. Welch eine Qual!

Doch meine wahren Leiden spielten sich erst in den großen Ferien ab. Da meine ältere Schwester Neurodermitis hatte, fuhren wir von 1932 bis 1939 jedes Jahr an die Ostsee nach Heiligenhafen. Es waren Pauschalreisen mit Unterkunft und Vollpension. Was habe ich da gelitten! Es ging schon morgens beim Frühstücksei los. Denn das Ei war immer viel zu weich, und ich ekelte mich ständig vor dem bißchen ungeronnenen Eiweiß, das nach dem Aufschneiden sichtbar wurde und das dort mit *silbernen* Löffeln gegessen werden mußte. Ich kann mich heute noch genau an den

Geschmack des ersten Löffels erinnern. Ich hielt mir, wenn meine Mutter gerade nicht zu mir hinsah, schnell die Nase zu und schluckte das Zeug runter.

Als ich mich in den Heiligenhafener Jahren einmal gegen das Ei wehrte und den ersten Löffel ausspuckte, entwickelte sich daraus ein Drama. Meine Mutter war so streng, wie das in jener Zeit bei Müttern üblich war, und setzte sich durch. Auch als es einmal Kalbsgekröse (Kalbshirn) zu Mittag gab. Als wir den Essenssaal betraten und ich diese merkwürdige Fleischmasse auf den Tellern der anderen Gäste sah, wurde mir speiübel. Aber ich mußte das Zeug essen. Nur von Flekken oder auch Piepen genannt (Rindermagen), die mein Vater mit Begeisterung aß, wurden meine Schwester und ich befreit. Wir bekamen dann jedesmal Eierkuchen. Eine Ausnahme! Denn ein Tag ohne richtiges Mittagessen war undenkbar. Insgesamt haßte ich warme Mahlzeiten.

Nachdem die großen Ferien überstanden waren, begann bald die Leipziger Kleinmesse. Das bedeutete für mich als Kind – Schlaraffenland. Denn auf dieser Messe gab es Gott sei Dank nicht nur Karussells, Geister-, Baby- und Achterbahnen, sondern auch Stände mit gebrannten Mandeln, kandierten Früchten, Gummischlangen und Sahneeis. Wie habe ich da geschwelgt! Ich war rundum glücklich – bis auf einmal. Da kaufte ich mir kandierten Ingwer, und ich war hell entsetzt, als ich hineinbiß. Am liebsten hätte ich das scharfe Fruchtstück gleich wieder ausgespuckt. Aber ich aß es auf, weil ich es unbedingt hatte haben wollen.

Als sich mein Vater 1936 von dem Park, der früher die große, alte Villa in Abtnaundorf umgeben hatte, ein Stück Land kaufte und sich darauf ein Wochenendhaus baute, zogen wir nun in jedem Sommer, der folgte, in dieses Häuschen. Meine Schwester und ich mußten dadurch einen weiten Weg zur Straßenbahn laufen, denn wir gingen in die höhere Schule (Goetheschule mit Abitur) in der Innenstadt von Leipzig. Auf dem Hin- und Rückweg mußten wir an der schon erwähnten Gartenkolonie vorbei, und ich aß beim

Laufen immer die jungen Triebe des wilden Weines, der an den Bäumen wuchs. Auch Sauerampfer pflückten meine Schwester und ich manchmal von der Wiese und aßen ihn auf.

In der kleinen Abtnaundorfer Bäckerei holte ich gelegentlich Kuchen. Wenn die Bäckersfrau die Biskuitrolle, die mit Marmelade gefüllt und mit dünner Marzipankuvertüre überzogen war, aus dem kleinen Schaufenster herausnahm und vier Stückchen davon abschnitt, lief mir jedesmal das Wasser im Munde zusammen. Ich aß auch sehr gerne Amerikaner, die ich manchmal für meinen Vater zum Nachmittagskaffee kaufen mußte.

Im August 1939 kündigte sich in Heiligenhafen der Krieg folgendermaßen an: Es gab plötzlich keine Schlagsahne mehr, und die Butter wurde zugeteilt. Als sich meine Eltern darüber unterhielten, beschlich mich eine Art von Trauer, denn ich aß Schlagsahne natürlich sehr gern. Doch in Kriegs- und Nachkriegszeiten aß ich bald alles gern. Ich trank Ziegenmilch, denn mein Vater hielt neben seinen Hühnern eine Ziege und aß (einmal) Pferdefleisch. Meine Mutter entwickelte ein großes Talent, aus allem Möglichen etwas Schmackhaftes zuzubereiten. Da wir in dem Abtnaundorfer Garten Himbeersträucher hatten und mein Vater, wie gesagt, Hühner hielt, gab es im Sommer manchmal „Muttis berühmte Himbeerspeise", die mindestens eine halbe Stunde lang geschlagen werden mußte, denn sie bestand bloß aus Eiweiß, Zucker und Früchten. Wehe, sie wurde nicht fest! Doch auch wenn sie nicht fest wurde, es waren Festtage für mich. Als meine Schwester und ich beim Pflücken der Himbeeren entsetzt feststellten, daß in vielen Beeren kleine Maden saßen und meine Mutter darauf aufmerksam machten, sagte sie nur: „Na und, die haben doch auch bloß Himbeere gefressen. Ich guck' da gar nicht mehr hin." Ich aß den Himbeerschaum weiter mit großem Appetit.

Kurz nach Kriegsende, wir waren schon im April 1945 in das Abtnaundorfer Gartenhaus gezogen, weil wir uns dort sicherer fühlten, ging ich mit meinem Vater einmal über die Schönefelder Brücke und sah einen Mann in einer Bude stehen, der Pfefferminzbruch (eine rot-weiße Zuckermasse), die es früher immer auf der Kleinmesse gegeben hatte, herstellte. Mein Vater kaufte mir sofort (ich glaube für viel Geld) eine große Tüte voll. Und als ich diesen Pfefferminzbruch aufaß, war ich unwahrscheinlich froh, weil ich glaubte, daß für mich nun bald alle Herrlichkeiten, auf die ich in Kriegs- und Nachkriegszeiten verzichten mußte, wiederkommen würden.

Solange die Amerikaner in Leipzig waren, sah es wirklich so aus. Es gab Überraschungen und Freudengeheul. Zum Beispiel als mein Vater plötzlich mit zehn aufgeweichten Schachteln Mirabellen ankam, die er in dem kaputten Leipziger Kühlhaus erwischt hatte. Die Früchte mußten sofort aus den Schachteln, aus denen der klebrige Fruchtsaft tropfte, ausgeschüttet und schnellstens aufgegessen werden! Mein Gott, was waren das für Tage für mich!

Und noch eine Überraschung aus dieser Zeit. Mein Vater schenkte mir eine Pappschachtel mit Schokoladenkugeln, die ich sofort alle aufaß. Und dann wußte ich nicht mehr wohin mit Armen und Beinen. Ich war vollkommen durchgedreht. Als mein Vater nach Hause kam, erschrak er: „Was, alle auf einmal aufgegessen? Das sind doch Kugeln aus Coca-Schokolade aus Wehrmachtsbeständen. Die kriegten die Stukaflieger vor ihrem Einsatz!" Die Nacht war auch hin. Ich kriegte kein Auge zu. Aber ich fand es herrlich. Doch ich bekam solche Cocakugeln nie wieder.

Im Herbst 1945, ich wohnte immer noch bei meinen Eltern, begann ich, weil ich Klavier spielen konnte, als Assistentin an einer sogenannten Kinder-, Tanz- und Singschule zu arbeiten. Ich verdiente 40 Mark im Monat. Und eines Tages sagte ich zu meiner Mutter: „Jetzt kaufe ich mir eine Tafel Schokolade, denn in der Bastei (eine Kneipe) soll es welche für 30 Mark geben." Meine Mutter war einverstanden, und ich kaufte mir die Schokolade. Ich trug sie wie einen Sack Gold nach Hause und aß sie auf einmal auf. Ich hatte dabei das herrliche Gefühl, daß ich nun, so ich nur fleißig und sparsam wäre, mir diese eine Tafel Schokolade immer kaufen könnte.

Als ich mit 22 Jahren in den Beruf ging, den ich mir schon als Kind gewünscht hatte und nach Frankfurt/Oder zog, waren meine Eßgewohnheiten katastrophal. Ich aß nur noch, wenn ich Hunger hatte, und was ich wollte. Hielt keine Mahlzeiten mehr ein. Ich war schlank und hübsch und wog unter 100 Pfund. Ich trank meistens zwei Flaschen süße Brause am Tag und aß etliche Mundbrötchen dazu. Mein damaliger Freund, mit dem ich jetzt seit 37 Jahren verheiratet bin, brachte mir bei seinen Besuchen in Frankfurt/Oder von Westberlin aus, wo er studierte, immer bunte Kokosflocken, dicke Sahnetoffees und Lakritzrollen mit. Zu Mittag aßen wir immer in Restaurants Kartoffelsalat mit Kasseler. Kamen meine Eltern zu Besuch, brachten sie meistens einen Lukulluskuchen für mich mit. Den machten damals viele Hausfrauen. Ich aß ihn sehr gerne. Süßes war in jenen Tagen meine Hauptmahlzeit.

Dann ging ich für vier Jahre nach Leizig, und da kochte meine Mutter wieder für mich. Aber Essen war mir nach wie vor völlig egal. Ich war auch meistens sehr beschäftigt und aß in den Arbeitspausen in Kantinen und Lokalen irgendetwas. Eine Zeitlang ernährte ich mich hauptsächlich von Materra-Weizenkeimen, um schönes, langes Haar zu kriegen, was auch gelang. Ich hielt jedenfalls auch in diesen vier Leipziger Jahren nie mehr die Mahlzeiten ein.

Seit dieser Leipziger Zeit trinke ich keinen Alkohol mehr. Einmal, als ich zu einem der großen Bälle, die damals dauernd stattfanden, wieder eine Menge Alkohol getrunken hatte und zur Toilette ging, um mich zu kämmen, fand ich mich in den großen Spiegeln so häßlich, daß ich ab sofort keinen Tropfen Alkohol mehr trank. Es hatte also nichts damit zu tun, daß mir Alkohol nicht schmeckte. Im Gegenteil! Ich fand süße Liköre einfach wunderbar. Trotzdem machte ich mit Alkohol in jeder Form von diesem Tage an rigoros Schluß. Dafür trinke ich seit der Schwangerschaft (vor fast 30 Jahren) jeden Morgen nach dem Aufstehen zwei Tassen Kaffee mit Kondensmilch (möglichst alleine!). Eine wunderbare halbe Stunde.

Anfang der fünfziger Jahre ging ich nach Berlin. Ich hatte einen weiten Weg bis zu meiner beruflichen Wirkungsstätte und fühlte mich sowieso nicht besonders glücklich. Ich ernährte mich in diesen Jahren oft den ganzen Tag über nur von einer Tafel billiger Milchschokolade, die man in Westberlin an jeder Straßenecke kaufen konnte. Mein jetziger Mann und seine Schwester lebten in dieser Zeit in einem großen, aber abstoßend häßlichen Zimmer zusammen. Als meine zukünftige Schwiegermutter ihre Kinder dort besuchte, wollte sie für uns Mayonnaisensalat zubereiten, den wir alle gern aßen. Als ich das ärmliche, häßliche und ungeheizte Zimmer betrat, stand auf dem alten Waschtisch schon eine Preßglasschüssel mit sehr viel kleingeschnittener Zwiebel, die meine Schwiegermutter schon vorbereitet hatte. Das ganze Zimmer roch nach den rohen Zwiebeln, und ich hatte später Mühe, den schmackhaften Kartoffelsalat runterzukriegen.

Von diesem Tag an aß ich keine rohen Zwiebeln mehr. Ich hasse sie sogar in Wohnräumen, denn der Geruch ist seitdem für mich mit Armut, Sorge und Mißerfolg verbunden. Wir befanden uns damals in einer völlig ausweglosen Lage, standen praktisch vor dem Abgrund. Bis zum heutigen Tage ist Zwiebelgeruch und Zwiebelgeschmack bei mir mit diesem damaligen Verzweiflungsgefühl verbunden. Knoblauch mag ich übrigens auch nicht. Aber damit sind keinerlei Erinnerungen verbunden.

Als mein Mann und ich nach Abschluß seines Studiums nach Leipzig als Untermieter in zwei Nordzimmer einer großen Arztwohnung zogen, mein Mann hatte als Diplomchemiker in Leuna Arbeit gefunden, kochte ich dauernd Erbsensuppe. Wir waren knapp an Geld, mußten mit meines

Mannes Gehalt auskommen, denn ich hatte meinen Beruf aufgegeben. Als mein Sohn geboren wurde und ein Jahr alt war, zogen wir nach Leuna in eine kleine Zweieinhalb-Zimmerwohnung mit Ofenheizung. Dort kochte ich jeden Tag für meinen Mann und meinen Sohn, was die beiden gern aßen und was billig war. Jedenfalls gab es jeden Tag eine warme Mahlzeit, und ich buk auch oft Quarktorte, die ich sehr gut konnte und die auch gut schmeckte, aber bei mir manchmal Sodbrennen verursachte.

Mein kleiner Sohn bevorzugte eine Zeitlang Linsen mit Blutwurst. Ich hob heimlich die Zähne beim Essen und wunderte mich über seinen merkwürdigen Geschmack. Zur Erdbeerzeit besorgte mir mein Mann oder ich mir selbst jedes Jahr einen ganzen Spankorb voller Erdbeeren. Ich aß sie in kurzer Zeit mir sehr viel Zucker und Kondensmilch auf und hatte dann fürs ganze Jahr wieder Ruhe. Sie bekamen mir nicht, und ich wußte das, aber es war mir egal.

Als wir 1971 von Leuna nach Halle-Neustadt in eine Vier-Raumwohnung in den 10. Stock eines neuerbauten Hochhauses zogen, wurden mein Mann und ich beruflich ziemlich erfolgreich. Mein Mann promovierte, und ich verdiente durch freiberufliche Arbeit in Ostberlin ziemlich viel Geld. Wenn ich in Ostberlin war, um meine Arbeiten zu besprechen oder abzuliefern, holte ich meistens gleichzeitig in den Institutionen, die mich beschäftigten, meine Honorare in bar ab. Denn ich hatte diesbezüglich einen Tick, ließ mir alle Gelder nur in bar auszahlen und ging mit meiner Aktentasche voller Geld (mehrere tausend Mark) dann ins „Hotel unter den Linden" oder ins „Operncafé" und aß dort Filetsteaks mit Champignons. Und zum Schluß trank ich immer ein Kännchen Mokka mit viel Sahne. Dabei überkam mich jedesmal ein unbeschreibliches Glücksgefühl des „Reich- und Unabhängigseins".

Manchmal holte ich auch meinen Sohn aus irgendeiner Vorlesung in der Humboldtuniversität, wo er studierte, einfach ab. Ich klopfte lächelnd auf meine Aktentasche und fragte: „Hast du Lust, mit mir essen zu gehen?" Wir aßen dann im Operncafé gemeinsam wieder Filetsteaks mit Champignons und unterhielten uns aufgekratzt über unsere Erfolge. Was waren das für glückliche und unvergessene Stunden!

Heute sind mein Mann und ich Rentner, und wir wohnen seit der Genehmigung unserer Ausreiseanträge 1989 (nach jahrelanger Stasiüberwachung!) in Berlin-Wilmersdorf in einer Zwei-Zimmer-Wohnung. Wir müssen sparsam leben, und das Essen spielt für uns eine völlig untergeordnete Rolle. Ich bin immer froh, wenn ich keinen Appetit habe, denn ich wiege mindestens 10 Kilo zu viel. Süßigkeiten esse ich immer noch am liebsten. Ich beschränke mich zur Zeit auf Götterspeise in Grün oder Rot mit Vanillesoße, und ich esse jeden Tag zwei Schnecken mit Zucker, Quark oder Mohn. Ab und zu auch Speiseeis. Essen koche ich sehr selten und nur nach Appetit. Manchmal mache ich Schweinelendchen mit Klößen, Hefeklöße mit Heidelbeeren, Karlsbader Schnitten, Spaghetti oder Makkaroni mit Schinken und Käse oder Tomatensoße, Gurkensalat, Champignonsalat, Bauernfrühstück und rote Grütze.

Mein Mann kocht gelegentlich Kartoffelsuppe mit Kasseler und viel Suppengrün, oder er brät Fischfilet oder Pilze oder macht sich eine kochfertige Suppe. Davon esse ich kaum etwas. Und weil ich Essensgerüche von Zwiebeln, Porree, Knoblauch, Erbsen, Fisch usw. hasse, reißt er immer schnell alle Fenster unserer kleinen Wohnung auf. Ich würde nie Schnecken, Austern, Muscheln, Froschschenkel, Tintenfisch und dergleichen runterkriegen. Ich würde nicht das kleinste Stück davon probieren.

Nachwort, 24. Oktober 1993: Im Juli dieses Jahres erlitt ich einen Herzinfarkt (Hinterwand) und hielt mich sieben Wochen lang in Kliniken auf. Hiermit beende ich diesen Bericht, den ich für Wochen unterbrechen mußte. Ich darf nichts Süßes mehr essen, denn mein Cholesterinspiegel ist viel zu hoch. Ich wurde in der Rehaklinik auf Diät gesetzt (1500 Kalorien) und habe sechs Pfund abgenommen. Ich achte jetzt sehr auf mein Gewicht und fühle mich gut dabei. Um Süßigkeiten, die ich mein Leben lang liebte, muß ich nun einen Bogen machen. Doch es fällt mir seltsamerweise gar nicht so schwer. Ich bin übrigens Nichtraucherin.

Münchner Zeiten

Zu meiner Person: Ich bin am 1. Juli 1955 in München geboren (also 37 Jahre alt), habe Geschichte und Deutsch studiert, lebe seit 16 Jahren in Berlin, war verheiratet und lebe heute mit meinen Söhnen alleine. Münchner Zeiten und das Landleben in den Ferien sind die Hauptquellen meiner Erinnerung.

Ich möchte Ihnen eine kleine Auswahl anbieten, obwohl ich bekennen muß, daß es bei mir doch weniger der Geschmack tatsächlich gekosteter Dinge ist, an den ich mich erinnern kann, sondern eher der Geruch, der Duft und die olfaktorische Ankündigung kommender Genüsse oder Schauderhaftigkeiten, wie man will. Als ich ein Mädchen in München war, holten wir, die Kinder, das Brot vom Bäcker. Milch und Brot ins Haus zu holen, war damals unsere Sache. Abgesehen von dem schönen warmen Duft in dem Laden war das von uns allen besonders begehrte „Hubertusbrot", das es nur an zwei Tagen in der Woche gab, unser Genuß. Kaum waren wir aus dem Laden, stürzten wir uns auf die Kruste, brachen Stücke ab und verzehrten sie an Ort und Stelle – das Brot war manchmal noch warm, was unseren Appetit noch mehr anregte. Meine Mutter hat oft beklagt, daß das Brot nur zur Hälfte zu Hause ankam – aber ich denke mir, sie hat das wohl verstanden, denn ernsthafte Konsequenzen hatte es nie. Der Geschmack dieses Brotes – es war ein bestimmtes Gewürz dabei –, an einem Sommernachmittag auf der besonnten Winthirstraße, den Weg verzögernd, um noch mehr vor der Ankunft zu Hause genießen zu können, das ist mir sehr gut in Erinnerung.

Dann gibt es noch eine wunderbare Sache aus meiner Kindheit, das ist die „obrennte Grieß-Supp'n" meiner Mutter. Diese Suppe habe ich immer verlangt, wenn ich mir etwas wünschen durfte, zum Beispiel als ich von der Mandeloperation nach vierzehn Tagen wieder aus dem Krankenhaus kam. Da wußte ich, daß ich wieder zu Hause war!

Und noch eine wunderbare Sache aus meiner Kindheit: Zu einem bestimmten Fest zwischen Weihnachten und Neujahr, der „Puppentaufe", zu dem alle Verwandten mit Kind und Kegel bei einem Familienmitglied zusammenkamen, gab es *immer* als Nachspeise einen Obstsalat mit Schlagsahne, und den machte meistens die Tante Julie. Und als Kind habe ich mich immer gefragt, warum der Obstsalat von der Tante Julie so viel besser schmeckt als der von den anderen. Manchmal denke ich, es waren die Blutorangen, die die anderen nicht verwendeten, oder die gehackten Nüsse, die bei ihr drin waren, oder vielleicht ein Gläschen Orangenlikör, ich weiß es nicht. Aber mit diesem Obstsalat habe ich mich regelrecht verkrochen, um beim Essen nicht gestört zu werden. Jetzt ist die Verwandtschaft in ganz Deutschland und im Ausland verstreut. Deshalb gibt es leider dieses Fest seit Jahren nicht mehr.

Noch ein Geschmack? Der von Gras, Blättern, Gänseblümchen, die wir als Kinder aßen, um herauszufinden, wie verschieden die Blätter rochen und schmeckten (Gänseblümchen waren am besten!). Der Geschmack von Papier, wenn wir ausprobierten, ob wir davon krank wurden oder „starben", als Kinderspiel. Der Geschmack der eigenen Haut, wenn man daran leckte und lutschte, salzig oder sanft, der Geschmack der Tränen, von Blut, wenn man sich verletzt hatte, der Geschmack von Mückenstichen, die man erfolgreich aufgekratzt hatte, um die süße Qual noch etwas länger zu haben..., der Geschmack des Wassers im Schwimmbad im Sommer, das Orangeneis (Capri), das mein

Lieblingseis war und wovon jedem *eines* pro Badetag zustand..., unser abendlicher Spaziergang mit der Familie zum Rotkreuzplatz in München, an dem noch heute die zwei italienischen Eisdielen meiner Kindheit stehen (im Winter verkaufte man dort immer Scherz- und Faschingsartikel), und dann gab es entweder in der „Muschel" oder in der „Tüte" für zehn Pfennige eine Kugel herrlichen Eises, das wir auf dem Nachhauseweg genüßlich schlecken konnten.

Pausenbrote? – Schmeckten grundsätzlich fürchterlich und wurden hinter den Schrank gesteckt. Dort stöberte sie meine Mutter irgendwann auf, es gab ein fürchterliches Donnerwetter und keine Pausenbrote mehr. Heute? Ich glaube, daß meine Kinder hier in Berlin total verwöhnt sind und nur mühsam den Unterschied zwischen Ketchup und der süßen Milchsuppe, die entsteht, wenn man Crunchies zu lange stehen läßt, erkennen.

V. Härtere Zeiten

Die Erdbeerfrau und andere Erinnerungen

Ich bin heute 56 Jahre alt und, was meine Ernährung betrifft, nicht außergewöhnlich wählerisch. Im allgemeinen bin ich mit dem zufrieden, was meine gut und liebevoll kochende Ehefrau auf den Tisch bringt. Wir beide haben in jungen Jahren Not und Entbehrungen kennengelernt und gelegentlich auch Hunger gelitten, so daß auch in guten Tagen bei uns Verschwendung und Völlerei nie vorgekommen sind. Dennoch gibt es ein Gericht, bei dem ich mich nicht überwinden könnte, es zu verzehren: Hirn in welcher Zubereitung auch immer.

Ich muß drei oder vier Jahre alt gewesen sein, als diese Speise eines Abends in meinem Elternhaus serviert wurde. Ich habe noch heute eine deutliche Vorstellung, wie die Schüssel dampfend ins Eßzimmer getragen wurde, wie ich ihr erwartungsvoll entgegensah, neugierig, was sie wohl enthalte. Ich weiß noch, wie ich dann in meinen Teller starrte und, während die anderen bereits zulangten, mit dem Löffel zögerte, weil mir – nach meiner damaligen und bis heute nicht revidierten Empfindung – ein außerordentlich widerlicher süßlicher Geruch in die Nase stieg. Ich fragte, was das sei. Mein Vater antwortete: „Das ist etwas ganz Feines. Wenn du deinen Teller leerißt, wirst du einmal ein ganz kluger Mann!" Ich weigerte mich, auch nur zu kosten und erinnere mich, daß ich im Verlauf der anschließenden Auseinandersetzung ein Glas lauwarmer Milch umgestoßen habe, was dazu führte, daß ich zur Strafe vorzeitig ins Bett geschickt wurde.

Ich habe in meinem Elternhaus nie wieder gedünstetes

oder gebratenes Hirn vorgesetzt bekommen und bin als Gast diesem Gericht später stets ausgewichen. Ich weiß also eigentlich gar nicht, wie diese Speise wirklich schmeckt. Aber essen möchte ich sie auch heute um keinen Preis.

Weitaus angenehmere Erinnerungen verbinde ich mit dem Duft von getrockneten Apfelschalen, aus denen wir in den Kriegsjahren Tee zubereitet haben, den ich sehr gern trank. Während ich mit normalem grünen Spinat keine Probleme hatte, kostete es mich doch einige Überwindung, unmittelbar nach Kriegsende den Brennesselspinat zu verdrücken, den meine Mutter in Ermangelung anderer Gemüsesorten zubereitete. Obwohl wir Kinder uns beim Einsammeln der Brennesselpflanzen oft die nackten Beine und Arme verbrannt haben und das Zeug dann in zerkleinertem und gekochtem Zustand eher fade und hölzern schmeckte, kann ich mir – im Gegensatz zu dem eingangs erzählten Beispiel – ohne weiteres vorstellen, in Notzeiten auf diesen Gemüseersatz zurückzugreifen.

Ich möchte noch ein weiteres Beispiel, gleichsam als Gegenstück zum ersten, berichten: Unmittelbar nach Kriegsende bekamen wir Kinder in einem Flüchtlingslager in Staremberg von den Amerikanern jeden Abend einen Teller Milch mit Maisflocken. Wir freuten uns, hungrig wie wir waren, jedesmal den ganzen Tag auf dieses Essen. Weil die Teller nur halb mit der köstlichen Suppe gefüllt wurden, aßen die meisten Kinder (die Erwachsenen bekamen Brot und irgendeinen Aufstrich) sehr langsam, um möglichst lange genießen zu können. Ich erinnere mich, daß ich während der Mahlzeit den Löffel in kurzen Abständen senkrecht in den Teller steckte, um gleichsam den Pegel der Suppe zu messen. Satt wurden wir nie, denn einen Nachschlag gab es nicht.

Ich bin mir nicht ganz sicher, ob dieses Erlebnis dazu geführt hat, daß ich später, als es üblich wurde, zum Frühstück Corn-Flakes mit Milch zu verzehren, diese Gepflogenheit gern übernommen und bis zum heutigen Tage beibehalten habe.

Abschließend noch eine Erinnerung, die zeigt, wie stark Phantasie den Geschmack prägen kann. Mein Vater war ein wunderbarer Märchenerzähler, und meine Liebe zur Literatur mag bei ihm ihre Wurzeln haben. In den Kriegsjahren, als Delikatessen wie Schokolade oder Südfrüchte uns nur vom Hörensagen bekannt waren, machte er mit mir fast jeden Nachmittag, wenn er vom Dienst heimkam, eine Reise um den runden Wohnzimmertisch. Er nahm mich auf die Schultern, imitierte eine dampfende Lokomotive und „fuhr" mit mir zur „Erdbeerfrau". Diese Zielstation erreichten wir erst nach vielen phantasievollen Zwischenaufenthalten, die mir das Wasser im Munde immer stärker zusammenlaufen ließen, denn die Erdbeeren mit Schlagsahne rückten dadurch immer näher. Es machte mir nichts, daß es von dieser Köstlichkeit dann doch nichts gab, sie existierte ja nur in unserer gemeinsamen Phantasie. Als später die Zeit wiederkehrte, in der es fast alles in Hülle und Fülle gab, haben mir Erdbeeren mit Schlagsahne nie mehr so gut geschmeckt wie damals als Fiktion.

Wie gestern

Hier meine Erinnerungen, die sich so stark in mein Gedächtnis eingeprägt haben, als wären sie erst gestern geschehen. Jetzt bin ich 55 Jahre, also 1938 geboren, und wohne in Freiberg. Meine Erinnerungen sind an meinen Geburtsort Langenleuba-Oberhain gebunden.

Unser Fleischer wohnte keine hundert Meter von unserem Wohnhaus entfernt, der Weg dorthin war vom Haus aus gut zu beobachten. Ich wurde, wie oft, dorthin geschickt, um etwas Wurst auf Marken zu holen. Ich verlangte die gewünschte Wurst und dazu noch eine kleine Scheibe Blutwurst, weil es meine Lieblingswurst war. Ich war vielleicht sieben Jahre alt. Das „kleine Stück" fiel aber so groß aus, daß ich es auf dem Weg nach Hause kaum verdrücken konnte und große Angst hatte, erwischt zu werden. Meine Freude an der Blutwurst kehrte sich in Angst um. Aber ich habe es noch geschafft.

Mein Vati war im Krieg, mit meiner Mutti und meinem Bruder gingen wir in der Kriegszeit oft zu einer Bekannten, die auch allein war und eine kleine Landwirtschaft besaß. Dort wurde viel Obst und Gemüse geerntet. Da fiel öfters etwas für uns ab, denn wir hatten immer Hunger. Die Küchenabfälle schafften wir für die Tiere regelmäßig hin. An manchen Tagen bekamen wir auch „Kaffeetrinken“. Das waren Schnitten mit Ziegenbutter, die vorzüglich schmeckten und für uns ein Festessen darstellten. Daran denke ich heute noch und würde sie auch nochmal kosten.

Unsere Wurst in der Nachkriegszeit war häufig „falsche Leberwurst“. Sie bestand aus würziger Mehlpampe mit viel Majoran, eine Delikatesse für alle. Aber heute hätte ich keinen Appetit mehr darauf.

Doch meinen alten „Geburtstagskuchen“ würde ich auch heute nochmal kosten. Es war ein Rührkuchen, in der Springform gebacken und anstatt mit Kakao mit Kaffee-Ersatz gefärbt und mit kleinen Bonbons verziert. Das war eigentlich stets der Höhepunkt des Geburtstages, denn man durfte darüber allein verfügen.

Zum Abendbrot gab es in der Regel drei bis vier Schnitten, von denen man aber nicht satt wurde. Sie waren meist auf der Ofenplatte gedörrt, Belag gab es nicht für jede Schnitte dazu. Ich wollte mich mal richtig satt essen und sparte mir dazu über eine längere Zeit zehn Schnitten auf, aß also oft eine Schnitte weniger. Als ich das erreicht hatte, gab es das Brot ohne Marken, und ich konnte mich nun öfters satt essen. Mein „Sparen“ war umsonst gewesen.

Nach 1945 durfte ich zur Mittagsmahlzeit für vierzehn Tage zu einem Bauern gehen, weil ich so dünn war. Der hatte eine Magd, die sehr viel und vor allem in den Augen dieses Bauern zuviel aß. Damit sie mit dem Essen aufhörte, wurde sie mit Strom elektrisiert. Wie er das aber genau gemacht hat, weiß ich nicht. Gesehen habe ich es nicht, die Bauersfrau erzählte es mir damals. Wie grausam das eigentlich gewesen sein mußte, habe ich mir erst später überlegt.

Wenn wir, mein drei Jahre älterer und später mein sieben Jahre jüngerer Bruder, zum Mittagessen gerufen wurden, suchten wir in den umliegenden Weiden manchmal nach eventuell heruntergefallenen Äpfeln. Dann gab es die Mittagsmahlzeit, meist Gemüseeintopf ohne Fleisch, im Wäschetopf für fünf Personen gekocht, der meist alle wurde. In den letzten 30 Jahren habe ich nicht ein einziges Mal Eintopf in meiner Küche gekocht! Jedes Speckstückchen wurde im Wettstreit mit meinem Vati auf den Tellerrand gelegt und abgewogen, wer mehr hatte. Der Löffel Speck als Abschluß der Mahlzeit war ein Hochgenuß.

Leber

Kulmsee 1943: Es war mitten im Zweiten Weltkrieg. Die Deutschen hatten seit vier Jahren Polen besetzt, und mein Onkel war in Kulmsee bei Thorn Direktor einer großen Zuckerfabrik geworden. Ich verbrachte viele Wochen und Monate bei diesen Verwandten, nicht nur weil über meiner Geburtsstadt Berlin die Bomben fielen, sondern auch weil es dort zwei kleine Cousinen in meinem Alter gab. Obwohl ich damals erst drei Jahre alt war, habe ich ein Gericht in so genauer Erinnerung, daß ich es auf der Zunge zu spüren meine. Mein Onkel war Herr im Haus. Er saß bei den Mahlzeiten am Kopf des Tisches, und wir Kinder saßen am unteren Ende. Meine kulinarische Erinnerung bezieht sich auf einen besonderen Leckerbissen, den die polnische Köchin nur für den Herrn des Hauses zubereitete: gebratene Leber mit Zwiebeln. Wir drei Kinder bekamen ein anderes Gericht, durften uns jedoch, und daran erinnere ich mich genau, der Reihe nach vor meinem strengen Onkel aufstellen, um von seiner Gabel als etwas ganz Besonderes ein Häpp-

chen dieser für mich noch sehr unbekannt schmeckenden
Leber zu empfangen.

Denn Hunger tut weh

Zunächst zur Person: Geboren wurde ich 1931 im Rhei-
nisch-Bergischen, 1936 zogen wir nach Essen ins Ruhrge-
biet. Daß ich in eine bewegte, schlimme Zeit hineingeboren
wurde, brauche ich ja nicht extra zu erwähnen.

Für den ‚kleinen Hunger zwischendurch' gab es für
mich als Kind damals etwas Leckeres: Es war eine Grau-
brot-Schnitte mit Butter bestrichen und dann mit Zucker
bestreut. Hm, das hat geschmeckt! Dann, in den Kriegsjahren, waren Süßigkeiten für uns Kinder sehr rar. An
Schokolade war gar nicht zu denken. Aber wir konnten an
der „Bude" an der Ecke unserer Straße in Essen Salmiak-
Pastillen kaufen. Die gab es noch. Diese Pastillen klebten
wir mit Spucke als kunstvollen Stern auf unseren Handrücken und leckten daran – bis der schöne Stern sich allmählich auflöste. Ein tolles Geschmackserlebnis und un-
vergeßlich!

In der Nachkriegszeit wurde der ärgste Hunger mit der
Schulspeisung gestillt. Daran habe ich eine gute und eine
schlechte Erinnerung. Die Schulen erhielten aus Amerika
Suppen-Konzentrate und brühten diese in großen Kesseln
auf. Es gab eine salzige, herzhafte, und eine süße Variante.
Die süße Suppe habe ich in sehr guter Erinnerung, denn
sie schmeckte wie in Wasser oder in Milch aufgelöste Kekse.
Sie schmeckte mir wirklich. Aber die herzhafte Variante
war – trotz des großen Hungergefühls – nicht mein Fall.
Ich habe sie trotzdem hinuntergeschaufelt, denn Hunger
tut weh. Der Geruch dieser Suppe erfüllte das ganze
Schulgebäude, und wenn ich jetzt daran denke, nehme ich
diesen eigenartigen Erbswurst-Geruch auch heute noch
wahr!

Abschied von „grünen" Klößen

Weihnachten 1942, im Alter von 15 Jahren in Berlin.

In meinem Elternhaus wurde der traditionelle Gänsebraten zum festlichen Weihnachtsessen immer mit „grünen" Klößen serviert. Eine Weihnachtsgans ohne diese fast kindskopfgroßen Klöße, die man mit der Gabel zerpflückte, um damit dann die fettige Bratensoße aufzutunken, wäre undenkbar gewesen.

Ihre Herstellung nach einem alten Familienrezept aus Thüringen nahm viel Zeit in Anspruch. Selbst unser Vater mußte dabei helfen. Die ganze Familie schaute ihm zu, wenn er sich in der Küche breitbeinig über die runde gußeiserne Presse beugte, die auf einem Scheuerlappen stand, und die Griffe der mächtigen Schraube so lange drehte, bis die runde, dicke Holzscheibe den mit geschälten und geschnittenen rohen Kartoffeln gefüllten Leinensack so zusammengedrückt hatte, daß deren Wasser endlich aus den Löchern der Presse heraussickerte. Ein anstrengender Kraftakt, den wir bewunderten. Die rohe, fast trockene, etwas rötliche Kartoffelmasse wurde dann in einer riesengroßen, tiefen, weißen Emailleschüssel mit heißem Kartoffelbrei vermischt.

Diese spezielle Mischung auf der Basis von rohen Kartoffeln gab den Klößen ihre typische grünliche Farbe, eine etwas grobe Struktur und den so besonders delikaten Geschmack. Dazu gehörten auch die „Kracherlein", in Fett geröstete Weißbrotwürfel, die im Inneren der Klöße versteckt waren.

Das letzte weihnachtliche Festmahl – Gänsebraten mit „grünen" Klößen – fand im Kriegsjahr 1942 statt. Unsere Familie konnte sich noch einmal vollzählig um den großen, festlich gedeckten Eßtisch versammeln. Erwartungsvoll beobachteten wir unseren Vater, der mit Eleganz die knusprig braun gebratene Gans sehr akkurat tranchierte, und ließen uns beglückt die wohlriechenden Dampfwölkchen der heißen „grünen" Klöße in die Nase steigen. Als dann endlich alle Teller gefüllt waren und wir mit großem Appetit zu essen begannen, da überfiel mich schon nach wenigen Bissen ein schmerzhaftes Völlegefühl, und mein Magen verweigerte jede weitere Aufnahme. Traurig mußte ich mich ins Bett zurückziehen. Ich hatte mir eine Gelbsucht eingefangen. Glücklicherweise wußte ich damals nicht, daß dies ein Abschied für immer sein würde.

Als unsere Wohnung wenige Monate später durch Bomben zerstört wurde, verschwand für immer die zur Herstellung der Klöße unentbehrliche schwere Kartoffelpresse. So ist mir nur die Erinnerung an den abgerundeten Wohlgeschmack dieser köstlichen „grünen" Klöße geblieben, und die werde ich mir niemals durch eine fabrikmäßig hergestellte Imitation verderben.

Hundefutter

Dieser Text stammt von der gleichen Autorin wie der voranstehende.

1946, im Alter von 19 Jahren in Berlin.

Im ersten Nachkriegsjahr 1946 gab es wenig zu essen, die Menschen hungerten. Vis-à-vis des Hauses, in dem wir damals wohnten, residierte ein amerikanischer General in der früheren Villa eines ehemaligen deutschen Generals. In der Küche seines Hauses wurde gut gekocht, denn er hatte häufig Gäste.

Seine Adjutanten und das Personal waren offensichtlich Tierfreunde. Jedenfalls sorgte man im Hause dafür, daß die reichlich anfallenden Speisereste nicht im Mülleimer verschwanden. Sie wurden gesammelt, und der angestellte Gärtner durfte sie als Hundefutter an die wenigen Hundebesitzer in der Nachbarschaft verteilen. Zu den glücklichen Empfängern gehörte der Foxterrier unserer Freunde. Sie vertrauten uns an, daß das amerikanische Hundefutter auch für die menschliche Ernährung von unschätzbarem Wert sei. So sind auch wir in Hungerzeiten auf den Hund gekommen. „Ditt" wurde angeschafft, ein junger, pfiffiger Dackel, den unser Vater in Werder auftreiben konnte. Unsere Teilnahme an der wohltätigen Hundespeisung war gesichert.

Ein- bis zweimal in der Woche brachte uns der Gärtner ein gefülltes Eimerchen. Unsere Mutter verschwand damit in der Küche, um den Inhalt sorgfältig zu sortieren. Viel Weißbrot, aber auch Bratenreste, Kartoffelbrei, gekochtes Gemüse und halbe Koteletts befanden sich darin. Ihre Verwertung, für die es natürlich keine Rezepte gab, erforderte viel Kreativität und Zeit. Niemand durfte unsere Mutter dabei stören. Immer wieder erfand sie neue Varianten schlichter Gerichte, die trotz der wenigen Zutaten auch noch schmackhaft waren. Es gelang ihr, unsere fünfköpfige Familie tagtäglich leidlich satt zu bekommen.

Ob der amerikanische General wohl jemals erfahren hat, was mit den Speiseresten seiner Parties damals geschah?

Ein Duft nach Frieden

Die Stadteinkäufe hatten mich genervt. Meine Füße waren pflastermüde. Autolärm und Passantenhektik verursachten Unbehagen. Lustlos steuerte ich mein geparktes Auto an. Da mußte ich plötzlich innehalten: Aus dem Kaffeegeschäft strömte der betörende Duft von frisch gebranntem Kaffee. Er war so belebend, daß er in mir schlagartig Assoziationen weckte.

Ich befand mich 1945 in meiner sächsischen Heimat. Unser Haus war in meinem Wohnbezirk eines der wenigen, die noch standen. Lediglich kaputte Scheiben und Mauerrisse erinnerten an die Bombardierungen. Seit Wochen standen die Amerikaner etwa 20 Kilometer vor unserer Stadt. Als kriegsmüde Menschen weiße Tücher aus den Fenstern hängten, schossen die Reste unserer verbliebenen Einheiten da-

nach. Am 20. April, dem Geburtstag unseres „Führers",
schmückten Unverbesserliche ihre Fenster mit Hakenkreuz-
fahnen. Daraufhin kam der Beschuß der Amerikaner. Natürlich wurden auch diese Fahnen schleunigst entfernt, und
man wartete nur auf eines: den Einmarsch der Amerikaner,
um dem Chaos ein Ende zu bereiten.

Es war der 7. Mai. Diesmal war es *mein* Geburtstag. Der
Lautsprecherwagen verkündete, daß beim Einziehen der
Truppen die Fenster geschlossen zu halten seien. Endlos
schien das dumpfe Dröhnen, das von der parallel verlaufen-
den Hauptstraße zu uns drang. Die Besetzer rollten ein!

Nachdem Ruhe auf den Straßen eingekehrt war, wagten
sich die Menschen aus den Häusern. Alles strömte zum
Stadtkern, um die Amerikaner anzuschauen. Diesmal hatte
man die Fenster mit bunten Wimpeln geschmückt. Blumen
standen auf den Fensterbänken. Auf dem Weg zum Markt-
platz erreichte mich eine weitere Wagenkolonne. Vor
Schreck konnte ich kaum weiterlaufen: Es waren Mongolen!

Auf dem Markt wurde ich Zeugin großer Verbrüderungs-
szenen zwischen den Russen und den Amerikanern. Frauen
und Kinder hatten sich unter die Soldaten gemischt. Die
Wodkaflaschen kreisten, und die Stimmung wurde immer
ausgelassener. Mir reichte es. Ich kehrte um und ging nach
Hause, „an Leib und Seele ausgekeltert", wie Hebbel seine
Judith sagen läßt.

Zu Hause angekommen, drang mir ein unbekannt gewor-
dener Duft in die Nase. Es roch nach Bohnenkaffee. Eine
Nachbarin, der meine Mutter behilflich gewesen war, hatte
uns ein paar Bohnen geschenkt, damit ein Geburtstagskaffee
gebrüht werden konnte. Andächtig schauten wir in die zart-
braune Flüssigkeit und schnupperten den Wohlgeruch. Immer und immer wieder sogen wir den belebenden Duft ein.
Die Eindrücke der letzten Stunden wurden allmählich ver-
drängt. Schließlich war der Krieg zu Ende. Wir hatten überlebt. Die Zukunft konnte beginnen.

Zuckersüßer Frieden

Hier meine kleine Geschmackserinnerung: Mai 1945 – ich war fünf Jahre alt – standen meine Mutter und ich am Küchentisch in der Wohnung meiner Tante, bei der wir vor den Bombardierungen auf Chemnitz Zuflucht gesucht hatten.

Plötzlich schob mir meine Mutter mit einem Freudenschrei einen Löffel Zucker (den meiner Tante!) in den Mund. Über das Radio war gerade die Nachricht der Kapitulation gekommen, und ich begriff sofort, daß diese außergewöhnliche Großzügigkeit meiner Mutter mit diesem kostbaren Stoff eine ungeheuer „süße" Bedeutung haben mußte.

Die Symbolkraft der spontanen Handlung meiner Mutter hat in knapp fünfzig Jahren nie nachgelassen, denn keine noch so wortreiche Erklärung hätte mir damals die Tragweite der Nachricht näherbringen können.

Bittere Pillen

Ich kann keine Tabletten schlucken. Jedenfalls nicht die trockenen kleinen, die keinen Überzug haben wie ein Bonbon. Sie bleiben kleben auf der Zunge, verstecken sich in den hinteren Zähnen, haften am Gaumen und lösen sich auf. Dann schmecken sie gallenbitter, und die Erinnerung ist wieder da. „Schluckt sie, Kinder, dann schlafen wir ein, und alles ist gut", sagte die Mutter damals. Die älteste Tochter schluckte, die zweite lief weg, zu den Nachbarn, ins Leben. Ich, die dritte, war zu klein, um zu verstehen. Zum Glück auch zu klein, um als Frau angesehen zu werden. Aber über die Mutter und die große Schwester waren sie hergefallen. Aufgeputscht, besoffen gemacht vom Wodka und den Parolen der Anführer. Auch Flugblätter soll es gegeben haben: Plündert, schändet, nehmt, was ihr wollt...

Ein nicht unbekannter Schriftsteller soll sie verfaßt haben, Ilja Ehrenburg.

Aber das alles habe ich erst viel später gehört, viel später verstanden: als ich nicht schlafen konnte und man mir Pillen gab zum Vergessen – weiße, rosa, himmelblaue. Aber ich bekomme sie nicht herunter. Sie schmecken bitter und bringen zurück, was sie auslöschen sollen.

Im Spinatgarten

Der Schreibaufruf hat mich dazu ermuntert, Ihnen eine Geschichte zu erzählen. Nun, das war so: Als 1945 der Krieg zu Ende ging, bekam meine Schwester einen kleinen Buben. Ich war in Kriegszeiten beim Generalkommando in Pullach beschäftigt und durfte unmittelbar nach Kriegsende keine Bürostelle annehmen, also nur als Fensterputzer oder ähnliches beschäftigt werden. Erst als ich nach einem Jahr meine Entnazifizierungskarte „Jugendamnestie" erhielt, durfte ich wieder als Stenotypistin arbeiten. Aber ich hatte sehr großes Interesse am Garten und am Gemüsezüchten. Das Gebäude, in dem ich im Krieg arbeitete, war ein Jesuitenkloster mit großen Gartenanlagen. Als unsere Dienststelle aufgelöst wurde, bat ich gleich um Arbeit in diesem Garten, denn der Orden hatte sehr wenige Leute, die noch arbeiten konnten. Dort wurde der Spinat mit einer Spezialsense gemäht, nebenher ging eine Person mit einem Schubkarren. In diesen Schubkarren wurde der Spinat direkt mit der Sense hineingekippt. Es gab ein ganzes Feld voller Tomaten, alles Gemüse wurde eben im großen Stil angebaut. Mir gefiel das, und ich arbeitete fast eineinhalb Jahre dort, bekam als Lohn mein Essen und konnte auch Gemüse mit nach Hause nehmen für die Familie, denn damals gab es ja nicht viel zu kaufen. Ich brachte jeden zweiten Tag für meinen kleinen Neffen frischen Spinat mit und freute mich wirklich, daß ich dies konnte. Als er dann in den Kindergarten kam, gab es oftmals Krach, weil er, immer wenn es dort oder anderswo Spinat gab, diesen einfach nicht mehr essen konnte. Auch heute noch ist es ihm unmöglich, jemals wieder Spinat zu essen, er verläßt schnellstens das Lokal, und noch heute lachen wir darüber, so ernst es damals auch war.

Ein Care-Paket

Es war in der Nachkriegszeit (Hungerzeit), als meine Mutter ein Care-Paket bekam. Ich war etwa acht Jahre alt und voll Erstaunen über all die schönen Sachen. Unter anderem war da eine Dose Himbeermarmelade.

Meine Mutter bestrich für mich und sich selbst eine Scheibe Brot mit dieser Himbeermarmelade. Erwartungsvoll bissen wir hinein und... „Pfui Teufel", schimpfte meine Mutter. Ich selbst war ganz erschrocken und wußte mit dem Geschmack auch nichts anzufangen. Mir war nur peinlich, daß meine Mutter so gnadenlos und verbittert über diese „Unverschämtheit" schimpfte, uns so einen „Dreck" zuzumuten.

Viele Jahre später erfuhr ich, als ich Tomatenmark kennenlernte, was wir damals als Himbeermarmelade gekostet hatten.

Schockolät

Erster Ostertag 1945. Deutschland in Schutt und Asche. Ich war fünf oder sechs Jahre alt und befand mich bei meinen Großeltern in einem Dorf im Solling. Der Amerikaner zog mit Panzern ein und schlug dort ein Lager auf. Es ging friedlich, fast gemütlich zu. Die Schulen waren mit verwundeten Soldaten belegt. Wir Kinder, alle neugierig, besuchten Tag für Tag trotz der Verbote der Großeltern die Amerikaner auf ihren Panzern. Warum? Es gab Blockschokolade und Himbeerdrops. Zum allerersten Mal in meinem Leben konnte ich das probieren. Dazu kam, ebenfalls zum ersten

Mal, daß ich schwarze Menschen sah. Damals wurden sie noch Neger genannt. Was ich dazu sagen möchte: Schokolade und Himbeerdrops verbinden mich immer mit der Erinnerung an freundliche, liebe, schwarze Menschen. Nie habe ich später im Leben irgendein Vorurteil gegen diese Menschen haben können. Bis an mein Lebensende werden Blockschokolade und Himbeerdrops mich an diese Ostertage im Solling erinnern und nur daran! Eigentlich zählt das zu meinen schönsten Kindheitserinnerungen, ob Sie es glauben oder nicht.

Sie können sich denken, was mein erster englischer Satz war:

„Häw ju Schockolät?"

Verbotener Grießbrei

In meiner Kindheit – oder vielmehr Jugend – hatte ich ein herausragendes Geschmackserlebnis, das auch einige biographische Komponenten beinhaltet. Es war im Sommer 1945 in Niederschlesien – meiner Heimat. Ich war fünfzehn Jahre jung und wurde mit zwei gleichaltrigen Freunden von den russischen Besatzern „verpflichtet", ungefähr hundert Kühe der Domäne unseres Heimatdorfes zu hüten. Es war uns streng verboten, die Kühe zu melken, was durch zeitweilige Patrouillen kontrolliert wurde. Nun ist es ja allgemein bekannt, daß in jener Zeit Lebensmittel sehr knapp waren, und der Hunger war mittlerweile ein Bestandteil des täglichen Lebens.

Wir setzten uns also über das Melkverbot hinweg, wodurch wir eine strenge Bestrafung riskierten. Die Russen waren in dieser Beziehung nicht gerade zimperlich! Der eine Freund von mir stand Schmiere, der andere hatte etwas Grieß und Zucker organisiert, und ich molk die Kühe. Diese „Kunst" hatte ich in meinem Pflichtjahr erlernt. Dann entfachten wir ein kleines Feuer, auf dem wir in einem Blechtopf aus diesen drei einfachen Zutaten eine köstliche Speise zubereiteten. Obwohl ich seit damals schon oft wieder Grießbrei gegessen habe, hat mir keiner so gut geschmeckt wie jener. Vielleicht lag es daran, daß der Rauch des offenen Feuers ihm einen ganz besonderen Geschmack verliehen hatte. Vielleicht aber kam es auch daher, weil wir so hungrig waren und selten in den Genuß von frischer Milch kamen. Oder aber es war der Reiz des Verbotenen, der diesem Brei seine besondere Würze gab. Auf jeden Fall habe ich seinen Geschmack bis heute nicht vergessen.

Apfelsinen und Rosinenflutschen

Es war Weihnachten 1945 oder 1946, ganz genau weiß ich es nicht mehr. Meine Tante arbeitete bei der „Schwedenspeisung", die damals Essen ausgab für die „Kriegskinder", und sie hatte drei Apfelsinen mitgebracht, für meine beiden Geschwister und mich. Noch heute sehe ich, wenn mir so richtig große Apfelsinen auffallen, diese drei Apfelsinen auf unserem Radio unter dem Weihnachtsbaum liegen. Schön nebeneinander, für jeden eine. Da ich keine Apfelsinen kannte, nahm ich sie und biß herzhaft hinein, bevor meine Mutter mich daran hindern konnte.

Dann, in den ersten Schuljahren, gab es Schulspeisung. Da bekamen wir einmal die Woche eine Milchsuppe mit dicken, aufgequollenen Rosinen zu essen. Die Suppe habe ich gern gegessen, aber ich bekam die Rosinen nicht runter. Natürlich durfte ich nichts mit nach Hause bringen, denn meine Mutter achtete darauf, daß wir unser Kochgeschirr auch leeraßen. So spielten wir Kinder auf dem Nachhauseweg „Rosinenflutschen". Wir nahmen den Löffel mit einer Rosine drauf zwischen die Lippen und „flutschten" die Rosinen weg. Wer damit am weitesten kam, hatte gewonnen. Natürlich keine feine Art, aber so wurde der Topf leer. Noch heute dreht sich mir der Magen um, wenn ich große aufgequollene Rosinen sehe.

Schulspeisung

1948 oder 1949: Eine frühe Erinnerung habe ich an die spezifische Schulspeisung in einer Kleinstadt in Hessen (8000 Einwohner plus 5000 US-Soldaten). Ich war damals acht Jahre alt und in der ersten Klasse Volksschule.

Zur täglichen Schulspeisung ‚wanderten‘ wir ungefähr einen Kilometer durch die mittelalterliche Altstadt zur Jugendherberge, da dort die einzige Großküche existierte. In der Regel freuten wir uns auf die Schulspeisung, verbunden mit dem Weg dorthin. Es gab aber eine Ausnahme: Stieg uns auf halbem Wege der Geruch von Kakao in die Nase, so verspürten wir – beziehungsweise ich – eine kleine Übelkeit. Sie verstärkte sich noch dadurch, daß auf den Gullis um die Herberge herum Kakaobrühe mit Nudeln einen unerträglichen Anblick bot (von den Vorgängern).

Was spielte sich nun dort ab? Alle – und auch ich – waren gierig nach diesem Gericht, eben Kakaosuppe mit Nudeln, und wir überfraßen uns regelmäßig mit dem Effekt, daß viele sich übergaben und die Reste der begehrten Suppe in den Gulli schütteten. Das Bild der Gullis stellte sich schon über die Nase, durch diesen Geruch ein, wenn wir zur Schulspeisung gingen. Wir alle wußten, heute ist der Tag, an dem wir uns wieder bis zum Erbrechen überfressen werden.

Bis heute ist mir der Geruch noch Übelkeit erzeugend in der Nase, und die Schulspeisungssituation steht mir bildlich noch klar vor Augen, zum Beispiel immer dann, wenn ich Schokolade esse. Kakaosuppe habe ich bis heute verweigert.

Heißes Brot

Es war im Frühjahr 1945 in Neuensalz, Kreis Plauen, im Vogtland. Wir, meine Mutter, mein siebenjähriger Bruder und ich, damals knapp fünfzehn, wohnten in Voigtsgrün,

188

einem kleinen Dorf von siebzehn Bauern und einem Gastwirt. Voigtsgrün war das Nachbardorf von Neuensalz. Dort mußten wir zum Einkaufen hin, zu Fuß natürlich und immer hungrig. Der Bäckersfrau rissen wir (der kleine Laden war immer voller Kunden) das heiße Brot fast aus den Händen.

Nun sind so viele Jahre vergangen, aber immer, wenn ich vom Bäcker ein Brot hole, und es ist noch warm und riecht so frisch, gehen meine Gedanken zurück an den kleinen Laden im Vogtland, wo wir die schwerste Zeit unseres Lebens verbrachten.

Irre oder normal?

Schiebebutter

Es war nach dem Krieg in Berlin. Hunger hatten wir ständig, und etwas Leckeres hatte es lange nicht gegeben. Ein Geschmackserlebnis aus dieser Zeit habe ich noch lebhaft in Erinnerung: Es war das erste Stück echte Butter. Meine Mutter betrachtete es wie einen wertvollen Schatz. Ich weiß nicht, was sie damit vorhatte, aber wir Kinder – damals vierzehn bis sechzehn Jahre alt – bestanden darauf, sofort und auf der Stelle eine Butterstulle zu bekommen, und die Butter sollte fingerdick aufgetragen sein. Meine Mutter erfüllte uns den Wunsch, doch trug sie die Butter nicht so dick auf, wie wir es uns vorgestellt hatten. Da erfanden wir die „Schiebebutter".

Das ging so: Wir schoben mit den Vorderzähnen die Butter nach hinten, bis zum Schluß ein größerer Butterberg auf dem letzten Bissen aufgetürmt war. An diesem letzten Bissen delektierten wir uns dann und ließen die Butter auf der Zunge zergehen. Wir haben später immer mal wieder versucht, Schiebebutter zu zelebrieren, aber es klappte nie wieder.

Mangel und Genuß

Viele erinnern sich an Geschmackserlebnisse aus der Zeit des Zweiten Weltkrieges oder aus den Nachkriegsjahren bis zur Währungsreform 1948. Die meisten von ihnen waren in jenen Jahren noch Kinder oder Jugendliche. Dadurch vermitteln die Zuschriften eine Perspektive, die von derjenigen der damals Erwachsenen ebenso abweicht wie von derjenigen, welche die Historiker und die Biographieforscher im allgemeinen wählen, um Entbehrung und Hunger oder um die Strategien ihrer Überwindung zu dokumentieren. Insgesamt belassen es die Schilderungen bei unspektakulären Episoden, oft wirken sie geradezu harmlos, und nur am Rande lassen sie eine Sorge um die Sicherung der Existenz spüren, die doch angesichts des Krieges und später der verschärften Ernährungskrise im Vordergrund gestanden haben muß. Knappheit und Not bilden eher die Folie des Erinnerns, als daß sie in dessen Zentrum stünden. Ein heute 52jähriger, der als Kind die Hungerjahre am eigenen Leib erlebte, gibt an, er habe erst später durch familiäre Erzählung realisiert, daß zu dieser Zeit tatsächlich dramatischer Mangel geherrscht habe. Solche Äußerungen beschönigen nicht, auch verdrängen sie nicht unbedingt das Durchstandene, sondern sie gehen stillschweigend von einem anderen als dem heutigen Typ der Normalität aus, welche die Handlungs- und Genußspielräume der Kindheit vorzeichnete. Die Erinnerungen knüpfen sich an allerhand Surrogate, die durchaus auch als wohlschmeckend im Gedächtnis haften können, sie verbinden sich mit dem Widerwillen gegen Steckrübensuppe oder gegen Mahlzeiten, die aus Kartoffelschalen bereitet wurden, und sie kreisen um den unwiederbringlichen Hochgenuß einer Butterstulle oder um das Wunder der ersten Apfelsine.

Weniger die gesellschaftlichen Ursachen des Mangels und die Organisationsformen der Ernährung stehen auf dem

Prüfstand der kulinarischen Kindheitserinnerung aus jenen Jahren, sondern stärker fallen die Geschmacksabstufungen ins Gewicht, welche die jeweiligen Umstände zuließen sowie die lebensgeschichtlichen Momente, die sie versinnlichen. Auch bei den Geschichten aus härteren Zeiten geht es immer wieder um Familienbeziehungen, um Zwang und Widerstand, um Ekel und Genuß, um Adoleszenz und Initiation, um das Gewöhnliche und um das Besondere. Administrative, über die Zuteilung von Lebensmittelmarken gesteuerte Vorgaben über Nährstoffe und Kalorienzahlen, die Versorgung durch Hilfsorganisationen (Care-Pakete, Schul- bzw. Schwedenspeisung) sowie weitere Quellen der Nahrungsaufbesserung (Hamsterfahrten, Schwarzmarkt) geben dafür den Rahmen ab. Als unmittelbaren Faktoren der Daseinsbewältigung ist zwar in etlichen Briefen von ihnen die Rede, aber sie sind doch nur ihr mittelbares Thema. Sie liefern den notwendigen und unausweichlichen Hintergrund für eine Geschichte, die im Kern von etwas anderem handelt, nicht vom Krieg, nicht von der Politik, nicht von der Gesellschaft, sondern von der Befindlichkeit und dem Horizont der eigenen Kindheit.

Im Mittelpunkt steht das individuelle Erleben, nicht die Historiographie. Aber das private Erinnern, so wird besonders aus den Berichten über die Zeit der schlechten Ernährungslage deutlich, steht eben doch im Kontext kollektiv geteilter Erfahrung, ohne allerdings restlos darin aufzugehen. Erstens bezieht es sich, und zwar in einem umgreifenden Sinne, auf die allgemeinen materiellen und strukturellen Verhältnisse, die seinerzeit herrschten. Zweitens organisiert es sich innerhalb der einstigen, durch direkte Kommunikation bestimmten Nahwelt der Familie, der Schule oder des Freundeskreises. Drittens orientieren sich die memorierten Geschmackserlebnisse wie auch ihre Deutungen an den Funktionen und den Symbolwerten, die sie heute, 45 oder 50 Jahre später, zu erfüllen vermögen. Zwischen die kulinarische Welt der Kriegs- oder

Nachkriegsjahre und ihre Vergegenwärtigung nach fünf Jahrzehnten haben sich die Erfahrungen des Wiederaufbaus und des Wirtschaftswunders, des Toast Hawaii und des Schnitzelessens, der ersten Pizzerien, der Chinarestaurants und der Fast-Food-Lokale geschoben, aber auch die der modernen Kalorien-, Cholesterin- und Diätprobleme. Die unvergeßliche Erinnerung an eine bizonale Schokolade verdankt ihren Sonderstatus *auch* den vielen vergessenen und zur Bedeutungslosigkeit verdammten Süßwaren, die in der satten Zeit einem überreizten und gelangweilten Gaumen zu schmeicheln suchten. ‚Nie', so geht die Rede, ‚hat mir Schokolade oder ein Butterbrot oder eine Apfelsine oder ein Teller Grießbrei jemals wieder so geschmeckt wie damals.'

Die bescheidene, von der großen Weltlage abgekoppelte Erinnerung an einen kulinarischen Genuß in Zeiten der Entbehrung verbürgt gelegentlich einen kindlichen Stolz darüber, sich die Fähigkeit zur Lebensfreude bewahrt zu haben. In diesem Sinne läßt sich aus den Zuschriften die Hypothese ableiten, daß der Mangel eine Welt offenbart, die Leiden bereitet, und daß der Genuß darin das vitale Individuum mitsamt seiner unmittelbaren Umgebung zur Geltung bringt, die es wagen, dieser Welt die Stirn zu bieten oder zumindest ihr die Zunge herauszustrecken: „Es war ca. 1943", schreibt eine Autorin: „Nachdem die Lebensmittel für die ganze Woche gekauft werden konnten (immer am selben Wochentag, es hieß: die Lebensmittel werden ‚aufgerufen'), gab meine Mutter, gar nicht kleinlich, schon gleich am ersten Tag viele Buttermarken aus, und wir aßen ohne Teller am Küchentisch Brötchen mit dicker Butter: begleitet von Sprüchen wie: ‚Jetzt hört das schlechte Leben auf' oder ‚nobel geht die Welt zugrunde'." Wie nachhaltig solche Erlebnisse fortwirken können, geht aus den Worten einer anderen Schreiberin hervor, die ganz Ähnliches mitteilt: „Zur Zeit der Lebensmittelmarken habe ich die gesamte Butterration für zehn Tage auf etliche

Scheiben frischen Brotes verteilt und sofort aufgegessen. Bis heute hält sich die Erinnerung an diesen wunderbaren Geschmack und Geruch. Noch heute gibt es für mich kaum etwas, das leckerer wäre als eine Stulle frischen Brotes mit Butter darauf."

VI. Zwischen Himmel und Hölle

Ekel und Genuß

In der Nachkriegszeit schmeckte das Essen oft nicht, weil aus Not auch ungeeignete (Stiele von Zuckerrübenblättern) oder halb verdorbene (Käferbohnen, erfrorene Kartoffeln) Speisen auf den Tisch kamen. Ich, ungefähr elfjährig, saß allein am Tisch bei einem verspäteten Mittagessen und spürte voller Ekel im Mund den glasig-süßlichen Geschmack eines Stückchens erfrorener Kartoffel. Aber als ich das Stück ausspuckte, sah ich, daß es ein Stück Mohrrübe war. Schlagartig verschwand das Ekelgefühl, und ich aß dasselbe Stück mit demselben glasig-süßlichen Geschmack plötzlich mit Appetit. Ich habe seitdem immer versucht, mich zu neutralem Verhalten gegenüber fremdartig oder schlecht schmeckenden Nahrungsmitteln zu erziehen.

Verfeinerung

Ein kleines dünnes – zu dünnes – Mädchen war ich, nach Meinung meiner Mutter. So mußte ich täglich, als Zwischenmahlzeit, am Vormittag einen Teller süßer Haferflockensuppe leeren. Da saß ich nun, vierjährig, allein an dem großen Eßtisch, im wegen der Tropenhitze verdunkelten Eßzimmer und quälte mich mit der widerwärtigen Suppe. Eines Tages kam Vater zu mir, sah meinen Kummer, ließ sich meinen Widerwillen erzählen und ging stumm an den Schrank, holte die Flasche mit dem französischen Landwein heraus und goß einen Schluck davon in meine Suppe. Heute bin ich 82 Jahre alt und habe niemals den Geschmack in jenem Moment ver-

gessen, in dem diese kleine ‚Verfeinerung' mir den Hals her-
unterlief. Die Anordnung von Vater: „Das Kind bekommt
täglich einen Löffel leichten Rotweines in die Suppe" wurde
nicht mehr oft befolgt. Mutter setzte die Suppe nach wenigen Tagen ab: wohl nicht, weil ich dick genug, sondern weil
der Wein nicht erwünscht war. Haferflockensuppe brauchte
ich nicht mehr zu essen. Mit Milchreis, den ich jedesmal
sofort nach dem Essen erbrach, quälte man mich allerdings
noch lange.

Im übrigen war in der Nachkriegszeit jedes Gericht ein
Erlebnis, außer Haferflockensuppe und Milchreis! So gäbe
es denn auch manches „beglückende" Geschmackserlebnis
zu berichten, fast alle aus der Kindheit: Zum Beispiel bekam
ich in den Ferien bei der Tante in einer kleinen mecklenbur-
gischen Landstadt eine große Schwarzbrotschnitte. Diese
war mit Weißkäse bepackt, und darauf befanden sich ge-
schmorte saure Kirschen.

Biskuit

Der Autor stammt aus Wien und ist 51 Jahre alt. Von Beruf
Iranist, ist er zugleich ein begnadeter Koch, Gesellschafter
und Esser: „Erinnerungen an Essen und an Geschmäcker –
ich trage viele davon mit mir, und ihre Fülle beängstigt mich
manchmal sogar: Sehe ich sie doch aus gutem Grund öfters
als symptomatischen Bestandteil meines aus den Fugen gera-
tenen Interesses für Kulinarisches, zu dem parallel auch mein
Leibesumfang – in jedem Sinne des Wortes zunehmend – aus
den Fugen geriet! Es geschah wiederholt, daß ich auf der
Jagd nach einem verlorenen Geschmack vermutete Träger
desselben zuzeiten scheinbar sinnlos in mich hineinschlang,
weil ich das überwältigende und letztlich nicht zu befriedi-
gende Gefühl hatte, einem solchen erinnerten Geschmack
auf der Spur zu sein. Daraus mag zum Beispiel mein ortho-
doxes, ja unduldsam eingleisiges Faible für einen Schweins-

braten nach Art der Wiener Küche (mit Knoblauch und
Kümmel, keine verlängerte Soße, vielmehr ein ‚kurzer Saft‘,
mit knuspriger Kruste etc.) resultieren. Mit suchtartiger Ab-
hängigkeit jage ich einer frühen Prägung nach."

Auch im Falle des Genusses von aus Biskuit-Teig, Sandteig
und vergleichbaren feinporigen, idealtypisch ei-intensiven
Backmassen angefertigten Mehlspeisen (möglichst ohne oder
nur mit wenig Triebmittel!) scheint mir der Vergleich mit
suchtartigem Verhalten meinerseits durchaus angebracht.
Von Zeit zu Zeit ertappe ich mich dabei, Backwaren dieser
Art – etwa „Amerikaner", aber auch andere, von meiner
sozialen Umgebung verständnislos als „fad schmeckend"
eingestufte Produkte – in nicht geringen Mengen zu kaufen
und sinnlos in mich hineinzustopfen. Irrtümlicherweise mag
man mir hierbei so etwas wie schlechten Geschmack unter-
stellen – das trifft aber nicht zu, denn ich genieße derlei ja
keineswegs! Wenn unter diesem Zeug etwas sein sollte, das
meinen kulinarisch interessierten Freunden nicht schmecken
sollte, so kann ich sie beruhigen – mir schmecken sie auch
nicht! Warum ich sie esse? Wie gesagt: Ich bin auf der Suche
nach dem verlorenen Geschmack!
   Während der letzten Kriegstage oder in den ersten Wochen danach, also im Jahr 1945 – ich meine mich zu erinnern,
daß es in einer spätwinterlichen oder vorfrühlingshaften Atmosphäre gewesen sei, vielleicht war an diesem Tag aber
auch nur schlechtes Wetter –, hatte meine Mutter beschlossen, gemeinsam mit ihrer eigenen Mutter, aber mir zuliebe
– ich war damals etwa dreieinhalb Jahre alt – einen Kuchen
zu backen, ein, wie sie verheißungsvoll ankündigte, „Biskuit", von dem ich – wie von vielen Speisen in meiner Kindheit – bis dahin allenfalls gehört hatte; jetzt sollte ich also
zum ersten Mal damit Bekanntschaft schließen. Angesichts
der zeitbedingten nahezu völligen Abwesenheit der dafür
erforderlichen Ingredienzien (z. B. Eier!) zog meine Mutter
ein Rezept zu Rate, das ihr offenbar auf dem damals beson-

ders unter Frauen florierenden „Tauschmarkt" für Ersatz-
und Notrezepte in die Hände gefallen war. Ich habe keine
Ahnung über seine Beschaffenheit, und meine Mutter konnte sich, in späteren Jahren danach befragt, an keine Details
mehr erinnern. Das einzige, was sie mir später in diesem
Zusammenhang sagen konnte, war ein vage schmunzelndes:
„Ach, du meinst den Kuchen aus den Erbsen!" Sie wußte
fürderhin weder zu sagen, was sie im einzelnen in den Kuchen hineingegeben hatte, noch wer die Quelle des Rezepts
gewesen war.

Das war es also, mein erstes Biskuit, für das statt Eiern
und einem guten Teil Mehls Trockenerbsen in wie auch immer behandelter Form verwendet wurden! Ich habe keine
Ahnung – wurden sie zuerst vorgekocht und zerstampft,
oder handelte es sich um so etwas wie Erbsmehl –, aber ich
weiß seither mit Gewißheit, daß es einen paradiesischen Bis-
kuitgeschmack gibt, den auf Erden zu reproduzieren kein
einziges diesbezügliches Rezept in der Lage ist. Die typische
Biskuit-Konsistenz mögen professionelle oder häusliche
Bäckerinnen und Bäcker vielleicht noch hinbekommen – den
Geschmack, den ja nur ich kenne, nie und nimmer! Ein
besonderer Effekt meines Urbiskuits ist die während des
Backens entstehende, obere, glatte „Backhaut" (Kruste ist
angesichts der seidigen und zarten Konsistenz nicht das richtige Wort), die bei derartigen Kuchen durch den Prozeß des
aus der Form Stürzens zuunterst zu liegen kommt und dadurch oft zerstört wird. Das genannte Erbsenbiskuit war
– vielleicht um die totale Zerbröselung zu verhindern?
– nicht gestürzt worden, sondern kam in der flachwannenar-
tigen Backform auf den Tisch; die „Haut" blieb daher un-
versehrt und eröffnete mir einen bis dahin ungekannten Genuß! Die von dieser „Haut" bedeckte zarte, saftige Süße ist
daran Schuld, daß ich bis heute immer wieder kostender- bis
fressenderweise versuche, sie wiederzuentdecken!

Ich habe oben das Stichwort Feinporigkeit gegeben. Vermutlich handelt es sich um einen Euphemismus für den Um-

stand, daß der Erbsenkuchen angesichts der Abwesenheit jeglichen Triebmittels „sitzengeblieben" war. Das mag eine Erklärung für meine besondere, ansonsten eben nicht weiter deutbare, wohl infantile Vorliebe sein, die ich bis heute für sitzengebliebene, nicht aufgegangene und frische Teige hege. Wie gesagt – frisch müssen sie sein! Nichts zu sehr Durchgebackenes, Zwei- oder Mehrtägiges und bitte: keine grobe Krume, wie sie durch Backpulver meistens entsteht (es sei denn, Kartoffelmehl ist im Spiel)!

Somit ist also an einem düsteren Mittag in einer kleinen Wiener Vorstadtwohnung vermutlich im frühen Jahr 1945 der ideale Prototyp eines Mehlspeisengeschmackes geprägt worden – ein mystisches Gottesgeschenk vielleicht? Im Gegensatz zu dem oben zitierten Schweinsbraten ist die Anfertigung dieses Geschmacksträgers nie wieder mit Erfolg vollzogen worden. Alle einschlägigen Backprodukte haben sich seither als weltliche, untaugliche Imitationen eines himmlischen Geschmackserlebnisses erwiesen, für dessen Offenbarung an mich persönlich meine Mutter und Trockenerbsen sozusagen als Werkzeuge einer überirdischen Macht dienen mußten.

Und ich fresse mich weiter sinnlos durch langweilende, nichtssagende Kuchen in der verzweifelten Sehnsucht, den unvergleichlichen Geschmack dieses Erbsensurrogats von vermutlich extraterrestrischer Herkunft noch einmal nachvollziehen zu können...

Wruken

Hamburg 1951: Meine Mutter war berufstätig. Da sie erst gegen 18 Uhr nach Hause kam, kochte sie häufig für die ganze Woche vor, so daß ich mittags nach der Schule mir mein Essen nur noch zu wärmen hatte. Sehr häufig (jedenfalls kommt es mir in der Erinnerung so vor) waren das Steckrüben, die bei uns den ostpreußischen Namen Wruken trugen, gekocht auf zadderigem Suppenfleisch, denn Geld hatten wir nicht viel. Obwohl ich das Fleisch regelmäßig herausfischte und unseren Hund damit fütterte, bin ich den Ekel vor solcher Art von Fleischeintöpfen bis heute nicht losgeworden. Vielleicht gab es auch nur ab und zu Wruken, geblieben ist bei mir jedoch ein Gefühl, als ob meine halbe Kindheit hindurch der Wrukeneintopf auf dem Herd gestanden hätte.

Großmutters Essen

Eine Erinnerung aus Berlin. Ich hatte eine wundervolle, schöne, lebensfrohe Großmutter. Die Ferien durfte ich immer bei ihr verbringen. Haus, Garten, Hühner, es war märchenhaft schön. Der Schlüssel zum Himmel war sehr einfach. Großmutter holte jeden Morgen Brötchen und sagenhaften *Emmentaler Streichkäse*. Nur *dieser* Käse auf's Brötchen, dazu Kakao, es war himmlisch. Ein Glücksgefühl. Noch heute, wenn ich Streichkäse im Regal suche, ist diese Erinnerung da.

Das Entgegengesetzte von Glücksgefühl war blanker Ekel. Die geliebte Großmutter bereitete Wirsingeintopf, frisch aus dem Garten. Als das Essen auf die Teller verteilt wurde, lagen rund um den Tellerrand etliche Raupen. Ich stand empört auf. Großmutter meinte, ich solle mich nicht so haben, nahm die Raupen und warf sie den Hühnern hin. Wirsingkohl ist immer noch nicht beliebt bei mir.

Brrrr und Hmmmm

Negativ berührt mich noch heute der Geruch oder der Geschmack von frischen Salatgurkenscheiben und Milch – vor allem Milch aus Emaillegefäßen. In den 50er Jahren verbrachte ich zweimal mehrere Monate meiner Kindheit wegen Hüftoperationen im Krankenhaus. Dort mußten wir besagte Milch aus Emaillebechern trinken, die oft einen „Stich" hatte durch andere Speisen, die im Kühlschrank aufbewahrt wurden, wie zum Beispiel die vorbereiteten Abendbrotteller mit Gurkenscheiben darauf. Zu allem Überfluß hatte die Milch auch meistens noch Hautstückchen zu bieten, die mir immer noch den Appetit auf Pudding oder Milchsuppen wie auch auf Milch als pur genossenes Getränk verderben. Brrrr..., ich könnte mich schütteln – allein bei dem Gedanken daran. Und ausgerechnet Milchsuppen sollten mich nach den Krankenhausaufenthalten in sogenannten Kindererholungsheimen wieder zu Kräften kommen lassen – vergeblich natürlich. Ich tauschte sie heimlich mit meiner Tischnachbarin, die im Gegensatz zu mir abnehmen sollte, gegen Schwarzbrot und Joghurt.

Sehr gerne denke ich hingegen an Genüsse, die meine Oma in Westfalen mir damals bot – ihren Hefekuchen und die Weihnachtskekse habe ich so nie wieder gegessen, und sie veranlaßten mich ebenso wie das selbstgebackene frische Brot, selbst hergestellte Leberwurst, Sülze und Butter auf dem Bauernhof, wo sie ab und zu aushalf, mit gesundem Appetit immer wieder zuzulangen, wie es keine „Kindererholungsheime" geschafft haben. Dafür könnte ich heute jedes Mittagessen ausfallen lassen, hmmmm..., und diesen Geruch habe ich immer noch in der Nase.

Häusliche Mahlzeiten

Die Mutter war eine vorzügliche Hausfrau, insbesondere auf dem Gebiet des Kochens, so daß wir Kinder mit wenigen Ausnahmen großen Gefallen am Essen fanden. So mochten wir liebend gerne Eintopfgerichte, die um so mehr Behagen erzeugten, als wir, so wir unter uns waren, das Gemüse und die Kartoffeln zusammenmusen durften. Dann futterten wir uns vom Tellerrand her in den „Teppich" von Pichelsteiner,

Rüben mit Schweinebauch oder Hammelfleisch und Kohl hinein. Ein weiteres Privileg war, wenn es Gulasch gab mit halb Kartoffeln und halb Makkaroni dazu, einen Teil der Soße durch die Nudelröhre hochzuschlürfen, was uns Kindern besonders schmackhaft erschien.

Ein unvergeßliches Negativ-Erlebnis bleibt eine häusliche Mahlzeit, die es glücklicherweise nur selten, aber eben doch in Abständen am Mittag gab. Buchweizengrütze mit Milch! Ich mochte dieses Essen ganz und gar nicht, konnte mich davor schütteln. Den „mucheligen" Geschmack, die blaßlila Farbe, den zwar leicht gesalzenen, aber doch als fade empfundenen Brei, dazu die kleinkörnige Konsistenz, alles insgesamt fand ich entsetzlich! Alles Zureden und Ermahnen in Richtung Undank und sich gar versündigen, Nahrungsmittel abzulehnen, half wenig. Ich saß und würgte. Während Eltern und Schwester den Tisch längst verlassen hatten und das Essen kalt wurde, flossen die Tränen. Aber es gab aus erzieherischen Gründen kein Pardon. Wenn ich Glück hatte, war der Teller gegen Nachmittag endlich leer. Dann waren Schularbeiten machen und Spielen zeitlich weit verschoben. Heute noch habe ich eine Abneigung gegen Buchweizen in jeglicher Verarbeitung.

Fragmente

Ich bin sicher, daß jeder in seinem Leben derartige Erinnerungen hat oder entsprechende Erfahrungen sammeln konnte. Nur, die meisten von uns wissen es nicht mehr, haben es vergraben oder verstehen den Zusammenhang nicht mehr.

Ich war damals, in den Jahren zwischen 1934 und 1945, sehr gern bei meiner Oma in Leipzig zu Besuch. Da sie nur ein paar Straßen von uns entfernt wohnte, war das nicht eben selten. Sie hatte eine Jugendstil-Villa mit einer für heutige Zeiten kleinen Küche mit schrägem Dach, im Obergeschoß. Und immer wenn ich die Wohnräume betrat, roch es aus der Küche nach „kaltem" Kaffee. Und das hat mich als Kind so fasziniert, daß ich heute, wenn mir Kaffee kalt wird, unwillkürlich daran denken muß. Es kommt ja dazu, daß Bohnenkaffee gar nicht so selbstverständlich war. Also gehörte schon eine wie auch immer festliche Stimmung dazu, wenn man Kaffee trank. Nicht die Nervosität von heute, wo das manchmal das letzte Mittel ist, um munter zu bleiben.

Dann hatten wir nach 1946 – inzwischen nach Norddeutschland verschlagen – an unserer Schule in Bremerhaven die obligatorische Schulspeisung. Es gab dampfende Milchsuppe mit Erdnüssen. Ich habe bis dato nie gewußt, was Erdnüsse sind. Wie sollten wir auch zu „Adolfs" Zeiten? Also habe ich das Zeug gehaßt. Ich mochte es nicht. Als wir dann Jahre später Erdnüsse im Geschäft kaufen konnten und diese mir auch schmeckten (und heute noch schmecken), brauchte ich sehr lange, um den Zusammenhang zwischen den damals gekochten und heute frischen zu erkennen und zu „verdauen".

Und wie war das mit dem Fleisch? Wenn man als Junge in der sogenannten schlechten Zeit ein Schwein aufziehen hilft, dieses sogar einen Namen bekam (August) und dann geschlachtet wird, und man soll dann auch noch Blut umrühren. Schweinefleisch mag i' nimmer!

Verschiedene Genüsse

Kakao: In der Nachkriegszeit probierten wir die unmöglichsten Ersatz-Nahrungsmittel aus. Am bekanntesten war wohl, aus Hefe-Extrakt „Leberwurst" zu machen. Mich hat aber am meisten beeindruckt, wie wir aus roten Rüben „Kakao" herstellten. Das habe ich bis heute nicht vergessen! Die Rüben wurden geraspelt, im Ofen getrocknet und in der Kaffeemühle gemahlen. Dann mit Milch und Zucker aufgekocht. Erst später, als wir mal richtigen Kakao trinken konnten, merkten wir, was für ein seltenes Geschmackserlebnis wir damals hatten.

Himmel und Erde: Als ich zwölf Jahre alt war, bekam ich von einer Familie, die einen großen Garten besaß, das Angebot, dort die Ferien zu verbringen. Ich freute mich sehr und sollte ein paar Wochen dortbleiben. Es war im August, die Äpfel waren reif und die Hausfrau kochte fast täglich ihr Spezial-Gericht: Himmel und Erde. Das Essen besteht aus Kartoffeln und Äpfeln, wird in einem Topf gekocht und mit Fett oder Speck abgeschmeckt. Ich habe damals so viel davon gegessen, daß ich es in meinem späteren Leben nie wieder auf den Tisch meiner Familie gebracht habe.

Torte: Es mag 1948 oder 1949 gewesen sein. Um Ostern waren die ersten „Freien Läden" und Gaststätten eröffnet worden. Wir wohnten im Harz, und mein Vater hatte in Leipzig ein kleines Samengeschäft übernommen. In den Ferien durfte ich ihn besuchen, und da er im Geschäft zu tun hatte, gab er mir 20 Mark und sagte: „Mach dir einen schönen Tag!" Mit meinen fünfzehn Jahren ging ich stolz in der Innenstadt in eines der neueröffneten Cafés. Ich suchte mir ein Stück Buttercreme-Torte für fünf Mark, ein Schweinsohr für drei Mark und eine Rumkugel für eine Mark fünfzig aus, mit Kaffee und Trinkgeld war mein 20-Mark-Schein futsch. Nach der langen Zeit der Entbehrung war mir dieser Kuchengenuß nicht nur wegen der Preise ein unvergeßliches Erlebnis, und die exquisiten Gebäckstücke zergehen mir noch heute in der Erinnerung auf der Zunge.

Super-Eis: 1953 verbrachte ich ein paar Urlaubstage in Ostberlin bei Verwandten. Ich hatte gerade ausgelernt, und ein Kollege bat mich, für seinen Bruder in Tegel etwas mitzunehmen. Man konnte damals noch mit der S-Bahn aus dem Ost-Sektor in die West-Sektoren fahren. Es war meine erste Begegnung mit dem „Goldenen Westen". Ich übergab das Päckchen, und zum Dank wurde ich von einem netten Herrn in ein italienisches Eiscafé eingeladen. Diesen ersten wirklichen Eisgenuß meines Lebens habe ich nie vergessen.

In einer Schale waren sieben kleine Kugeln Eis in verschiedenen Farben, und das Vanille-, Himbeer-, Nuß-, Bananen-, Schokoladen-, Erdbeer- und Zitroneneis schmeckte köstlich. Ich bilde mir ein, so gutes Eis später nie wieder vorgesetzt bekommen zu haben.

Eis

Es war in den Jahren 1935–38, und wir Kinder einer Beamtenfamilie lebten in „sparsamen Verhältnissen". Für unser Leben gern aßen wir Eis. Aber das gab es allenfalls als „Abfall" vom Eiswagen, der mehrmals wöchentlich die Haushalte mit Stangeneis für die Kühlkästen versorgte. Beim Zerteilen der Stangen splitterten mehr oder weniger große Stückchen ab und fielen auf die Straße, von wo wir sie dann auflesen durften und das Wassereis leckten.

Vielleicht einmal im Jahr wurde auch in der Familie selbst Eis hergestellt: In einem hölzernen Faß wurde zerkleinertes Stangeneis mit Viehsalz bestreut, um eine möglichst große Kälte zu erzeugen. Darin wurde ein Eisenbehälter so lange gedreht, bis die in ihm enthaltene „Eisflüssigkeit" fest wurde. Das Eis schmolz sehr rasch, so daß es schnell gegessen werden mußte. An einem Sonntag gab es diese Köstlichkeit, aber nicht – wie sonst üblich – nach dem Mittagessen, sondern es wurde auf einen Sparziergang mitgenommen und sollte dann im Grünen verzehrt werden. Zu diesem Zweck kam es in eine Thermosflasche. Dort blieb es auch sehr schön fest. Nur leider: es war so fest, daß man es nicht mehr aus der Thermosflasche herausbekam. Das war also nichts.

Eine bessere Chance, zu ordentlichem Eis zu kommen, bot sich auf dem Kirchweg. Hier führte nämlich der Weg an einer echt italienischen Eisdiele vorbei. Nicht, daß nun Vater oder Mutter etwa ein Eis spendiert hätten. Aber wenn wir Glück hatten, gingen die Eltern zusammen mit unserem Hausarzt den gleichen Weg nach Hause. Und dann kam der große Augenblick. Der Doktor hatte ein Herz für uns Kinder – er war wohl auch wohlhabend genug –, und wir bekamen alle eine ordentliche Eisportion. Noch heute ist Eis meine stille Leidenschaft. Und manchmal denke ich, daß diese Erlebnisse mich im Unterbewußtsein bei meiner Berufswahl zum Arzt beeinflußt haben.

Himmelssaft

Ich bin 82 Jahre alt. Der Geburtsort meines Vaters war Eberswalde. Dort lebten noch meine Großeltern, als ich während des ersten Weltkrieges mit meiner Mutter im Sommer dort zu Besuch war. Ich muß vielleicht vier Jahre alt gewesen sein.

In einer kleinen „Schlafkammer" meiner Großeltern, die sehr arm waren, stand ein großer brauner Steintopf, er war gefüllt mit Beerenobst (hauptsächlich wohl „wilde" selbstgesammelte Waldbeeren) und Rum. Eines Tages, als der Herr Pastor zu Besuch war, schenkte Großmutter kleine Gläschen ein. Ich erinnere mich, daß mich das sehr interessierte. Natürlich bekam ich nichts davon.

Aber ich erinnere mich ganz genau, wie ich in der Küche von meinem lieben, großen, schönen Großvater auch ein kleines Gläschen (oder soll es vielleicht nur ein Löffel gewesen sein?) in den Mund geschüttet bekam. Es war ein so wunderbarer Geschmack, wie ich ihn noch nie zuvor erlebt hatte. Ich war so überrascht und beeindruckt davon, ich hatte den Eindruck, etwas Unwahrscheinliches erlebt zu haben. Den anderen wurde dann erzählt, daß ich auch einen Schnaps bekommen hätte. Es ist aber Himbeersaft gewesen. Für mich war es „Himmelssaft", und das sagte ich auch! Und alle lachten, glaube ich.

Ein bißchen ist es das für mich bis heute geblieben. Ich mache mir immer noch Milchshakes mit Himbeersaft. „Himmlisch"!

Bittermandelöl

Immer, wenn ich Bittermandelöl rieche oder schmecke, erinnere ich mich an meine Kindheit. Mein Vater kaufte sich ein Motorrad mit Beiwagen, welcher aussah wie ein Zeppelin, mit dem er uns Kindern die Schönheiten der Natur in unserer ostpommerschen Heimat zeigen wollte, was ihm auch in vollem Maße gelungen ist. Zum Beispiel bestiegen wir jedes Jahr an Ostern unsere BMW 500. Die Fahrt ging nach Reinwasser bei Pummelsburg. Wir besuchten dort Onkel Johann, Tante Idchen und die beiden Vettern. Meine Tante Idchen hat immer zum Osterfest (das war Tradition) einen Napfkuchen gebacken, er schmeckte von allen Napfkuchen, die ich in meinem Leben gegessen habe, am besten, denn es war wohl Bittermandelöl drin. Obwohl ich nun inzwischen 69 Jahre geworden bin, ist es mir doch nie gelungen, diesen bestimmten Geschmack zu imitieren, auch nicht, wenn Bittermandelöl drin war. Bei dem Gedanken an diesen Napfkuchen werden alle schönen Erinnerungen wach.

Strenge

Erst vor kurzem habe ich meinem Mann und meiner Tochter die geschilderten Kindheitserlebnisse erzählt, und meine Tochter sagt oft: „Mama, erzähl das nochmal..."

Ein Erlebnis habe ich als Kind sehr schlimm empfunden. Dazu muß ich erklärend sagen, daß mein Vater mit uns, also auch mit mir, sehr streng und konsequent umging. Was auf den Tisch kam, mußte gegessen werden. Manchmal bereitete meine Mutter, sie kochte im allgemeinen sehr abwechslungsreich, Eintopfgerichte mit Hammelfleisch, das oft aus reinen Fettstücken bestand – wenn es auf den Teller kam und abkühlte, schmeckte es „ranzig". Ich ekelte mich vor diesem Fett, aber ich mußte es essen und sollte es mit einer Kartoffel vermengen – so mein Vater; auch dann begann ich jedesmal zu würgen. Das Essen auf meinem Teller ging nicht voran. Mein Vater verlor die Geduld, schickte mich auf die Treppe im Haus, die nach oben führte. Ich durfte erst wieder mit leerem Teller an den Tisch zurückkehren, um den leckeren Nachtisch zu bekommen... Es gelang mir, mit dem für mich ekelerregenden Fett auf dem Löffel nach oben die Treppe hinaufzuschleichen, um auf dem „stillen Örtchen" die unangenehme Last loszuwerden. Dann fiel mir ein Stein vom Herzen, jetzt konnte ich den Teller leeressen und zur Familie zurückkehren. Eines stand fest: Erwischen lassen durfte ich mich nicht. Was mir allerdings als Kind den größten Horror bereitete, war die Einnahme von Lebertran. Zum gesundheitlichen Aufbau mußten wir, meine Schwester und ich, ihn schlucken. Man begann zu würgen und mußte sich fast übergeben. Bei aller Qual, die Einnahme vor dem Mittagessen war angeordnet und wurde konsequent durchgeführt.

Säuerlich und schwabbelig

Geboren 1923 in der Nähe von Ingolstadt, hatte ich 1929 meinen Schulbeginn in dem kleinen Dorf Ebenhausen. Vom Elternhaus bis zur Schule hatte ich ungefähr einen Kilometer Weg, im Sommer mit Rad, im Winter zu Fuß. Da konnte ich in der Mittagspause nicht heimgehen und bekam von meiner Mutter in einem Blechgefäß Grießbrei mit. Diesen gab ich morgens in einem Bauernhaus ab, um dort dann mittags den aufgewärmten Brei zu essen. In diesem Haus, vor allem in der Küche, herrschte ein eigenartiger saurer Geruch, so daß ich meinen Grießbrei immer nur hinunterwürgen konnte und von Übelkeit befallen wurde. Irgendwie muß dieser saure Geruch mit Milch zu tun gehabt haben, wie es in Bauernstuben oft der Fall war. Ich hatte nun eine fürchterliche Abneigung gegen kuhstallwarme Milch bekommen, es gab ja damals noch keine Kondensmilch, und man holte sich die Milch vom Landwirt in der Kanne. Und ich konnte die „Haut", die sich auf der Milch bildete, nicht mehr sehen und vertragen. Sobald ich so eine „Haut" im Kaffee schwimmen sah, bekam ich Brechreiz und trank keine Milch mehr. Das hatte zur Folge, daß ich auch gegen Butter allergisch wurde und keine mehr aß. Ich habe erst bei der Wehrmacht wieder Butter gegessen, aber bis heute trinke ich keine Milch, nur die wenige aus der Büchse, die man für eine Tasse Kaffee benötigt. Das gleiche gilt für Quark. Ich habe in der Erinnerung oft noch den Geruch der säuerlichen Bauernstube in mir.

Die gleiche Abneigung besteht auch gegen „schwabbeliges Rindfleisch". Meine Mutter kochte oft Rindfleisch im Gemüse mit, vor allem bei Blaukraut, und es hatte dann so eine grau-gelbliche, schwabbelige, sulzige Masse am Rand. Sobald ich dies sah, bekam ich Brechreiz, und ich kann heute noch kein Fleisch essen, vor allem kein Rindfleisch, das so Hautfetzen hat oder anderweitig gallertartig durchwachsen ist. Ich muß das sofort herausschneiden und fürchte mich davor, irgendwo essen zu müssen und solches Fleisch zu bekommen, etwa in der Gaststätte, im Krankenhaus, bei Besuchen etc. Das einzige Fleisch, bei dem ich die Fetteile noch „ohne Grausen" mitesse, ist Schweinefleisch, aber nur wenn es gebratenes Schweinefleisch ist, bei gekochtem besteht die gleiche Abneigung wie beim Rindfleischschwabbelfleisch. Ich legte dieses schwabbelige Zeugs immer meiner Mutter auf den Teller und aß nur das magere Fleisch. Dann sagte sie immer: „Bub, du weißt ja nicht, wie gut das ist!" Mag ja sein, aber heute als 70jähriger habe ich noch die gleichen Abneigungen gegen Rindfleisch und frische Kuhmilch bzw. gegen Milch überhaupt, wenn sie nicht aus der Blechbüchse kommt. Komisch, nicht wahr?

Als ich vor einigen Wochen im Krankenhaus war, sagten die Ärzte, ich müsse mehr Fleisch, Quark etc. essen, ich hätte Eiweißmangel.

Puddingsuppe

Die erste, wenn auch flüssige Nahrung, die ich nach einer Operation wieder zu mir nehmen durfte, brachte mir die Krankenschwester in einer Schnabeltasse. Mit zwar sanfter Stimme, aber doch mit unüberhörbarem Nachdruck, empfahl sie mir, die gute Milchsuppe ja zu essen, damit ich bald wieder zu Kräften käme.

Schon als ich die Schnabeltasse zum Mund brachte, wurde ich an das von mir meistgehaßte Essen in meiner Kindheit erinnert. Nach Meinung meines Vaters war dieser Schrecken, der sich unter meinen Augen sämig und aufreizend langsam auf dem Teller ausbreitete, für mein gesundes Wachstum wichtig und von unschätzbarem Wert. Argwohn stieg in mir schon auf, wenn meine Mutter Suppenteller auf den Abendbrottisch stellte. Dann ahnte ich das kommende Unheil. Mit Kummer und Abscheu verfolgte ich die Bewegungen der Mutter, wie sie mit der Kelle die eigelbfarbige Puddingsuppe auffüllte, die träge zerfloß und allmählich zum Tellerrand aufstieg, um sich nach kurzer Zeit mit einer Haut zu bedecken.

Wenn ich dann schicksalsergeben den Löffel in die Suppe tauchte und sah, wie die zähe Haut zerriß und Teile von ihr am Löffel herunterhingen, war es mit meiner Beherrschung vorbei. Ich schüttelte mich vor Ekel, was meinen an sich sanftmütigen Vater dazu veranlaßte, mit der Faust auf den Tisch zu schlagen und den mir unverständlichen Ausruf „jetzt schlägt es dreizehn" zu tun. Diese „dreizehn" war schon ein wahres Unglück für mich, denn die Suppe zu essen wurde mir nicht erlassen.

Es begab sich in einem Kindergarten, daß nach einem verspielten Vormittag die Prozedur der mittäglichen „Nahrungs"-Aufnahme anstand. An langen, entsprechend niedrigen Tischen, die den Kindern von welchem Sitzplatz auch immer wahlweise wie Schlacht- oder Schlafmobiliar und unendlich lang erschienen, und in der mehr oder weniger frohen Erwartung bzw. dem unheilverheißenden Bangen auf das kommende Essen, nahmen die unzähligen, schwingenden Beinchen und verschwitzten Körperchen in subtil nach Sympathie und Antipathie abgewogener Sitzordnung Platz.

Die Sicht zu den entlegeneren Plätzen war zum einen durch die innere Aufgewühltheit, zum anderen durch den aus der Küche in den Eßsaal ziehenden Geruch verzerrt. Diese verzerrte Sicht hatte die Auswirkung, daß einem die weiter entfernt Sitzenden wie eine böse Ahnung auf das kommende Essen erschienen und die Gesichter und die Köpfe sich aus lauter angenehmen oder unangenehmen Früchten, Gemüsen und tierischen Versatzstücken zusammensetzten. Meistens ging es jedoch gut. Das Essen schmeckte, obschon nicht so wie zu Hause.

Nur an *einem* Tag waren die kulinarischen Götter gegen mich. Nach allgemeinem Schreien, Zanken und Lachen trat schlagartig Ruhe ein, als die erste der küchendienstbeauftragten Kindergärtnerinnen mit einem der dickwandigen, matt-hellmetalligen Kochkübel hereinkam, und zwar im Affentempo – denn diese Kübel waren schon ohne Inhalt verflucht schwer –, und diesen in einer zum Auffüllen günstigen Position auf einem der langen Tische abließ.

Es durfte nicht wahr sein, war aber wahr: Es gab Spinat, aber nicht jenen aus frischen Blättern zubereiteten, den man heute kennt, sondern aus mächtigen Dosen, wie sie für den Großküchenbedarf produziert werden, umgefüllt und aufgewärmt. Das war kein Spinat, sondern grüngefärbte Soße ohne Konsistenz und Definition, aus der ein widerwärtiger

Gestank quoll. Dieser Brei wurde nicht aufgefüllt, er wurde auf die Teller geworfen, ebenso wie der Inhalt des folgenden Kübels, der an Widerwärtigkeit dem Inhalt des ersten Kübels nicht nachstand: Kartoffelbrei aus ebensolchen Industriebüchsen wie der Spinat. Dazu wurde flachgeschnittenes Rind gereicht bzw. auch geworfen, denn es mußte schnell gehen, da viele Münder gestopft und viele Bäuche gefüllt werden mußten.

Meckern und Stöhnen hatte man sich im Laufe der Zeit abgewöhnt, man verlegte sich aufs stille Verweigern in der Hoffnung, am heimischen Abendbrottisch das ergangene Leid durch Köstlichkeiten wie Leberwurstbrot, Würstchen mit Ketchup, Mettwurst auf Toastbrot oder eigens aus diesem Grunde bereiteten Wackelpudding (Götterspeise) in Grün (Waldmeister) mit Vanillesoße in übergroßen Mengen aufzuwiegen.

Dem Bedürfnis nach Verweigerung wurde jedoch mit einem ebenbürtig starken Bedürfnis nach pädagogischer Disziplinierung begegnet, die sich im Prinzip der repressiven Toleranz äußerte: „Du mußt ja nicht alles essen, aber essen mußt du." Das änderte aber nichts daran, daß mich und andere (aber besonders mich, da ich als notorischer Verweigerer bereits vielfach aufgefallen war) eine der Kindergärtnerinnen festhielt, während eine zweite versuchte, mir das auf dem Teller unterdes zu einem Ekel provozierenden Farb-, Gestank- und Soßengemisch zusammengelaufene Zeug mit roher Gewalt einzuführen, was den beiden bis zu dem Punkt gelang, an dem selbiges Gemisch mitsamt dem Frühstück und den zwischendurch eingenommenen Näschereien, eingelegt in eine gehörige Portion Magensäure und Verdauungsfermente, sich längs über Tisch und Teller ergoß.

Bis zum heutigen Tage habe ich weder Spinat noch Kartoffelpüree gegessen und bin aufs äußerste kritisch gegenüber jeder gut gemeinten pädagogischen Maßnahme.

Wer wie ich aus einer uralten Brauerfamilie stammt, der weiß um die Bereicherung der Eß- und Trinkgewohnheiten und in wieviel Varianten das Bier nicht nur getrunken, sondern auch gegessen wurde.

Allen Gerichten ging die Weißbiersuppe voran, von der mein Vater behauptete, sie schmecke vorzüglich und sei jeder noch so exzellenten Weinsuppe vorzuziehen. Ich war aber absolut nicht seiner Meinung und zählte gelangweilt die glibberigen Froschaugen – Sagokörner –, die Zitronenscheiben und Lorbeerblätter. Sie schmeckte etwas süß-säuerlich, herbwürzig, mußte ganz heiß gelöffelt werden und war sicher nur etwas für Väter, nichts für Kinder. Da erschien mir die Malzbiersoße, angereichert mit dem herzhaften Bratensaft der Weißwürste und mit Zucker abgeschmeckt, doch delikater, natürlich durfte der deftige Sauerkohl dazu nicht fehlen. Und dieses Gericht mit jener herrlichen Soße gehört noch heute zu den beliebtesten meiner Kinder und Enkel. Die Krönung aller Gerichte meiner Kindheit aber war Schinken in Burgunder mit schlesischen Klößen, die einen feinen Muskatgeschmack hatten. Die Burgundersoße war selbstverständlich eine Biersoße, bestehend aus Weiß-, Braun- und Dunkelbier mit vielen guten Gewürzen. Sooft ich auch später als Ehefrau diese Soße mit edlem Burgunder verfeinern wollte, mißlang sie mir.

Das Kuriose in meiner elterlichen Küche war, daß nicht Kochbuch und Maßbecher regierten, sondern die Geschmacksdrüsen meines Vaters. Er schmeckte ab und gab an, wieviel Prisen von diesem oder jenem Gewürz noch fehlten, bis es so schmeckte, wie es in seinem Elternhaus geschmeckt hatte. So wurden bestimmte Geschmacksrichtungen von Generation zu Generation weitergegeben.

Dieses Brauergeschlecht starb mit meinem Vater aus. Halt, nein, nicht ganz. Ein Bruder von ihm war als Braumeister in die USA gegangen. Da hätte ich doch zu gerne gewußt, welche Biersuppen und Soßen dort die Enkel und Urenkel zusammenbrauen.

Fisch und Milch

Als gebürtiger Wesermünder, so hieß Bremerhaven früher, bin ich mit dem Fischgeruch aufgewachsen. Wir konnten immer vorhersagen, wie das Wetter wird. War die Stadt geruchsfrei, blieb es schön, roch es nach Fisch, genauer nach Gammel, dann stand schlechtes Wetter an. Das hatte natürlich eine einfache Erklärung. Der Fischereihafen lag südwestlich von unserem Stadtteil, und aus dieser Richtung kamen Sturm und Regen.

Man konnte aber genau unterscheiden, wer die Gerüche verursachte. Waren es die Räuchereien, dann war der Geruch angenehm, und man dachte daran, wieder einmal einen Aal oder Bückling zu verzehren. Oder es roch nach Marinaden, was auch nicht unangenehm war. Schlimm wurde es erst, wenn die Fischfabriken ihre Gammelware offen auf der Straße abgestellt hatten. Dann konnte einem übel werden. Aber das ist inzwischen alles Geschichte, von der Fischereiflotte von über 150 Fangschiffen, die in Wesermünde einmal beheimatet waren, ist keines mehr vorhanden. Der Fisch wird vorwiegend mit Containern angeliefert und landet gleich in den Kühlhäusern.

Aber auch sonst hat der Fischgeruch in meiner Kindheit eine Rolle gespielt. Mein Vater war von 1930 bis 1939 am Fischereihafen beschäftigt, und darum hing immer ein leichter Fischgeruch in der Wohnung. Lag es nun daran oder an den Gammelgerüchen in meiner Kindheit, ich kann bis heute keinen gekochten Fisch riechen, mir dreht sich der Magen um. Als ich noch im Beruf war, hatten meine Kollegen die Angewohnheit, sich mittags ein Stück Räucherfisch zu kaufen. Wenn sie dann zurückkamen, konnte ich an ihrem Mundgeruch feststellen, ob der Fisch auch frisch war.

Ein weiteres Handicap ist bei mir der Geruch von gekochter Milch. Ich assoziiere den Geruch sofort mit der Haut, die sich beim Aufkochen bildet, und schon ist es aus mit mir. Eine schlimme Zeit war für mich die Soldatenzeit, denn ich war in einer Einheit, die man auch Milchsuppen-Division nannte. Es gab jeden Abend Milchsuppe, und wehe dem, der glaubte, er könne sie in den Abort schütten, weil er keine gekochte Milch mochte. Man würgte besser die Suppe hinunter, einem Soldaten konnte man sie auch nicht geben, es herrschte ein Überangebot. Meine Abneigung gegen Milchsuppen wurde durch diesen Zwang nur noch größer, und ich esse sie heute noch nicht.

Es gab aber auch angenehme Gerüche in meiner Kindheit. Wenn im Sommer die Sonne schien, dann roch es im Hafen nach Tauwerk und Meer und vielleicht auch etwas nach Krabben. Heute haben die Schiffe kaum noch Tauwerk an Bord, und geteerte Schiffsplanken gehören der Vergangenheit an. Krabben werden in Bremerhaven schon lange nicht mehr gelöscht.

Marmelade

Als Lehrling fuhr mein Mann zu seinem Betrieb mit dem öffentlichen Bus, in dem auch Arbeiter und Arbeiterinnen einer nahegelegenen Marmeladenfabrik saßen. Ihnen haftete ein aufdringlicher, süßer Marmeladengeruch an, der für meinen Mann ekelerregend war. Noch heute, zwanzig Jahre später, ist meinem Mann keine allzu große Freude zu bereiten, wenn man ihm zum Frühstück Marmelade serviert. Er hat seit dieser Zeit nie wieder Marmelade gegessen, und teilweise überträgt sich diese Abneigung auch schon auf Süßes im allgemeinen.

Ich bin nun schon fast siebzig, aber es ist erstaunlich, wie genau ich mich noch an die Gerüche meiner frühen Kindheit erinnern kann. Ich rieche sie, sobald mein Elternhaus, wie in einem Film, vor meinem inneren Auge erscheint. Am stärksten ist der Geruch von dem Kaffee, den meine Mutter für meinen Vater kochte, wenn er, müde von seiner Arbeit, danach verlangte. Es war Bohnenkaffee von einer besonderen Sorte, mit einem besonderen Aroma, den es heute wahrscheinlich nicht mehr gibt. Denn ich habe als Erwachsene dieses Aroma immer vermißt, und ich bin sicher, ich würde es unter zahllosen anderen Aromen wiedererkennen.

Auch an den Geruch des Malzkaffees, den meine Mutter für mich und den Rest der Familie kochte, kann ich mich genau erinnern, und auch an den Geruch, der aus meiner Tasse emporstieg, wenn meine Mutter mir an Feiertagen ein paar Tropfen Bohnenkaffee in die Milch gab.

In der Mitte unseres Gartens stand ein großer, alter Aprikosenbaum, der jährlich bis zu hundert Kilo tennisballgroßer Aprikosen trug. Der Geschmack von Obst, welches halbreif gepflückt und dann im Laden verkauft wird, steht in keinem Vergleich zu Obst, welches am Baum reift und sofort verzehrt wird, aber dieser Aprikosenbaum muß außerdem von einer besonderen Sorte gewesen sein, denn nicht nur ich war von seinen Früchten begeistert und konnte Unmengen davon verzehren. Meine Mutter verkaufte einen Teil der frisch gepflückten Aprikosen, und sie fanden immer reißenden Absatz. Die reifen Aprikosen waren rotbackig, und wenn man eine aufbrach, war sie innen leuchtend orangefarbig, und ich rieche bis heute den Duft, der daraus emporstieg und fühle den süßen, unvergleichlich aromatischen Geschmack auf der Zunge.

Ich habe noch viele andere Erinnerungen in der Nase und auf der Zunge: an frisch gepflückte Pilze nach dem Regen, an Waldbeeren oder an Aprikosen- und Erdbeermarmelade, an frisch gebackenes Hausbrot, oder wie das Haus zu Weihnachten duftete.

Auch in den Fingerspitzen habe ich Erinnerungen: Ich weiß genau, wie sich das Fell meines Lieblingshundes anfühlte, als er ein vier Wochen alter Welpe war, und wie es sich später anfühlte, als er erwachsen war. Alles ist auf Abruf in meinem Gedächtnis gespeichert und erscheint, sobald ich an dieses oder jenes denke.

Nutella

Nutella. Ja, das war es. Nutella in Verbindung mit meiner Mutter, einem Plattenspieler und einer von meinen vielen Märchenplatten. Die Erinnerung an eine Kindheit, die ziemlich verworren war und doch meine Kindheit gewesen ist. Nutella. Das war das Betteln an meine Mutter, mir vom Kaufmann um die Ecke ein Glas mitzubringen, und das war der Genuß vor dem Plattenspieler mit nougatverschmierten Fingerchen. Wie Rübezahl mit dem Kopf unter dem Arm durch die Wälder streifte. Schleck, Nutella. Max und Moritz und die arme Witwe Bolte. Schleck, Nutella. Die sieben Zwerge hinter den Bergen mit Dornröschen. Schleck, Nutella.

Heute, 25 Jahre später, gibt es keine Märchen mehr. Der Plattenspieler ist längst schon beim Sperrmüll, und meine Mutter bringt mir kein Nutella mehr mit. Aber ich habe es noch. Zwar nicht vom alten Kaufmann um die Ecke, sondern aus einem unpersönlichen Einkaufscenter einige Kilometer von zu Hause entfernt. So wie früher hänge ich meine Finger hinein und schlecke an dem süßen Nougat. Nein, nicht vor dem Plattenspieler, sondern ganz bequem auf der Couch beim Fernsehen.

Der erste Toast

Aus meiner Kindheit erinnere ich mich ganz besonders an die ersten Scheiben Toast. Es war wohl im Frühsommer 1961 zur Taufe meines kleinen Bruders. Einer der Gäste hatte einen Toaster mitgebracht, bei dem die Brotscheiben manuell gewendet werden mußten. Natürlich verkohlte in dem Festtrubel auch mal eine Scheibe. Aber die gelungenen Toastbrotscheiben waren einfach köstlich. Wir Kinder saßen auf einer Decke im Garten und konnten gar nicht genug kriegen. Wir aßen den Toast pur und waren uns einig: viel, viel besser als Zwieback!

Süße Kindheit

Demjenigen, der die Wirtschaftswunderzeit als Erwachsener erlebt hat, ist wohl der damals noch ungewohnte Konsum von Schweinebraten und Koteletts zum prägenden Erlebnis geworden. Mir, Jahrgang 1960, mit Eiweißen und Kohlehydraten reichhaltig ernährt und großgezogen, tut sich eine ganz andere intensive Erinnerung an Essen und Geschmack auf.

An den vielen Nachmittagen, die ich spielender- und streitenderweise mit meinen Geschwistern und Freunden verbrachte, wurden Unmengen von Süßigkeiten verschlungen. Es gab regelrechte Rituale, die sich nicht unbedingt an der von der Süßwarenindustrie vorgesehenen Art und Weise des Konsums orientierten. So wurde die „Frigeo Ahoi-Brause" aus dem knisternden Tütchen nicht in ein Glas Wasser gegeben und getrunken. Man schüttete sich ein Häufchen Pulver mit Waldmeister- oder Erdbeergeschmack in die hohle Hand, gab etwas Spucke darauf und ließ das ganze erst einmal zu einer dicklichen Masse werden. Dann leckte man die prickelnde Brause genüßlich auf, nicht ohne sich danach die klebrigen Hände an der Hose abzuwischen. Der Geschmack der Brause, ungefähr mit einer billig parfümierten Seife zu vergleichen, erschien uns herrlich. Das ganze Erlebnis verstärkte sich durch das Sprudeln auf der Zunge, wenn sich das Pulver langsam auflöste.

Ein vergleichbares Vergnügen, jedoch von ganz anderem Gusto, bereiteten uns die winzigkleinen Salmiakpastillen. Diese mußte man auf dem Handrücken zu einem größeren geometrischen Muster zusammenstellen, indem man die einzelnen Pastillen mit Speichel befeuchtete und aufklebte. Dann wurden die herb-süßen Quadrate oder Dreiecke aufgeleckt; eine länger andauernde Beschäftigung, da die Pastillen nur langsam in ein zähflüssiges Stadium übergingen. Unsere Handrücken, die zum Abschluß der Prozedur so richtig schwarz verklebt waren, wurden meist im Gras oder mit Blättern notdürftig gesäubert.

Süßer als süß schmeckten die bunten Bonbonketten. Sie bestanden aus kleinen flachen Scheiben in Rot, Blau, Gelb und Weiß mit einem Loch in der Mitte, durch das ein Gummiband gezogen war. Dieses Geschmeide trug man um den Hals, leckte ab und zu an den Bonbons und biß vereinzelt ab. Das verklebte, feuchte Gummiband, das sicherlich seine Spuren auf Hemd und Pullover hinterließ, wird uns kaum gestört haben.

Bekanntlich sind Geschmackserinnerungen stets mit anderen Empfindungen verbunden. So hängen an meiner Rückbesinnung auf meine chemisch versüßte Kindheit auch Gedanken an einen Lebensabschnitt, der nicht von den bürgerlichen Werten wie Selbstdisziplin, Ordnung und Sauberkeit bestimmt gewesen ist. Diese wenigen Jahre der intensivsten, nicht vernunftgesteuerten Gefühle und eines zumeist nicht sonderlich sauberen, süßverklebten körperlichen Daseins sind zwar für mich als Erwachsene nicht mehr richtig nachvollziehbar. Jedoch kann sich die Erinnerung an diese süß schmeckenden Scheußlichkeiten als ein Zugang zur kindlichen Fähigkeit zum grenzenlosen Genuß erweisen. Eine überaus kostbare Erinnerung, wie ich finde.

Samstagabendglück

Ich möchte von positiven Geschmackserinnerungen aus der zweiten Hälfte der fünfziger Jahre in Berlin berichten. Meine Schwester und ich (Jahrgang 1947 und 1944) durften sonnabendsabend frisch gebadet im Bett unser Essen zu uns nehmen: mit Butter bestrichene Brötchen und warmen Kakao. Das allein könnte schon herrlich sein, aber dazu gehörten dann auch entsprechende Radiosendungen wie „Es geschah in Berlin", „Pension Spreewitz" oder „Die Insulaner" (vom RIAS). Das Hören dieser Sendungen, allein in unserem Kinderzimmer, aus einem Radio, das sonst in der Küche stand, gab uns ein Gefühl der Selbständigkeit, und mit den Brötchen und dem Kakao waren zugleich die Gefühle des „Versorgtseins" und des „Zuhauseseins" zufriedengestellt. Will ich heute diese Gefühle, vielleicht an Sonnabenden, wieder hervorzaubern, dann sorge ich für Butterschrippen mit warmem Kakao. (Leider hat die Qualität der Schrippen in Berlin sehr nachgelassen, so daß zwar nicht die Erinnerung, dafür aber der Geschmackssinn leidet!)

Die verliebte Zunge

Es war ungefähr 1969, ich war damals etwa zehn Jahre alt. Die ganze Verwandtschaft traf sich zur Konfirmation meines Cousins in dem alten Landgasthof, den meine Großeltern zu der Zeit führten. Wie auf dem Lande üblich, wurde so viel Essen aufgetragen, daß sich die Tische bogen. Was es im Detail gab, daran kann ich mich kaum erinnern. Der Nachtisch allerdings, den werde ich wohl nie vergessen! In riesigen Schüsseln wurden für mich völlig unbekannte zartgelbe und zartrosa Cremespeisen aufgetragen. Bereits nach dem ersten Löffel der gelben Variante verliebte sich meine Zunge in diesen Geschmack. Mit der rosa Creme ging es mir nicht anders. Also löffelte ich voller Wonne so viel Creme in mich hinein, wie nur irgendwie rein ging!

Nie wieder habe ich in der Folgezeit einen so köstlichen Nachtisch essen dürfen. Auf die Idee, meine Mutter oder meine Oma zu fragen, was das denn gewesen sei, bin ich damals nicht gekommen. Und so habe ich bestimmt acht bis zehn Jahre gebraucht, bis mir dieser göttliche Geschmack wieder auf die Zunge kam. Es war Weinschaumcreme gewesen! Mal aus Weißwein, mal aus Rotwein! Der Moment des Wiedererkennens war einfach herrlich!

Und immer, wenn ich heute dieses köstliche Dessert – mal in zartgelber, mal in zartrosa Farbe – esse, werde ich daran erinnert, wie lange mein Gaumen nach diesem Geschmack suchen mußte. Und noch heute gehört Weinschaumcreme zu meinen allerliebsten Nachspeisen.

Pathologisch?

Ich sehe heute, bei einer kritischen Einschätzung der Situation, ein Nachlassen der Merk- und Erinnerungsfähigkeit bei geistigen Zusammenhängen zugunsten einer lebhaften Vergegenwärtigung von sinnlichen Eindrücken aus der Kinderzeit sowie einer deutlichen Steigerung der Aufnahmefähigkeit für sinnliche Eindrücke aller Art: Farbe, Formen, Musik, Duft, Aroma, Geschmack.

Frühe Kindheitserinnerungen besitze ich an eine unendliche Menge von braunen, glänzenden Bucheckern, die ich mit meiner Mutter in den vierziger Jahren im Thüringer Wald gesammelt habe, da sie, wenn man sie kiloweise ordnungsgemäß ablieferte, immerhin zwei bis drei Liter Öl versprachen, was in diesen Zeiten einen erheblichen Zugewinn für den täglichen Nahrungsbedarf bedeutete. Beim Sammeln fand ich Zeit genug, auch reichlich davon zu essen. Der Nußgeschmack war immer ein besonderer Genuß.

Bonbons, vor allem bunte, waren für mich stets – so wie

für alle Kinder – interessant, nicht dagegen jene braune Masse, als Schokolade bekannt, die mein Vater aus der Kriegsgefangenschaft in Ägypten schickte. Seine Abwesenheit, das heißt zugleich die Tatsache, daß ich bis zum fünften Lebensjahr keinerlei persönliche Erinnerung an ihn hatte, übertrug ich – so meine Deutung – auf dieses unbekannte Genußmittel, das auch heute noch nichts für mich bedeutet.

Die bunten Zuckersterne vom Weihnachtsbaum, als Fondant bekannt, standen dagegen immer im Mittelpunkt meiner Begierde, sowohl was den Geschmack als auch was den Duft und die wechselnden Farben anbetraf. Ich aß sie in den frühen Morgenstunden heimlich und allein in der Weihnachtsstube, ängstlich darauf bedacht, sie regelmäßig und übersichtlich vom Baum abzunehmen, in der Sorge, die abnehmende Stückzahl könnte der Familie allzu rasch ins Auge fallen.

Das Bild einer einzelnen Erdbeere, einer Frucht, die ich noch nicht kannte, ist mir ebenfalls deutlich in Erinnerung. Ein Bauernmädchen, eine nette, freundliche Erscheinung, die ich sehr verehrte, schenkte sie mir, da sie meinen begehrlichen Blick sah. Da sie die Tochter unserer Quartiergeber war (man war ja zwangseingewiesen als Flüchtlingsfamilie aus dem deutschen Osten), sie sich aber dennoch dazu entschlossen hatte, mich in den Garten ihrer Eltern einzuladen, war diese Erdbeere (in meiner Erinnerung ein wahres Prachtexemplar) ein besonderes Geschmacks- und Glückserlebnis. Der Genuß ist für mich untrennbar mit der roten Farbe, dem Aroma und auch mit der Geberin verbunden. Auf dieses Erlebnis führe ich es auch zurück, daß ich mit zunehmendem Alter eine gesteigerte Empfänglichkeit (bis zur Reizbarkeit und auch Gereiztheit) für pflanzliche Aromen entwickelte, insbesondere für Tomaten, Holunder, Lindenblüten, Lavendel, Knoblauch, Thymian und andere Gewürze, während ich gleichzeitig eine heftige Abneigung gegen synthetische Düfte (Parfüms, vor allem die von der billigeren Sorte) verspüre.

Mein Hals-Nasen-Ohrenarzt interessiert sich für dieses Phänomen, besonders für die Frage, ob auch ein pathologischer Befund vorliegen könnte, was ich persönlich nicht glaube.

Unser Herr Plath

Gegen Kriegsende 1945 war in meinem Elternhaus für längere Zeit ein Herr einquartiert, der der persönliche Betreuer und Sekretär eines Herrn Oberst war. Dieser hatte bei einem Nachbarn sein Zimmer.

„Unser Herr Plath" (er stammte aus Wiesbaden) ist mir noch sehr gut in Erinnerung, obwohl ich damals noch ein Kind war, sieben oder acht Jahre alt. Er war sehr hilfsbereit, half meinem Großvater auf dem Bauernhof bei der Ernte, meiner Mutter stand er mit Rat und Tat im Lebensmittelgeschäft zur Seite, und in der Kirche sang er schöne Lieder, daß ich jedesmal Gänsehaut bekam.

Herr Plath war ausgebildeter Opernsänger.

Was ich jedoch nie verstanden habe, war folgendes: Jeden Morgen hatte Herr Plath die Stiefel dieses Herrn Oberst zu putzen. Obwohl sie es nicht nötig hatten, hat er sie geputzt und gebürstet und mit einem Tuch auf Hochglanz gebracht.

Da meine Mutter Klavier spielen konnte, gehört es zu meinen schönsten Erinnerungen, als sie im Wohnzimmer spielte und Herr Plath dazu sang. Dann klirrten im Schrank die Gläser, so laut konnte er singen.

Nun, eines Tages hieß es Abschied nehmen von Herrn Plath. Sein Versprechen, uns Kindern, das heißt meinem Bruder und mir, recht bald ein Päckchen zu schicken, ließ uns jeden Tag auf die Post fiebern.

Endlich war es soweit!

Schon allein dieses Päckchen und wie es verpackt war, werde ich nie vergessen. Und erst dessen Inhalt (unter anderem waren Schokolade und Bonbons drin, das weiß ich noch). Es war eigentlich nicht viel, aber das, was da noch zum Vorschein kam, war eben mein ganz persönliches Erlebnis, und zwar *diese beiden männerfaustgroßen Apfelsinen*, die in braunes Papier eingewickelt waren. Ich kannte solche Früchte bis dahin nur als sogenannte *Wachs*früchte, wie sie zusammen mit Weintrauben, Äpfeln, Birnen und einer Banane in einer Kristallschale lagen, welche auf dem Wohnzimmer-Büffet stand. Diese Wachsfrüchte hatten schon zahlreiche Abdrücke von meinen kleinen Zähnchen...

Und nun lagen auf einmal echte Früchte vor mir, die ich nicht genug bewundern konnte. Erst am nächsten Tag konnte sich meine Mutter dazu entschließen, eine dieser Früchte zu öffnen. Also diesen Duft vergesse ich in meinem Leben nicht und erst das erste Hineinbeißen in so einen Spalt, wie das schmeckte...

Natürlich mußte ich diese Köstlichkeit auch meiner Freundin zeigen. Ein bißchen durfte sie von einem Schnitz abbeißen. Daß meine Freundin, die noch immer meine beste Freundin ist, neidisch darauf war, daß ich so etwas Feines hatte, weiß ich noch ganz genau, und wie stolz ich deshalb gewesen bin auch.

Die Sparsamkeit meiner Mutter war schuld, daß diese geöffnete Apfelsine beinahe ausgetrocknet wäre. Die zweite Apfelsine durften wir dann auf einmal aufessen und genießen. Ganz genau kann ich mich noch erinnern, daß die Schalen sehr dick waren, also das Fruchtfleisch relativ klein, aber... für mich waren es die größten Apfelsinen in meinem ganzen bisherigen Leben und... die allerfeinsten! Dies ist mein Apfelsinen-Erlebnis, das sich tief eingeprägt hat.

Die Welt mit dem Mund, dem Geschmackssinn und dem Riechorgan zu erkunden, dies gehört zu unseren elementaren, in die früheste Kindheit zurückreichenden Aktivitäten. Mit Hilfe der Oralität bauen wir unter anderem unsere ersten Orientierungen auf, erfahren und definieren wir die Grenze zwischen innen und außen, zwischen unserem eigenen Körper und dem der anderen, insbesondere dem der Mutter. Erst die langsame Auflösung der symbiotischen Beziehung zwischen dem Säugling und seiner Mutter ermöglicht eine eigenständige Herausbildung des Ichbewußtseins.[1] Wir entwickeln das Bild unseres Körpers, indem wir zugleich unsere Umwelt als jenes wahrnehmen, was wir uns nicht grenzenlos einverleiben, was wir nicht unbegrenzt verschlingen können, als jenen Bereich, der sich dagegen sperrt, restlos in uns aufzugehen, mit unserem Inneren zu verschmelzen.

Wie ein Nachklang der frühen Prägungen findet sich das Problem der Barriere und ihrer Durchlässigkeit häufig auch in den mitgeteilten kulinarischen Erinnerungen. Immer wieder kreisen sie um die Frage nach dem Ausgleich zwischen Selbstbehauptung und sozialer Verbindlichkeit, um die Regulierung von Distanz und Nähe. Immer wieder geht es um Balancen, um ausgewogene oder gestörte, um ersehnte oder gefährdete. Die orale Schleuse scheint sich an prekärer Stelle zu befinden: nicht nur deshalb, weil hier neben der Lust und dem sinnlichen Glück auch die Angst und der Ekel nahe beieinanderwohnen, sondern ebenfalls deswegen, weil wir die Schleusentore so zu handhaben aufgefordert sind, daß sie weder brechen noch uns hermetisch nach außen hin abriegeln. Die Leidensgeschichten krankhaft Eßgestörter erzählen vom Mißlingen dieser Operation, von den Nöten der Überflutung sowie von den Nöten der geschlossenen Grenze.

Die Geschmackserinnerungen beziehen sich auf ein ,Transitgeschehen', bei dem der Esser sich seiner eigenen

Identität vergewissert. Dies tut er im lebendigen, substantiellen Austausch mit seiner unmittelbaren Umgebung: Sinnlich-materiell nimmt er die Speisen, ihre Konsistenz, ihre Temperatur, ihren Geschmack und ihren Duft auf, über ihre Zubereitung und die Gelegenheit ihrer Präsentation ist er an das kulturelle System angeschlossen, welchem das Mahl zugehört, durch seine Einstellung und sein Verhalten ist er Teilnehmer einer sozialen Situation. Dabei ist er in mehrfacher Hinsicht damit befaßt, die Welt um sich herum zu identifizieren, zu klassifizieren und zu ordnen. Mit dem Geschmack selbst weist er diesem auch eine kulturelle und autobiographisch wirkmächtige Bedeutung zu, er sinniert über die Umstände, unter denen ein Geschmack sich realisiert, und über die Menschen, die er mit ihm assoziiert. Die Selbstwahrnehmung und das oralsinnlich vermittelte Selbstbild stellen sich in Wechselwirkung mit der Wahrnehmung, der Gliederung und der Abstufung der Menschen, der Dinge und der Konstellationen außerhalb des eigenen Körpers ein.

Bei den kulinarischen Erinnerungsgeschichten handelt es sich oft um kleine Familienerzählungen, und als solche dienen sie sicher, wie Rudolf Schenda – vor allem auf die Arbeiten von Albrecht Lehmann bezugnehmend – jüngst festgestellt hat, der Demonstration, der Solidarisierung, der Entlastung, der Rechtfertigung und der Bewältigung.[2] Hinzu kommt allerdings noch ein weiteres; und zwar eine in Kategorien des Atmosphärischen gefaßte analytische Qualität. Unter Nutzung eines fein abgestimmten Sensoriums sind sie dem Filigran der sozial vermittelten Stimmungen mit ihren vielfältigen Verheißungen und ihrem Überschwang, aber auch mit ihren Eintrübungen und ihren Schieflagen auf der Spur. Die Erzählungen, die sich um vergangene Geschmackserlebnisse ranken, sind somit nicht zuletzt Identifikationsgeschichten, und das, wie gesagt, unter zwei miteinander verflochtenen Aspekten: Erstens klassifizieren und identifizieren sie die Außenwelt anhand der Geschmacksqualitäten, die diese der Innenwelt anbietet, zweitens weisen sie den Ich-Erzählern innerhalb ihres jeweiligen Milieus einen Platz zu und statten sie mit einer meist klaren Kontur aus. Für dieses Argument, nämlich daß das zur Geschichte geformte Geschmackserlebnis identitätsstiftende bzw. -stabilisierende Aufgaben erfüllt, spricht zudem der folgende Umstand: Die Autorinnen und Autoren brachten, ohne daß sie eigens dazu aufgefordert worden wären, fast durchweg Erinnerungen aus einer frühen Lebensphase zu Papier, die sich in ihrer Ausdeutung nicht selten als unveräußerliche Leiterfahrungen im Lebenslauf darbieten. Diese Geschichten mögen einen entlastenden Effekt haben, oder sie mögen aktuelle Vorlieben und Abneigungen rechtfertigen, jenseits oder besser unterhalb ihrer Moralität und ihrer praktischen Funktion jedoch geht es ihnen zunächst um Sinnerklärung, um die Beantwortung der Fragen: Wie war das damals? Wo standen die anderen? Wo stand ich? Was bleibt davon? Sie helfen, Ordnung und Orientierung ins Leben zu bringen.

Freilich kommt dabei weniger die Logik des rationalen Denkens als die Logik der Affekte zum Zuge, die, wie die Geschichten zeigen, ebenfalls zu eindeutigen Schlußfolgerungen und Definitionen in der Lage ist. Mit Hilfe des gesamten Empfindungsrepertoires, das sich zwischen den beiden Polen des Genusses und des Ekels auftut, befinden die Erzähler über gut und böse, vertraut und fremd, wichtig und unwichtig, bleibend und vergänglich. Der Geruch, und dies gilt nicht weniger für den Geschmack, verfügt, wie Utz Jeggle schreibt, über ein Assoziationsfeld, das entweder der Hölle oder aber dem Himmel zugeordnet ist.[3] Mit dem widerwärtigen Geschmack verbinden sich immer wieder Geschichten, die über Torturen sprechen, über ein zwar nur temporäres, doch als unerträglich lang erlebtes Schmoren in der Hölle. Mit den paradiesischen Genüssen hingegen verbinden sich Bilder von sozialer Harmonie und des Glücks, welches, obwohl es doch nur einen Augenblick währt, die

Tür zur Ewigkeit öffnet. Das kulinarische Wissen von der Welt ist auf seine Weise sehr präzise, und es läßt sich nur schwer hintergehen. Denn der Ort, an dem es zu Hause ist, sind die Körpergefühle und die Körperbilder, gerade auch jene, die sich der intellektuellen Reflexion entziehen.

Hieraus ergeben sich auch Konsequenzen für das Aufgabenfeld der volkskundlichen Nahrungsforschung, die hauptsächlich nach der kulturellen, sozialen und kommunikativen Organisation der Mahlzeit fragt. Sie beschränkt sich nicht darauf zu untersuchen, welche Speisen im einzelnen verzehrt werden, sondern sie stellt auch Forschungen darüber an, wie sie je nach Situation zubereitet und wie sie durch die soziale Gruppe bewertet werden, kurz: warum wer was mit wem wann und wie zu sich nimmt und vor allem, was dies über die bloße Kalorienzufuhr hinaus noch zu bedeuten hat. Über die Mahlzeitenordnung und ihre Wertigkeiten existiert eine Fülle kulturhistorischer und empirischer Studien. Die Triade von Frühstück, Mittagsmahl und Abendessen fügt sich zu einem System, bei dem jedes Element mit den jeweils anderen in Beziehung steht. Der Tageslauf steht seinerseits als Element in einem übergeordneten Zyklus, der die sieben Tage der Woche umfaßt und bei dem Werktags- und Sonntagsessen einander gegenüberstehen. Aber auch das Mahlzeitensystem der Woche tritt in einen weitläufigeren Kreis ein, nämlich in den des Jahreslaufs mit seinen saisonalen Metamorphosen und mit der grundlegenden Unterscheidung zwischen Alltags- und Festspeise. Dies alles hat Bedeutung in den Biographien und in der Kultur. Doch die Geschmackserinnerungen zeigen, daß es jenseits dieses gut erforschten Bedeutungssystems ein zweites sinnstiftendes und hierarchisch geordnetes Kulturmuster gibt, das sich über das Essen artikuliert. Es ordnet die Fülle kulinarischer Erfahrungen auf einer Skala der Situationen und der Atmosphären an, bei welcher der Umstand, um welche Speise und um welchen Mahlzeitentyp es sich jeweils handelt, lediglich von zweitrangiger Bedeutung ist. Sie sind nicht Ziel, sondern

Mittel des sinnlichen Aufbaus unserer Lebenswelt. Hier bietet sich volkskundlicher Nahrungsforschung ein weitgehend unbeschrittenes Neuland.

Mit den Geschmackserinnerungen hängen ihre Träger einer fernen Gewißheit nach, der Gewißheit, daß sich die Sinne zum gemeinsamen Konzert zusammenfanden, um eine Partitur aufzuführen, deren Notentext auch nach langer Zeit noch im Gedächtnis fortbesteht. Die Geschichten sind erneute Aufführungen, mehr oder weniger virtuose, mehr oder weniger freie Interpretationen dieser Partitur. Um erklingen zu können, müssen die Instrumente gestimmt sein, müssen die Sinne einen Nenner finden, auf dem sie sich begegnen, eine Tonart, die sie zusammenführt. In der Tat, so läßt sich die musikalische Metapher weiterspinnen, sind die Geschichten deshalb so stimmig, weil sie jeweils in einer eigenen, unverwechselbaren Tonart zum Vortrag kommen. Viele, die sich erinnern, sind auf der Suche nach dem einen, wahren, definitiven Geschmack, aus dem alle anderen Geschmäcker sich ableiten, und den es wiederzufinden und zu bewahren gilt. Wonach suchen wir? Wir suchen nach dem kulinarischen Kammerton.

1 Vgl. Kleinspehn, Thomas: Warum sind wir so unersättlich? Über den Bedeutungswandel des Essens. Frankfurt 1987, S. 410. Auf den Seiten 381–424 findet sich eine fundierte Zusammenfassung des Oralitätsproblems aus psychoanalytischer Sicht.
2 Vgl. Schenda, Rudolf: Von Mund zu Ohr. Bausteine zu einer Kulturgeschichte volkstümlichen Erzählens in Europa. Göttingen 1993, S. 186 f.
3 Vgl. Jeggle, Utz: Der Kopf des Körpers. Eine volkskundliche Anatomie. Weinheim; Berlin 1986, S. 140 f.

Inhalt

Sagenhafte Geschichten von heute

Rolf Wilhelm Brednich
Die Spinne in der Yucca-Palme
Sagenhafte Geschichten von heute
390. Tsd. 1994. 157 Seiten. Paperback
Beck'sche Reihe Band 403

Rolf Wilhelm Brednich
Die Maus im Jumbo-Jet
Neue sagenhafte Geschichten von heute
220. Tsd. 1994. 143 Seiten. Paperback
Beck'sche Reihe Band 435

Rolf Wilhelm Brednich
Das Huhn mit dem Gipsbein
Neueste sagenhafte Geschichten von heute
110. Tausend. 1994. 186 Seiten. Paperback
Beck'sche Reihe Band 1001

Rolf Wilhelm Brednichs Bücher mit „Sagenhaften Geschichten von heute" sind der größte Verkaufserfolg einer volkskundlichen Geschichtensammlung seit den Kinder- und Hausmärchen der Brüder Grimm. Die drei Einzelbände liegen jetzt erstmals in einer gebundenen Sonderausgabe vor:

Rolf Wilhelm Brednich
Sagenhafte Geschichten von heute
Die Spinne in der Yucca-Palme/Die Maus im Jumbo-Jet/
Das Huhn mit dem Gipsbein
1994. Ca. 450 Seiten. Gebunden

Verlag C.H.Beck München